8ᵐᵉ édition.

ANTOINE

"MES SOUVENIRS"

sur le

THÉATRE-LIBRE

PARIS

ARTHÈME FAYARD & Cᴵᴱ, ÉDITEURS

18-20, RUE DU SAINT-GOTHARD

"MES SOUVENIRS"

SUR LE

THÉATRE-LIBRE

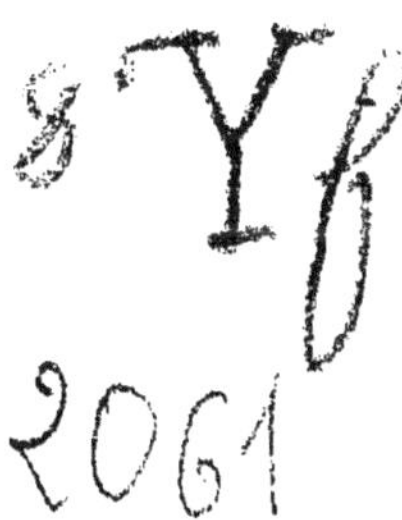

DU MÊME AUTEUR

En préparation :

"MES SOUVENIRS" SUR LE THÉATRE
ANTOINE. . . . . 1 volume.

"MES SOUVENIRS" SUR L'ODÉON . . . 1 volume.

CHEZ LES TURCS. . . . . 1 volume.

ANTOINE

"MES SOUVENIRS"

SUR LE

THÉATRE-LIBRE

PARIS

ARTHÈME FAYARD & CIE, ÉDITEURS

18-20, Rue du Saint-Gothard.

Copyright by André Antoine, 1921.

"MES SOUVENIRS"

SUR LE

THÉATRE - LIBRE

———

Je n'avais jamais pensé qu'il pût être bien nécessaire de publier ces notes ; ces bavardages sur des gens et des choses disparus ne pouvaient guère, à mon sens, intéresser que de rares amateurs de théâtre. A diverses reprises, on avait insisté pour m'y décider ; le temps manquait, et aussi autre chose, car, dans les instants où j'entrevoyais une pareille entreprise, je rêvais de faire de cette histoire du Théâtre-Libre, non pas une sèche nomenclature de dates, mais un tableau, aussi sincère et aussi saisissant que possible, du martyre de l'argent imposé à ceux qui, assez follement, tentent de sortir des terrains battus. Ceci aurait pu être utile à quelque toqué assez imprudent un jour pour recommencer mon aventure.

Mais tout cela restait dans les nuages ; et si l'on n'avait pas tout spécialement insisté, je ne me serais probablement jamais décidé. Enfin, voici tout de même l'espèce de journal, un peu décousu, constitué avec des notes assez fidèlement tenues pendant sept ans ; je le livre à ceux que la chose peut intéresser, après avoir soigneu-

sement fait table rase de toutes les rancunes,
évité toute personnalité désobligeante. Des représailles ? À quoi bon ? Je n'ai certainement
pas toujours eu raison ; du reste, tel adversaire,
tel ami du début se retrouvera souvent dans une
posture opposée, au cours des trois étapes suc-
cessives d'un même effort : de 1887 à 1895, au
Théâtre-Libre, contre les tenants du théâtre d'a-
lors, de 1896 à 1906, au théâtre Antoine pour
la conquête du grand public, et de 1906 à 1914,
à l'Odéon, dernière lutte contre les traditions officielles et la routine administrative.

Après avoir revécu tout cela, je pense qu'au
fond, nous fûmes tous de braves gens, et que ni
les survivants, ni les disparus ne peuvent sortir
diminués d'une belle époque enfiévrée de passion littéraire.

*
* *

Un rapide examen de notre situation dramatique à l'instant de l'apparition du Théâtre-Libre
ne sera d'abord pas inutile. En 1887, la scène
française était tout entière aux mains d'une tri-
nité illustre : Augier, Dumas, Sardou régnaient
depuis vingt ans, aussi bien à la Comédie-Française qu'ailleurs. Perrin, qui venait de mourir,
disait volontiers : « Je n'ai pas besoin d'auteurs
nouveaux ; une année Dumas, une année Sardou,
une troisième Augier, cela me suffit. »

Cependant, certains signes d'épuisement appa-
raissaient ; Augier avait achevé son grand cycle
du *Fils de Giboyer*, de *Maître Guérin* et des
Lionnes pauvres ; depuis *les Fourchambault*, il

restait silencieux. Dumas, plus alerte, se prolongeait avec *Francillon, l'Etrangère, Denise,* mais sa *Route de Thèbes,* annoncée depuis des années, ne paraissait pas. Sardou, après le grand bruit de *Daniel Rochat,* n'ayant point tout à fait réussi à la Comédie-Française, revenu au boulevard, triomphait toujours avec *Dora, Odette, les Bourgeois de Pontarcy ;* cependant où était le temps de *la Famille Benoîton,* des *Ganaches* et de *Nos Intimes ?* On vivait sur Gondinet et Pailleron: Meilhac et Halévy avaient rompu leur collaboration, Meilhac seul tirait encore quelques brillantes fusées aux Variétés avec *Ma Cousine* ou *Décoré.* En réalité, on apercevait la fin et l'inquiétude gagnait les directeurs.

Au lendemain de 70, les poètes avaient bien tenté d'aborder la scène. *La Glu* de Jean Richepin et les *Mères ennemies* de Mendès se perdirent dans le rayonnement de Hugo rentré triomphant d'exil : son grand répertoire, inexploité pendant tout l'Empire, barrait la route. Banville, malgré un chef-d'œuvre, *Gringoire* donné à la Comédie, attendait vainement depuis dix ans le tour de *Socrate et sa femme.* Coppée n'avait eu qu'un seul acte joué rue Richelieu, *le Luthier de Crémone ;* il restait confiné à l'Odéon avec son *Severo Torelli* et ses *Jacobites.* Ni Villiers de l'Isle-Adam, ni Bergerat, ni Léon Cladel, ni bien d'autres, n'avaient pu passer. Seul, Henri de Bornier et sa *Fille de Roland* avaient décroché la grande palme. La protection fraternelle de Coquelin aîné pour ceux de sa génération, mena bien jusqu'à la Comédie Charles Lomon et son *Jean Dacier,* Paul Delair et son *Garin,* mais cela restait de second ordre.

A l'Odéon, Porel, succédant à La Rounat, grâce à l'appui du salon Daudet, avait payé sa dette en reprenant triomphalement *l'Arlésienne*, en montant *Jack, Numa Roumestan*, l'*Henriette Maréchal* des Goncourt, même une *Renée Mauperin* adaptée par Céard ; cependant sa prédilection allait déjà vers Shakespeare et les adaptations musicales. La Porte-Saint-Martin délaissait l'ancien drame historique ; *le Tour du Monde* ayant fait sa fortune, Duquesnel s'en tenait à Sardou, fournisseur exclusif de Sarah Bernhardt.

La critique dramatique s'attardait à batailler contre l'école naturaliste, dont elle avait sévèrement repoussé les premières offensives théâtrales. Sarcey, tout-puissant, avec un merveilleux sens du spectateur bourgeois, défendait solidement la place. Tout en flairant Becque, ses *Corbeaux* et sa *Parisienne*, il le tenait à l'écart, bien résolu à ne pas laisser passer un théâtre dont le triomphe serait la ruine de tout ce qu'il avait aimé et défendu. Ses seules coquetteries avec les jeunes allaient à Feydeau, à Gandillot, à Grenet-Dancourt, à l'infâme Vaudeville comme nous disions alors.

Deux hommes, pourtant, annonçaient des temps nouveaux ; Henry Bauer, ardent wagnérien, champion énergique de Zola, de Goncourt et de Becque, et Jules Lemaître, inquiet, peut-être encore incrédule, mais attentif et assez dilettante pour marquer loyalement les coups.

Le monde du théâtre, les directeurs, les acteurs célèbres tenaient pour le passé dont ils avaient éprouvé les succès et les profits. Ainsi, à aucune époque on ne vit situation plus curieuse : la génération précédente essoufflée, mais encore solidement épaulée par la camaraderie, et, en face, toute une jeunesse désarmée et rongeant son frein.

La bataille, déjà gagnée dans le roman par les naturalistes, dans la peinture par les impressionnistes, dans la musique par les wagnériens, allait se transporter au théâtre.

Voici donc le champ de la lutte, les tenants de la place à emporter, les contingents décidés à un assaut possible ; mais qui coordonnerait tant d'éléments épars ? Qui donnerait le signal ? Tout bonnement le hasard. J'allais, sans m'en douter le moins du monde, devenir l'animateur de forces que je ne soupçonnais même pas. Il faut donc, avant de conter les gestes de mes compagnons de route, rechercher comment un destin mystérieux allait me faire le serviteur de tous.

*
* *

J'ai voulu depuis remonter jusqu'à la source de cette fièvre singulière qui, à ce moment, me transforma en une sorte de bolide tombé en pleine vie théâtrale. Ni mon origine, ni une culture bien simplette ne m'avaient préparé à pareille aventure, dans l'humble milieu de petits employés où j'avais poussé. Faut-il croire, avec Bergerat, que le goût des planches monte de ce pavé parisien sur lequel j'ai tant baguenaudé ?

Mes premières impressions de théâtre datent de Ba-ta-clan, où ma mère me conduisait parfois, avec certaines cartes vertes, que je vois encore ; pour cinquante centimes, on avait droit à une

place et à des cerises à l'eau-de-vie! Heureux temps!
On y jouait de petites comédies, des opérettes,
dont l'étoile était un jeune chanteur, Lucien
Fugère. Dans ce Marais que nous habitions, il
y avait aussi le théâtre Saint-Antoine, boulevard
Richard-Lenoir, minuscule scène sur laquelle
une gloire de 1850, Tacova, jouait encore *Duvert
et Lauzanne*. Mais ce furent certaines représentations, à Beaumarchais, qui firent sur ma cervelle
de gosse la plus profonde impression; j'y revois
très bien Taillade, jouant l'ancien répertoire de
Frédérick Lemaître, des mélos étonnants : *les Dix
Degrés du crime, la Dame de Saint-Tropez, Atar-
Gull ou la Vengeance d'un nègre* et un *Richard III;*
évidemment, ce grand acteur m'a, le premier, fait
rêver de théâtre, et, plus tard, j'ai curieusement
vérifié qu'il eut la même influence sur Gémier.

Un autre souvenir s'ajoute à ceux-ci. La fort
jolie fille d'une voisine jouait des petits rôles à la
Gaîté; emmené par elle, un soir, j'assistai à une
représentation de *la Chatte blanche* dans la boîte
du souffleur où elle m'avait fait placer. A cette
époque, la féerie était encore vivante, parée de
ses séductions enfantines; toute la soirée, je vis
se dérouler les magnificences des trucs et des
changements à vue; sous mes yeux, au ras du
plancher de la scène, les trappes silencieusement
entr'ouvertes me laissaient apercevoir les machinistes tirant de petits anneaux accrochés
aux talons des artistes pour des métamorphoses
stupéfiantes. Cette initiation, par l'envers du
théâtre, ne détruisit pas mes illusions, au contraire, elle a probablement éveillé chez moi un
goût passionné de la mise en scène.

En dehors de ces deux ou trois hasards, je ne retrouve aucun autre contact avec le théâtre ; cependant, je suivais les affiches, mon imagination travaillait devant ces spectacles auxquels je ne pouvais assister.

J'allais, du reste, voir d'autres drames, des tragédies réelles, la guerre de 70, le siège, la Commune ; des escapades qui terrifiaient ma pauvre mère me conduisaient partout, aux remparts, derrière les gardes nationaux, à travers l'insur-rection de mars, à deux pas de la fusillade de la rue Haxo, aux journées de mai sur la place de la Bastille. J'étais l'aîné de quatre enfants et, dès le calme revenu, on m'avait mis au travail ; dans mes courses de saute-ruisseau pour un petit agent d'affaires, je flânais interminablement aux devantures ; avec les quelques sous dont je pouvais disposer, je dévorais les publications populaires, *les Bons Romans* qui, par bonheur, ne donnaient que des choses intelligentes et propres, rééditions de Dumas père, Eugène Sue ou George Sand. Quelle décisive influence que celle de cette littérature à bon marché sur la petite culture populaire ! Ce n'était encore chez moi qu'une grosse fringale de lecture, une avidité prodigieuse d'apprendre et de regarder. Vers ce temps, on me fit quitter l'étude où je grossoyais, pour la librairie Firmin-Didot, rue Jacob, au cœur de cette rive gauche, peuplée d'éditeurs, et, dès lors, je vécus entre les piles de livres. Dans mon bureau, un jeune homme m'avait pris en amitié, un échappé de Murger, la poche toujours bourrée de livres et de journaux, avec la barbe et les cheveux romantiques de tout intellectuel de l'époque. Ce garçon doux et laborieux m'a tout bonnement ouvert les horizons de la pensée et de l'art. En sortant du bureau, à travers les camions chargés d'Hetzel et de Quantin, nous passions chez un petit libraire de la rue Saint-André-des-Arts où mon compagnon s'approvisionnait. C'était encore une fête d'aller le vendredi, rue Saint-Benoît, acheter *la République des lettres,* que Mendès venait de fonder, et qui reprenait la publication de *l'Assommoir* restée inachevée dans un grand journal.

Ainsi, pendant deux ou trois ans, guidé par mon camarade, je me familiarisai aussi bien avec le mouvement réaliste qui pointait, qu'avec le Parnasse ; un vieux cabinet de lecture, rue des Saints-Pères, me livrait ses trésors poussiéreux, tous les romans, toutes les pièces célèbres des cinquante dernières années. Je dévorais tout. Je m'étends là-dessus parce que ce cas est bien saisissant de l'influence d'un milieu et de l'immense rôle du hasard sur une destinée.

La librairie Didot est à deux pas de l'Ecole des Beaux-Arts. Réservant tout mon argent aux journaux et aux livres, je ne déjeunais pas, bien entendu, de sorte que chaque jour, entre midi et une heure, j'occupais ce loisir à longer les quais, le nez dans les boîtes des bouquinistes. De temps en temps, la grille des Beaux-Arts s'ouvrait pour quelque exposition, celle de Manet, mort récemment, une rétrospective d'Henri Regnault, tué à Buzenval, ou les concours du Prix de Rome. Cette vision de l'œuvre vivante et saine du peintre du *Père Lathuile* me pénétra fortement. Les batailles livrées autour de l'*Olympia* me ramenaient à

Zola qui en fut l'infatigable soldat. Henri Regnault me donna la curiosité passionnée de l'Orient; Fromentin, découvert à son tour, devait me pousser quelques années plus tard à faire volontairement colonne dans l'extrême-sud tunisien. Enfin, une petite salle des anciens Prix de Rome, par les sujets classiques immuablement imposés aux concurrents, me guida vers la mythologie, l'histoire grecque et romaine; dans cette période, ce fut une exploration passionnée du Louvre, du Luxembourg, de tous les musées parisiens. Un dernier hasard allait me mettre aux mains le fil conducteur indispensable à travers ce chaos : entré, un jour, au cours de Taine sur *l'Histoire de l'Art,* je ne manquai plus une leçon. Puis ce fut le tour des bibliothèques, la Nationale, la Mazarine, et surtout Sainte-Geneviève, ouverte le soir. Ma cervelle, un peu plus en ordre, commençait à classer cette espèce de culture que beaucoup de garçons de mon âge n'avaient point rapportée de leurs écoles.

Une liberté à peu près complète depuis que je gagnais ma vie m'avait permis de fréquenter les théâtres. Hugo rentrait d'exil dans une apothéose : l'Odéon avait repris *Ruy Blas* avec Sarah Bernhardt, Mélingue, Geffroy et Lafontaine; à la Comédie-Française, on préparait *Hernani;* c'était le temps des débuts de Mounet-Sully dans *Andromaque* et *Marion Delorme;* une troupe incomparable, Bressant, Mme Plessis, Madeleine Brohan, Mme Favart, Got, Delaunay, Coquelin ainé, Thiron, m'initiait aux grands classiques. Comme j'allais au théâtre tous les soirs, cette dépense eût vite été au-dessus de mes ressources si je n'étais devenu l'auxiliaire des chefs de claque qui m'accueillaient pour quelques sous, à la condition de participer « au service ». Lors de ma première nomination à l'Odéon, j'eus même le plaisir d'y retrouver le père Boutin, avec sa calotte de velours, un peu ahuri de revoir l'un de ses anciens fidèles assis dans le fauteuil directorial.

Mais, bien vite, je voulus voir de plus près ces grands acteurs qui m'enthousiasmaient et, enrôlé par le père Masquillier, le chef des comparses de la Comédie, pendant plusieurs années j'ai figuré dans tout le répertoire, les yeux ouverts, les oreilles tendues à tout ce qui se passait dans la grande maison. Je n'avais pas négligé non plus le Gymnase, le Vaudeville, la Porte-Saint-Martin, l'Ambigu, et ainsi ma vocation d'acteur s'élaborait mystérieusement. J'avais pris l'habitude d'apprendre par cœur les scènes jouées par les comédiens célèbres que je ne quittais pas plus que leur ombre.

Vers le même temps, à un cours de diction de l'école communale de la rue de Vaugirard, je rencontrai un professeur Marius Laisné, tenant, rue de Seine, une petite école de déclamation dont je devins le commensal assidu. C'est là que j'achevai de prendre le goût du théâtre, enragé à l'étude des classiques (ce que l'on a bien ignoré) au point que, quinze ans plus tard, je pouvais souffler à mes artistes de l'Odéon tous les grands rôles du répertoire.

Je me présentai donc, inutilement, bien entendu, à l'examen d'admission du Conservatoire; alors, comme aujourd'hui, il était chimérique d'espérer franchir la porte sans recommandation particulière. Comme j'avais beaucoup de bon sens, et peut-être aussi par une certaine répugnance à courir les aventures inutiles, après cet échec je renonçai à une carrière dont l'accès s'annonçait impraticable. D'ailleurs, le service militaire arrivait, ses cinq ans étaient une éternité dont je n'imaginais même pas l'issue. Mais cette jeunesse dure et studieuse m'avait doté d'une personnalité très nette, je devais à la pauvreté et à la passion d'apprendre, une santé morale et un équilibre rares ; la vie physique du régiment allait achever de faire de moi un homme.

Au retour du régiment, en 1883, après une admirable et féconde randonnée dans le sud-tunisien, j'avais repris ma vie d'employé sans me douter que, bientôt, des événements en apparence insignifiants allaient, à vingt-huit ans, bouleverser ma vie.

*
* *

Trois ans plus tard, vers 1886, je menais, toujours à la Compagnie du Gaz, la vie monotone et laborieuse d'un employé à 150 francs par mois ; c'était mince pour vivre ; aussi, un travail supplémentaire au Palais de Justice complétait cette maigre provende. Bon Dieu ! ce que j'ai noirci de papier timbré ! il doit y en avoir de pleines armoires là-bas. Avec le Gaz, c'était un labeur journalier de treize ou quatorze heures ; j'étais devenu un excellent employé ; sans aucune velléité, sans le moindre rêve d'aventure.

Et voici le grain de sable. Un de mes compa-

gnons de bureau faisait partie d'une association
d'amateurs qui, sous le nom de *Cercle Gaulois,*
donnaient tous les mois de petites représentations
dramatiques à leurs parents et à leurs amis. Ce
goût de cabotinage a toujours été très vif à Paris; à
cette époque, des sociétés semblables pullulaient;
on jouait alors la comédie comme on danse à
présent. La curiosité me conduisit à l'une de ces
modestes soirées, dans une petite salle du passage
de l'Elysée-des-Beaux-Arts, au pied de l'escalier
de la rue des Abbesses. C'était très gentil; des
jeunes gens, employés, ouvrières, se réunissaient,
la journée finie, pour passer intelligemment et
honnêtement leur temps. Je retrouvais dans ce
coin des rêves de jeunesse envolés. Mais on me
parut bientôt y perdre son temps. *La Chanoi-
nesse* de Scribe et d'autres fadaises vraiment
bien mortes étaient le fonds d'un répertoire que
j'entrepris de renouveler avec des ouvrages plus
modernes, *le Marquis de Villemer, les Idées de
Madame Aubray, Gringoire.* Je devins très ardent au progrès de notre association, sans négliger, bien entendu, mon travail, ce qui me
forçait souvent à m'acharner la nuit sur mon
papier timbré, afin de garder ma soirée libre.
Une association voisine, le *Cercle Pigalle,* plus
riche que la nôtre, recrutée parmi des boursiers,
de jeunes bourgeois, donnait, elle aussi, des
soirées dramatiques; chaque hiver, une revue
composée par quelque membre du Cercle était
représentée en grand gala. Sarcey ne dédaignait
pas d'y venir et de complimenter gentiment ces
amateurs dans son feuilleton du *Temps.* Il y avait
là une supériorité sur nous, les voisins pauvres,

qui me taquinait fort ; je voulus faire mieux, en persuadant à mes camarades que, si nous nous amusions à jouer la comédie, d'autres jeunes gens devaient eux aussi se délasser à écrire des pièces. Il ne s'agissait que de les trouver. Mon projet adopté, chacun partit à la découverte. Pourtant, retenu toute la journée au Gaz, sans la moindre relation, comment atteindre ces futurs dramaturges? Un camarade au courant de ces ambitieuses visées découvrit le premier oiseau rare. C'était Arthur Byl, qui me remit bientôt un acte assez informe, d'une violence ingénue, mais enfin c'était quelque chose d'inédit; il se montrait disposé à nous confier son ours pour notre prochaine séance. Quelques jours après, Byl m'amenait Jules Vidal, un grand homme tout à fait celui-là, ayant déjà publié un volume et fréquentant le fameux Grenier Goncourt à Auteuil, qui parlait de nous mener à Paul Alexis, l'un des Cinq des *Soirées de Médan*. Ce contact entrevu avec de pareils milieux me donna la fièvre. La connaissance d'Alexis fut vite faite, comme on le verra, et l'ami de Zola nous accordait un acte inédit, retrouvé dans les papiers de Duranty. Avec celui de Byl, le chef-d'œuvre de Vidal, c'était un programme complet. Mais j'eus un étourdissement le jour où Alexis m'annonça qu'ayant parlé de notre affaire à Léon Hennique, un autre de Médan, qui venait d'avoir un acte, tiré d'une nouvelle d'Émile Zola, refusé à l'Odéon, celui-ci se montrait disposé à nous le confier. Dans l'instant j'entrevis que le nom de Zola sur notre programme nous vaudrait l'attention certaine de Sarcey. Hennique m'envoyait son manuscrit de *Jacques Damour* et nous voici à l'ouvrage. Alexis, dans ses feuillets quotidiens du *Cri du Peuple,* signalait les projets de notre petit groupe ; nous avions un journal à nous ; notre vieux rival le *Cercle Pigalle* allait définitivement être distancé.

Seulement, sur le nom de Zola, des hésitations se faisaient déjà jour dans notre cénacle. Certains trouvaient que je les menais vers des aventures un peu bruyantes ; on me refusa l'étiquette et le concours du Cercle pour la représentation projetée. On consentait seulement à me louer la salle, mais à condition de ne troubler en rien la somnolente quiétude de la maison. C'était grave. Privé des ressources de notre association, sur lesquelles j'avais compté pour faire face aux frais de la soirée, il me fallait en assumer personnellement les charges, et, bien entendu, je n'avais pas un sou vaillant.

On verra, par les notes que je commençai à prendre dès ce moment, tout le mécanisme de la naissance du Théâtre-Libre. Je ne suis entré dans tous ces détails que pour bien marquer qu'à ce moment personne n'entrevit vers quoi l'on allait. Pour mon compte, je n'avais pas le moindre dessein de devenir un acteur ou directeur professionnel et l'on m'eût bien fait rire si l'on m'avait prédit que nous allions révolutionner l'art dramatique.

1887

16 *janvier* 1887. — Ce soir, après le dîner, Jules Vidal me conduit chez Paul Alexis qu'il a connu au Grenier des Goncourt et auquel il a parlé de notre projet de représentations inédites. L'ami de Zola habite tout en haut de la Butte; de son cabinet de travail, on a une incomparable vue sur Paris. C'est un bon gros garçon aux yeux clairs, sous son lorgnon de myope, l'air affable avec un bon sourire frais et de grosses moustaches tombantes. Fort intimidé d'abord près d'un homme qui est l'intime de Zola, je suis tout de suite mis en cordialité. Alexis n'a pas de pièce; cependant, emballé sur notre idée, il entrevoit une espèce d'acte guignolesque trouvé dans les papiers de Duranty dont il est l'exécuteur testamentaire, mais *Mademoiselle Pomme* n'est plus à lui; il l'a donnée à une société mi-artistique, mi-littéraire, dont il est le président et qui se réunit dans un atelier de Montmartre. Même, ces jeunes gens ont déjà commencé à répéter la pièce pour l'une de leurs soirées; cependant, on pourrait voir et il offre de nous y conduire prochainement.

24 *janvier* 1887. — Paul Alexis m'a présenté à *la Butte,* ce groupe d'artistes qu'il préside, dont

les réunions se tiennent le samedi soir dans un atelier de la rue Ravignan, chez Jean Noro, un élève de Courbet, pour réciter des vers, lire des articles, discuter politique et littérature. L'endroit, une construction en bois, a tout à fait l'air d'une isba sibérienne. Ces jeunes gens nous accueillent avec beaucoup de cordialité, mais je distingue tout de suite que beaucoup d'entre eux ne se soucient guère de prêter les mains à une tentative sur laquelle le nom de Zola met une étiquette un peu exclusivement naturaliste ; cela sent plutôt la chapelle symboliste ; pourtant il y a parmi eux des révolutionnaires dont je sens l'appui. Il est enfin convenu que la pièce de Duranty fera partie de notre programme et que trois des membres du cercle, sous les pseudonymes de Pausader, Cosmydor et Lucque, nous prêteront leur concours. Je n'ai d'ailleurs qu'une confiance limitée dans le talent de ces comédiens improvisés, mais il faut marcher tout de même.

29 *janvier* 1887. — Notre petite représentation mensuelle au *Cercle Gaulois*, des *Idées de Madame Aubray* s'annonce très bien, et Paul Alexis, qui fait dans *le Cri du Peuple* une espèce de soirée théâtrale en argot, signée Trublot, annonce aujourd'hui notre soirée avec un très gentil commentaire ; une étrange impression de voir mon nom imprimé pour la première fois dans un journal.

8 *février* 1887. — Alexis m'a invité à l'inauguration d'un monument que les amis de Duranty font élever sur sa tombe au Père-Lachaise. Tantôt

l'assistance est assez nombreuse, et je vois là, pour la première fois, Henry Céard qui, secrétaire du Comité du monument, doit en faire la remise à la famille. C'est un garçon déjà un peu grisonnant avec un monocle, et un paletot à pèlerine qui l'allonge encore; il lit un discours d'une belle langue soignée et sûre. Mais ce qui m'intéresse le plus, c'est Zola, venu lui aussi, et une charmante femme, d'une beauté rayonnante, Séverine, avec laquelle je fais connaissance. A la fin de la cérémonie, pendant que tout ce monde regagne l'entrée du cimetière, je m'attarde à regarder Zola, qui reste longtemps en contemplation devant l'immense Paris étalé à ses pieds dans la lumière de cette fin de journée.

17 *février* 1887. — Hier soir, au théâtre des Nations, des comédiens en société ont donné, devant quelques intimes, la répétition générale du *Ventre de Paris,* tiré par Busnach du roman de Zola. Je ne retrouve le livre que par la mise en scène, extrèmement vivante et exacte; pour le reste, ce n'est plus qu'un mélodrame assez gros. Mme Marie Laurent a un grand succès et Taillade, surtout, est admirable de mélancolie et de grandeur dans Florent. Il y a un bien beau décor nocturne de l'avenue des Champs-Elysées, la descente des voitures de maraîchers vers les Halles.

5 *mars* 1887. — Notre programme enfin arrêté avec *Mademoiselle Pomme, Un Sous-Préfet, la Cocarde* et *Jacques Damour,* voilà d'autres difficultés qui commencent. Le *Cercle Gaulois* qui devait donner cette représentation se dérobe; la

majorité des membres, surtout ceux qui ne sont pas distribués dans le spectacle, trouve que ce serait sortir des statuts de notre petite association. La décision m'est signifiée par le père Krauss, notre président, un vieil officier en retraite, septuagénaire, le meilleur et le plus poli des hommes, qui, dans la passion infinie qui l'a saisi sur le tard pour le théâtre, a construit de ses mains la petite salle en bois de l'Elysée-des-Beaux-Arts. Tout y est son œuvre, la petite scène, les décors et le moindre des accessoires. Cette besogne a duré plusieurs années, puis il a fondé le Cercle et réuni des amateurs pour les faire jouer dans sa salle. Il avait déjà dû avec quelque chagrin abandonner, à mon instigation, son cher répertoire de Scribe, Théaulon et Bayard ; la voie nouvelle où j'engageais l'association l'a décidé à un coup d'Etat. Il m'a dit que notre soirée devrait être donnée sous un autre nom, qu'il ne peut que me louer la salle, mais sans prendre aucune espèce de responsabilité, et que les répétitions ne pourront y avoir lieu, car ce serait troubler les paisibles travaux du Cercle. Sur le moment, je suis un peu effondré et quelques-uns assez malicieusement se demandent comment je vais faire.

6 *mars* 1887. — Cette défection du Cercle est un coup terrible, car, bien entendu, j'avais compté que notre soirée serait donnée sur le budget de l'association ; au contraire, il me faut trouver les cent francs de la location de la salle et tout ce qui va être indispensable pour la représentation. J'ai résolu la question assez grave des répétitions qui

ne peuvent avoir lieu que le soir, puisque nous
sommes tous occupés dans la journée. Louer une
autre salle, ce n'était pas possible et d'ailleurs où
trouver l'argent? En désespoir de cause, j'ai dé-
niché, rue des Abbesses, à côté de l'Elysée-des-
Beaux-Arts, chez un mastroquet, une petite salle
de billard, au fond d'une tonnelle, que le patron
consent à éclairer d'un modeste bec de gaz tous
les soirs, de huit heures et demie à minuit, pour
nous laisser répéter, à la condition que nous
prendrons chacun une consommation. Comme je
ne pouvais la faire payer à mes camarades, c'est
tout de même cinquante sous à trois francs de dépense par soirée et je ne vois guère, dans l'état
de mes finances, comment il sera possible d'y
pourvoir.

6 *mars* 1887. — Notre programme mis debout,
et nos répétitions en train, il faut pourtant trouver le moyen de le faire imprimer. Un petit litho-
graphe de la rue de Châteaudun me fait d'assez
bonnes conditions, huit francs le cent. Le soir,
au sortir du bureau, avec Byl, qui est venu me
chercher, nous prenons l'absinthe au café du
Delta, cherchant toujours un titre pour baptiser
notre affaire. Je garde le sentiment que, pour
éviter le cabotinage et affirmer le côté tout à fait
amateur de notre représentation, il faut s'abs-
tenir d'une désignation sentant le théâtre. Je
cherche depuis plusieurs jours une épigraphe
plutôt qu'un titre. Il y en a une qui serait excellente : « Le Théâtre en liberté », empruntée à
Hugo, mais je ne sais quoi nous gêne, cela nous
semble bien romantique. Et, comme nous tour-

tions autour de cette idée, Byl s'écrie tout à coup en remuant son pernod : « Alors, *le Théâtre Libre* », et je sens tout de suite que c'est vraiment cela que nous cherchions.

10 mars 1887. — Nous répétons enfin chez notre bistro et, en économisant mon dîner, j'arrive à faire face aux dépenses de la soirée. Emile Paz, un très bon camarade du Cercle, féru de théâtre lui aussi, m'aide dicrètement le plus qu'il peut. Tout serait donc parfait de ce côté sans cet énorme billard qui encombre le milieu de notre salle de répétition. C'est une étrange gageure de faire de la mise en scène (si ce que nous faisons peut être appelé ainsi) dans l'étroit espace libre entre les faces de ce billard, qui est vraiment le plus grand que j'aie jamais vu, et les parois de la muraille, mais cela va tout de même avec la bonne volonté de tous.

11 mars 1887. — J'ai pris mon courage à deux mains tantôt ; à cinq heures, en sortant du Gaz, je suis allé jusqu'au *Figaro,* où j'ai vu Jules Prével, le courriériste des théâtres. Un petit bonhomme gris et mince, très élégant, l'air un peu bougon, m'a reçu en haut, dans la salle d'attente, avec l'étonnement visible de ma piètre et minable silhouette d'employé, détonnant quelque peu dans ce milieu parisien et boulevardier.

Je lui ai, en bredouillant d'émotion, expliqué notre projet, notre rêve d'attirer un peu l'attention de la presse, comme notre rival le *Cercle Pigalle.* La chose n'a pas semblé le transporter d'enthousiasme ; il m'a fait remarquer que nos amusements n'intéressaient que nous et qu'une feuille comme *le Figaro* ne pouvait, malgré les noms inscrits sur le programme, en entretenir ses lecteurs. Bien qu'assez démonté et pressé par la bousculade de cette audience, j'ai dû être éloquent, car le brave homme m'a congédié en bougonnant : « Nous verrons cela », et il a emporté mon papier.

12 *mars* 1887. — Victoire ! en ouvrant *le Figaro,* ce matin, j'y trouve la note suivante, encore plus complète et plus bienveillamment explicite que je n'aurais osé l'espérer :

Une représentation des plus curieuses — et toute spéciale — de quatre pièces en un acte, inédites, va avoir lieu ces jours-ci, dans le huis clos le plus absolu, devant la critique et les lettrés. Les noms de MM. Émile Zola, Léon Hennique, Paul Alexis, qui figurent au programme, ainsi que celui du regretté romancier Duranty, donnent à cette soirée, par invitations et gratuite, un exceptionnel attrait.

Les quatre primeurs seront :

Jacques Damour, drame en un acte tiré par M. Léon Hennique d'une nouvelle de M. Zola qui a paru dans *le Figaro.*

Mademoiselle Pomme, farce en un acte, par Duranty et M. Paul Alexis.

Le Sous-Préfet, tragédie en un acte, par M. Arthur Byl.

La Cocarde, comédie en un acte, par M. Jules Vidal.

La représentation sera donnée dès que les quatre pièces qu'on répète activement seront tout à fait au point. Sans doute avant la fin du mois.

Acteurs : les membres du Cercle Pigalle, du Cercle Gaulois, du Cercle de la Butte et des artistes de divers théâtres.

Si cet essai réussit, — et l'organisateur M. Antoine, un jeune premier rôle, se donne assez de mal pour réussir, — des tentatives analogues seront faites qui pourraient devenir une façon charmante pour les jeunes gens de se rendre compte de ce qu'ils ont fait et de présenter leurs pièces aux directeurs, non plus sur un manuscrit de Leduc, mais sur une sorte de première épreuve vivante.

13 *mars* 1887. — La note de Prével fait le tour de la presse : voici *Paris, l'Evénement, le Soleil, la Justice, la Liberté, le Voltaire, le Gil Blas, le Temps*, qui annoncent aussi notre spectacle et nous serons prêts pour le 30. Impossible de passer avant, car ce sont mes appointements du Gaz qui me permettront de donner ses cent francs au père Krauss.

20 *mars* 1887. — Il me semble qu'un bout de prologue serait nécessaire pour lever le rideau, mercredi prochain, mais à qui m'adresser ?

Byl s'est offert à brocher quelques vers de circonstance, qui seraient dits par Burguet, un membre du *Cercle Pigalle*, élève du Conservatoire, le plus solide et le plus sûr d'entre nous.

25 *mars* 1887. — Arthur Byl m'apporte son prologue :

LES OURS

PROLOGUE SCIENTIFIQUE

Recommandé par un ami,
Je viens de visiter les cages.
Les ours sommeillent à demi
Courbés sur la blancheur des pages.

Le griffonnage affreux des mots,
Muselière calligraphique
Emprisonnant les animaux,
Rendait l'acte moins héroïque.

Monsieur Zola, l'un des gardiens,
Des quatre m'a conté l'histoire ;
Il m'a cité les ingrédients
Apéritifs qu'on leur fait boire.

D'après le maître de céan,
Ils viennent du « naturalisme »,
Au delà du vaste océan
Atlantique de crétinisme.

Oh ! c'est un pays très lointain.
Les indigènes y cultivent
Surtout le document humain ;
On prétend même qu'ils en vivent.

Mais, j'abuse de toi, public ;
J'ai des choses à dire encore.
Pour causer un peu du verdict,
Abandonnons la métaphore.

Demain, dès que poindra le jour,
Toute la presse quotidienne
Enregistrera-t-elle un four
En sa chronique parisienne

Ou bien un succès colossal
A faire pâlir Valabrègue,
Fétiche du Palais-Royal,
Et Grenet-Dancourt son collègue ?

Arthur BYL.

Ce n'est pas génial, mais ça fera tout de même
à peu près l'affaire.

26 *mars* 1887. — Nous sommes prêts ; nos invitations sont parties ; nous nous sommes partagé
la besogne avec Paz, pour en porter le plus possible, car les timbres nous épouvantent. Mais je

suis bien inquiet au sujet d'Hennique. Je n'ai jamais osé l'inviter à venir voir sa pièce le long de ce billard, et pourtant, il faut la lui montrer. Nous convenons avec notre ami Alexis, qui est délicieux et aussi gosse que nous, que je vais supplier le père Krauss de nous laisser la scène demain soir et qu'il amènera son camarade.

27 mars 1887. — J'étais fort embêté ce matin, pour trouver des meubles et des accessoires que je n'avais guère le moyen de louer. Ma mère, à qui j'en parle, me permet de prendre les meubles de sa salle à manger, ses chaises et sa table pour l'arrière-boutique du boucher de *Jacques Damour*; et, sur les cinq heures, en sortant du bureau, où je n'ai voulu demander aucune permission, car tout ce petit bruit de la presse a déjà braqué sur moi les yeux sévères du sous-chef de mon service, je loue une voiture à bras et je traîne moi-même notre mobilier le long du boulevard Rochechouart, depuis la rue du Delta, jusqu'à l'Elysée-des-Beaux-Arts ; le père Krauss ouvre des yeux énormes devant la splendeur d'une pareille mise en scène.

— Répété sur la scène. Le père Krauss, tout de même gagné par notre fièvre, a été tout à fait empressé, à la condition que l'on n'abîme rien ; il a fait le machiniste tout seul, avec sa rosette rouge sur son costume de toile bleue.

Hennique, amené par Alexis, m'a paru stupéfait, car à la fin, il a dit à Alexis : « Nous amènerons Zola demain si on répète encore ; il faut qu'il voie ça. »

28 *mars* 1887. — Nous répétons. Zola est venu avec sa femme, Charpentier l'éditeur et deux amis.

Comme nous terminons *Jacques Damour,* le maître, monté sur la scène, conduit par Hennique, m'accule dans un angle sous un bec de gaz; je suis ému à défaillir tandis que ses yeux me détaillent; il y a sur sa figure un étonnement, et il me dit assez brusquement : « Qu'est-ce que vous êtes, vous ? » Je balbutie, il me laisse barbotter sous son regard fouilleur et ajoute : « C'est très bien, c'est très beau, hein! Hennique, n'est-ce pas que c'est très bien! Nous reviendrons demain. »

29 *mars* 1887. — En arrivant pour la dernière répétition, j'apprends par Alexis que Zola, vraiment enchanté hier soir, est revenu avec des amis : Duret, Céard, Chincholle du *Figaro,* mais surtout Alphonse Daudet. Le rideau tombé, Daudet me traite affectueusement et ne ménage pas ses éloges; nous quittons la petite salle tous ensemble; un peu boitillant, appuyé sur mon bras pour descendre le passage de l'Elysée-des-Beaux-Arts, Daudet s'arrête à un coude de l'impasse, devant une maison à grille, en me disant : « Antoine, je vois des spectres ce soir dans votre rue, voilà la maison où j'ai connu la bougresse dont j'ai fait *Sapho.* »

30 *mars* 1887. — Le grand soir; comme j'ai touché mes appointements au Gaz, avant cinq heures, je suis certain de pouvoir payer ses cent francs au père Krauss; pour le reste, par exemple,

je ne vois pas trop où nous allons et comment on fera.

Chincholle, qui était monté hier soir avec Zola et Alphonse Daudet, a fait passer ce matin, dans *le Figaro*, une note où il parle de la répétition d'hier soir dans les termes les plus propres à soulever la curiosité.

31 *mars* 1887. — La représentation d'hier soir s'est achevée triomphalement, mais j'ai eu bien peur au début de la soirée. Burguet était arrivé en déclarant qu'il avait perdu la copie du prologue de Byl ; le rideau levé, dans son émotion de ne pas apercevoir dans la boîte du souffleur mon frère qui devait le tenir, il est resté en plan. A ce moment-là, j'étais dans la coulisse, causant avec Zola, tout en prêtant l'oreille ; je suis devenu livide en entendant Burguet s'arrêter court. J'ai dit à Zola : « Ça commence bien. »

Mademoiselle Pomme a passé inaperçue.

La pièce de Vidal a semblé quelconque, mais l'acte de Byl, *Un Sous-Préfet,* a causé un véritable scandale et on a sifflé.

En somme, la soirée était perdue, lorsque nous avons commencé *Jacques Damour.* Je ne sais pas ce qui s'est passé, j'étais trop nerveux, mais j'ai bien l'impression que l'effet a dû être énorme.

En général, la critique n'est pas venue, malgré le patronage du *Figaro.* Il y avait dans la salle Emile Zola, Daudet, Hennique, Chincholle, La Pommeraye, Denayrouze de *la République française,* Aubry-Vézan de *la Petite République ;* je crois que c'est tout. Les journalistes étaient tous aux Bouffes à la première d'un opéra comique, *la Gamine de Paris,* de Gaston Serpette.

2 *avril* 1887. — Grande surprise, en ouvrant *le Figaro* de ce matin, d'y trouver, en tête du journal, un article d'Henry Fouquier.

Après un pittoresque tableau du passage de l'Elysée-des-Beaux-Arts, Fouquier conte la représentation, disant qu'il lui a paru, ce soir-là, en lisant les noms des auteurs portés au programme, que la curiosité littéraire et le mouvement étaient dans ce théâtriculet perdu au fond de Montmartre et qu'il y est venu, remettant à un autre jour de voir une opérette qu'il savait cuisinée d'avance de main de maître, car, dit-il, nous avons besoin de nouveau. Il ajoute que les critiques les plus autorisés en conviennent et que les auteurs dramatiques les mieux installés dans leur réputation et dans leur gloire cherchent le nouveau qui nous inquiète et qui nous tente.

Il déclare trouver dans *Jacques Damour* je ne sais quelle grandeur qui pourrait bien s'imposer au public qui ne s'étonne de rien quand un grand sentiment le frappe au cœur.

Voici les dernières lignes de l'article qui m'ont troublé profondément :

Je n'ai voulu que noter une curiosité de ce Paris, singulier et inépuisable en surprises, qui n'a pas un carrefour perdu où, derrière une porte mal close, ou une fenêtre qui ferme mal, on ne découvre une de ces mystérieuses lueurs, une de ces lampes allumées de travailleur ou de fou, qui font avec le temps des aurores ou des incendies.

La Pommeraye dit dans son feuilleton :

Nous avons tous eu la-larme à l'œil, personne n'y résisterait, et après avoir pleuré, nous avons applaudi.

Denayrouze dans *la République française*, dit de l'acte tiré par Hennique de la nouvelle de Zola :

L'effet a été prodigieux, et pas seulement sur les naïfs. Il m'a bien semblé que les lorgnons d'Henry Fouquier, d'Alphonse Daudet et de La Pommeraye, brillaient à la sortie d'un éclat particulier. J'avoue que, pour mon compte, j'ai été prodigieusement ému par ce petit acte. Si le farouche M. Goblet ne régnait pas encore sur la France, j'adjurerais M. Porel de jouer *Jacques Damour* à l'Odéon dans certain spectacle coupé qu'il avait l'intention de monter prochainement. Mais la pièce étant quelque peu de Zola, autant vaudrait conseiller au directeur du second Théâtre-Français de mettre de la dynamite sous son fauteuil de fonctionnaire.

C'est égal, si le théâtre naturaliste compte beaucoup d'actes comme celui-là, on peut être tranquille sur son avenir.

3 avril 1887. — Mon plus grand désappointement a été l'absence de Sarcey, et je croyais à quelque manœuvre de notre rival, le *Cercle Pigalle*.

J'ai écrit au critique du *Temps* pour lui reprocher de ne pas encourager une tentative faite presque uniquement pour lui, et il a l'obligeance de me répondre un gentil petit mot, comme pour se justifier, ce qui est, vraiment, d'une charmante et indulgente bonhomie. Il était pris ce jour-là par une conférence à Lille, et, afin que je n'en doute pas, il a épinglé son ticket de chemin de fer dans le coin de la lettre. Il finit en nous promettant, si nous continuons, de ne pas manquer de nous suivre.

4 *avril* 1887. — C'est vraiment un succès considérable. Porel, qui avait refusé autrefois *Jacques Damour,* fait savoir à Hennique qu'il reçoit la pièce pour l'Odéon.

A travers les règlements de comptes de la dernière soirée, je suis dans un singulier état d'esprit. Ces représentations qui, de prime abord, avec mes camarades du *Cercle Gaulois,* devaient rester de simples distractions, me semblent avoir dépassé, du premier coup, ce que nous escomptions.

Byl et Vidal sont venus m'attendre à la sortie du Gaz, et, très impressionnés eux-mêmes, me disent qu'il faut absolument continuer. C'est l'avis de Paul Alexis, et je sens bien qu'autour de moi, tout le monde attend un nouvel effort, mais avec qui, et vers quoi ? Ces représentations coûtent cher et les trois ou quatre cents francs que celle-ci m'a fait dépenser, je ne les retrouverai pas de longtemps.

5 *avril* 1887. — Je me lève ce matin, tout à fait décidé. Ce grand succès, la réception de *Jacques Damour* à l'Odéon, l'article de Fouquier. Il n'y a pas à hésiter, il faut donner une seconde représentation. La question d'argent me préoccupe. Je l'ai expliqué hier soir à Émile Paz, qui, assez pratique pour un garçon de son âge, me suggère l'idée d'une espèce de petite quête et de cotisation entre nous dont le produit ajouté à mes appointements du Gaz, ferait, à peu de chose près, les

frais d'une seconde soirée. Comme il me paraît avoir un gros désir de jouer un rôle dans cette histoire, je sens que je puis compter sur lui. Aussi, nous décidons de donner un second spectacle avant les vacances; je lui dis que je vais me mettre immédiatement en campagne pour faire un programme, que je rêve d'un intérêt exceptionnel.

6 avril 1887. — Byl et Vidal, qui me voient décidé à continuer, viennent me parler d'une seconde pièce d'eux pour le prochain spectacle. Sur mon objection qu'il ne me paraît pas possible de les rejouer tout de suite, les choses se gâtent immédiatement. En vain, je prétends que si nous avons pu réunir quelques vrais critiques, pour notre première soirée, nous ne les dérangerons une seconde fois qu'en leur servant quelque chose de tout à fait imprévu; mes deux premiers auteurs passent vite du mécontentement à l'hostilité; mais, à mon avis, je suis quitte envers eux, et je leur notifie que j'entends garder la direction de mon affaire.

9 avril 1887. — J'ai trouvé chez moi le manuscrit d'un petit acte, un saisissant tableau à la manière des « bas-fonds » d'Henry Monnier, d'un argot tragique et comique à la fois, dont je vois parfaitement l'effet de nouveauté et d'imprévu; ce serait excellent pour un second programme.

10 avril 1887. — Byl et Vidal insèrent dans un journal une protestation contre ma seconde soirée, affirmant que le vrai Théâtre-Libre, c'est le leur et que, sous leur direction, il en sera donné prochainement une représentation dans la petite salle du Théâtre Montmartre. C'est embêtant, mais il s'agit de ne pas s'énerver; au fond, ils sont inoffensifs et ils n'ont rien compris à ce qui s'est passé.

10 *avril* 1887. — Je vois très clairement que le programme de notre seconde soirée devra porter un nom d'auteur célèbre susceptible d'attirer la curiosité et l'attention de la presse, sans quoi nous tomberions dans le vide. Il me semble que le nom d'Emile Bergerat serait admirable; par ses furibondes campagnes, ses retentissantes protestations contre le régime du théâtre actuel, il est tout désigné pour patronner cette tentative du Théâtre-Libre. De plus, la situation considérable de Bergerat au *Figaro,* son influence, forceront tout à fait l'attention de ses confrères de la presse. Je lui écris en lui demandant de me recevoir, de préférence un soir après dîner, puisque je ne suis pas libre dans la journée en raison de mon emploi au Gaz.

11 *avril* 1887. — Hier soir, rue Galvani, aux Ternes, chez Emile Bergerat. Très intimidé à l'idée de l'approcher, j'ai imaginé de me faire accompagner par mon frère. Nous arrivons sur les huit heures, dans la salle à manger paisible, où Caliban achève de dîner entre ses deux bébés et Mme Bergerat.

Il nous traite tout de suite avec une cordiale bonhomie, et je souris un peu de voir que cet homme nourrit une telle passion pour le théâtre, qu'il me reçoit comme un vrai directeur. Au courant de la chose par l'article d'Henry Fouquier, le voilà qui s'emballe dès que je lui ai conté nos projets.

— Mais oui ! s'exclame-t-il, j'ai une pièce pour vous ! trois actes qu'ils m'ont refusés aux Français, après m'avoir lanterné copieusement. Le rôle destiné à Got vous ira tout à fait si vous savez dire les vers.

Et, tout de suite, il s'en va chercher un manuscrit dans le petit pavillon, son cabinet de travail au fond d'un jardinet. On sert du thé, et il attaque la lecture de sa *Nuit Bergamasque* avec une fantaisie et un brio tels que j'avoue n'en avoir pas suivi la lecture dans tous les détails, amusé surtout de cette figure spirituelle tout éclairée de gaieté gamine et soulignant des rimes millionnaires. Et nous nous retrouvons mon frère et moi, vers minuit, perdus dans ce quartier des Ternes, mon manuscrit sous le bras, enthousiasmés de cet accueil et d'une telle réussite.

12 avril 1887. — Mon chef de bureau, au Gaz, me fait des yeux terribles et surveille mon travail de beaucoup plus près. L'article d'Henry Fouquier, qui a passé ici dans toutes les mains, a fait sensation, et je crois que je ferai bien de me tenir sur mes gardes.

20 avril 1887. — Pour les répétitions de la pièce de Bergerat, il ne pouvait être question de retourner dans notre salle de billard de la rue des Abbesses. La chose, possible dans l'improvisation bohème du début, effraierait un auteur habitué aux vrais théâtres comme Bergerat.

Comme nous cherchons désespérément, ma camarade Barny, dévouée et enthousiaste, m'offre de demander à la concierge de la maison qu'elle habite rue Bréda, la permission de répéter le soir dans un petit rez-de-chaussée vacant sur la cour ; elle y descendrait des lampes et nous serions tranquilles, à la condition de ne pas trop hurler pour ne pas réveiller les autres locataires, qui se couchent de bonne heure.

20 avril 1887. — J'ai, en tremblant un peu, fait part à Bergerat des dispositions prises avec Barny pour les répétitions de *la Nuit Bergamasque*. Mais, au contraire, toutes les bizarreries de cette aventure amusent follement l'excellent homme ; il ne manque aucune de nos séances, et, assis sur une vieille malle, l'unique siège de cet appartement inoccupé, il préside à nos répétitions.

10 mai 1887. — Paul Alexis a eu la gentillesse de me donner hier soir une place au Vaudeville pour la première de *Renée,* la pièce de Zola tirée de son roman *la Curée,* et, perché au dernier étage, je suis heureux d'assister à cette soirée annoncée comme une importante manifestation naturaliste.

Le directeur Deslandes, un peu vieux jeu, mais Parisien averti, a offert son théâtre à Zola, lui laissant carte blanche avec l'entière responsabilité de son drame. Les esprits étaient assez surexcités : *Renée* a une longue légende de démêlés avec les directeurs ; on parle d'une œuvre violente, hardie et neuve ; aussi, dès le lever du rideau, il règne dans la salle une atmosphère de bataille.

Et en effet, tout ce public, qui admet *Phèdre,* s'indigne bientôt et proteste contre le même sujet transporté dans un milieu moderne !

Il faut dire que l'actrice principale, Mlle Brandès, une comédienne pourtant personnelle et originale, mais accoutumée au théâtre romanesque de Dumas et de Sardou, perd tout à fait pied dans les scènes capitales ; désorientée par cette salle hostile, elle aggrave un insuccès évident, malgré la courageuse résistance d'un groupe de spectateurs dont je seconde là-haut les efforts, avec quelle ardeur !

11 *mai* 1887. — Alexis que j'ai vu ce soir, me conte que Zola n'est nullement effondré de sa presse mauvaise et hargneuse. Son seul vrai chagrin est d'avoir été un peu lâché à la fin de la soirée pour un souper projeté avec Goncourt et les Daudet, chez Paillard, en face du théâtre, et auquel ses amis se sont dérobés dans la gêne et l'embarras de l'insuccès.

La soirée d'hier m'a fait faire la connaissance d'un ami nouveau. Comme j'étais perché à une mauvaise place des derniers étages, j'avais, en remontant d'un entr'acte, eu la désagréable surprise de trouver ma stalle occupée par un inconnu qui se refusait à me la rendre. Or, le même incident se reproduisait à quelques pas de moi. Un jeune homme au teint extraordinairement jaune, à la voix perçante, poussait des hurlements en face d'un monsieur qui lui avait également pris sa place. Me voyant dans le même embarras, l'inconnu me dit :

« Descendons ensemble, monsieur, je suis secrétaire d'un commissaire de police, on va nous rendre nos places, je vous le garantis. » Effectivement, quelques secondes plus tard, nos deux intrus étaient expulsés, et, en faisant plus ample connaissance, je découvrais que mon sauveur était Oscar Méténier, un jeune qui venait de se révéler par la publication d'un livre de nouvelles originales, *la Chair,* et l'auteur de cet acte, *En famille,* déposé chez moi, et dont je lui annonçais la mise en répétition pour être bientôt joué au Théâtre-Libre.

20 *mai* 1887. — Ce soir, en sortant de notre répétition chez Barny, rue Bréda, Bergerat nous invite gentiment à nous rafraîchir à côté, place Pigalle, au Café de la Nouvelle Athènes. Il est minuit, lorsque le garçon qui nous sert annonce que l'Opéra-Comique brûle ; des gens qui remontent de l'intérieur de Paris racontent des choses effroyables : le théâtre flamberait du haut en bas ; nous hésitons à descendre sur le boulevard, il va être une heure du matin, il faut me rendre à mon bureau de bonne heure ; Bergerat, qui habite les Ternes, recule, lui aussi, devant cette nuit presque blanche à passer.

26 *mai* 1887. — Comme nous allions répéter d'ensemble *la Nuit Bergamasque,* Bergerat arrive avec Coquelin cadet, dont il ne serait pas fâché d'avoir l'avis sur ses interprètes amateurs. Coquelin, fort gentil, nous donne des conseils et des indications très précieuses ; mais, en me faisant répéter mon rôle, il semble attacher une importance que je trouve bien exagérée à la préparation de ce qu'il appelle des « effets ». Je pense que cette méthode d'interrompre le jeu pour cligner de l'œil vers le public, en disant : « Vous allez voir comme c'est drôle », est tout justement le contraire de ce que je voudrais faire.

27 *mai* 1887. — Quoi que j'aie pu faire, cette épigraphe : « Le Théâtre-Libre », portée sur le programme du premier soir pour en souligner la modestie, est devenue le nom d'une scène et je suis, malgré moi, le directeur du Théâtre-Libre.

Pour notre seconde soirée, afin de bien établir qu'il ne s'agit pas d'une scène publique, mais d'un cercle spécial et fermé, nous rédigeons l'invitation sur une feuille double en format de faire-part d'un mariage, avec ce texte :

Le Théâtre-Libre, 37, passage de l'Elysée-des-Beaux-Arts.

M. Emile Bergerat, M. Oscar Méténier et les membres fondateurs du Théâtre-Libre, vous prient de leur faire l'honneur d'assister à la représentation de deux essais dramatiques :

1° Une pièce réaliste en un acte et en prose, intitulée : *En famille*,

2° Une tragi-comédie (dans le goût ancien), trois actes en vers, intitulée : *la Nuit Bergamasque.*

Et ils espèrent que ce double essai, l'un de vers comiques et l'autre de théâtre naturaliste, vous distraira une heure ou deux des soucis de la vie pratique.

Représentation du 30 mai 1887.

J'ai tenu à cette formule des « membres fondateurs du Théâtre-Libre » pour y comprendre dans un anonymat où je disparais, les quelques adhérents de la petite souscription que Paz a organisée.

31 *mai* 1887. — Cette fois la presse est venue au grand complet. La salle était, paraît-il, admirable, car moi je n'ai rien vu, tout enfiévré de la représentation qui a bien marché.

Bergerat, dont j'escomptais l'influence, a amené d'abord tout le personnel dramatique du *Figaro* et aussi beaucoup de camarades du Parnasse, Jean Richepin, François Coppée, Catulle Mendès, Paul Arène, Lockroy lui-même, tout récent ministre, était là avec sa femme et Georges Hugo ; on me cite encore Porel, le directeur de l'Odéon, Got, Coquelin cadet, Vitu, Sarcey, La Pommeraye, Edmond Deschaunes, Georges Duval, Stoullig, Ollendorff, Carjat, le peintre Duez, les musiciens Chabrier et Audran, assis côte à côte sur nos pauvres bancs de bois.

Le local s'est trouvé beaucoup trop petit pour une assistance pareille, et comme nous n'avons pas de foyer, pendant les entr'actes, tous ces brillants Parisiens se tenaient devant la porte, en plein air, sur l'escalier montant du passage de l'Elysée-des-Beaux-Arts à la rue des Abbesses. On me raconte que Got, qui s'était dérangé pour voir aux chandelles la pièce de Bergerat qu'il avait failli jouer aux Français, a dit à ses voisins : « C'est l'Illustre Théâtre qui recommence. »

1er *juin* 1887. — Nous avons les honneurs de la critique du *Figaro*. Auguste Vitu se montre fort bienveillant pour nous. Dans l'ensemble de la presse, il semble que c'est l'acte de Méténier

qui ait donné la sensation la plus neuve ; le récit
de l'exécution, très bien dit par Mévisto, a fait
un effet considérable.

Sarcey rend compte dans *la France* et dit, d'ailleurs, après beaucoup d'éloges pour les interprètes, et leur perfection dans le détail qu'il déclare tout à fait extraordinaire, que si *En famille*
est le théâtre de l'avenir, il espère bien être parti
avant qu'il n'arrive ; mais, malicieusement, il
n'a pas soufflé mot de *la Nuit Bergamasque*, de
Bergerat, avec lequel il est toujours en bisbille.

6 *juin* 1887. — Jules Lemaître, dans son feuilleton des *Débats*, est très aimable pour Bergerat.
Il parle ensuite longuement d'un nouveau drame
de Léon Tolstoï, *la Puissance des Ténèbres*, dont
la traduction vient de paraître, et qui, à ce qu'il
me semble, serait un beau spectacle pour chez
nous.

Henry de La Pommeraye, auquel la représentation de *Jacques Damour* avait fourni l'occasion
de revenir sur sa théorie des personnages sympathiques, désapprouve Méténier parce que les
apaches et les escarpes d'*En famille*, burinés
comme une eau-forte, n'ont pas les grâces et les
douceurs d'une chromolithographie.

8 *juin* 1887. — C'est évident, il faut, après le
retentissement de la première soirée, créer pour
le Théâtre-Libre une organisation solide et per-
manente. Je vais m'occuper l'hiver prochain, de
monter huit ou dix spectacles qui seraient donnés
à raison d'un par mois. Des membres honoraires,
des amateurs de théâtre, paieraient une cotisation

suffisante pour assurer les frais. Le plus pressé est d'établir le programme. Je le dis à Méténier rencontré ce soir, au « Chat noir », et, comme je lui parle du récent feuilleton de Jules Lemaître sur *la Puissance des Ténèbres,* dont la traduction publiée me paraît insuffisante, il me propose d'en faire une nouvelle. Sur mon observation qu'il ne sait évidemment pas le russe, il me parle d'un de ses amis, Pawlowsky, correspondant du *Novoë Vrémia,* avec lequel il ferait ce travail.

10 *juin* 1887. — Les détails sur cet incendie de l'Opéra-Comique sont effroyables. Le nombre officiel des morts est de cent cinquante, mais tout fait penser que, le déblaiement achevé, il sera beaucoup plus élevé. J'ai pu approcher hier des décombres fumants : c'est inimaginable. La crise dont souffrent actuellement les théâtres va certainement s'aggraver; il y a dans le public de l'appréhension et une inquiétude qui vont faire baisser les recettes.

10 *juin* 1887. — Ce soir, au « Chat noir », où nous allons volontiers finir la soirée, Salis me prend dans un coin : le bruit fait ces jours-ci autour de l'acte de Méténier lui a donné une idée. Dans son local de la rue Victor-Massé, où il vient d'emménager, il existe, au-dessus des deux salles du rez-de-chaussée, un salon qu'il pourrait transformer en théâtre, sur lequel il voudrait donner des représentations de petites pièces en un acte et de monologues des artistes de la maison; il me propose de venir les inaugurer, avec Mévisto, Barny et Luce Colas, en jouant *En famille,* l'acte

de Méténier. Il nous donnerait 100 francs par jour ; un bien beau chiffre que j'accepterais si je n'apercevais de suite la désorganisation inévitable de notre petite société, car, travaillant toute la journée, nous ne pouvons nous réunir que le soir, pour préparer nos spectacles.

13 *juin* 1887. — Reçu un mot de Catulle Mendès, qui, sur ma demande, m'attendait chez lui ce matin. Villa Dupont, on me fait grimper au premier étage d'un petit hôtel, dans un cabinet de travail aux murs ornés de beaux autographes d'Hugo.

Derrière la porte drapée d'une pièce voisine, un clapotement de douche, puis un homme paraît, enveloppé d'un peignoir, qui me dit, déjà cordial et familier : « Bonjour, cher ami, attendez un peu, je vous prie, je m'habille, nous allons causer en déjeunant. »

Pendant l'achèvement de sa toilette, je conte à Mendès toute la petite histoire du Théâtre-Libre ; il me semble d'abord qu'il n'y attache pas grande importance, mais, peu à peu comme chez son ex-beau-frère Bergerat, mon récit tisonne une passion inassouvie du théâtre ; être joué n'importe où, même sur une scène de hasard comme la nôtre, le séduit visiblement. On a beau l'appeler d'en bas pour déjeuner, il va toujours, disant n'avoir rien de prêt, mais qu'il lui serait possible de brocher un acte d'ici la rentrée. Et le voilà fouillant une collection du *Gil Blas* : « Tenez, voyez donc dans cette série de contes, surtout *la Femme de Tabarin,* je pense que je pourrais en tirer une jolie chose. » On tempête toujours pour nous appeler à table, mais nous ne descendons que lorsque, la lecture achevée, j'entrevois déjà l'acte pittoresque et d'un dramatique si précieusement littéraire qu'il me promet pour l'automne.

En bas, le jeune dessinateur Métivet lui apporte les dessins d'un livre en préparation. Pendant le déjeuner, de gourmandise soignée, je goûte pour la première fois le causeur splendide qu'est Mendès.

Au café, assez tard, je veux me retirer : « Attendez donc, cher ami, me dit-il, nous descendrons ensemble, j'ai à faire dans Paris. » Et nous voici dégringolant vers l'Opéra, moi fumant un de ses énormes cigares, lui parlant toujours. Après une courte halte au *Gil Blas,* où une déférence générale l'entoure, Mendès me ramène devant Tortoni pour prendre une amie qui l'attend, dit-il. Il s'oppose encore si cordialement à toute tentative de retraite que, vers sept heures, nous sommes installés pour dîner à la Maison Dorée, avec l'appétit de gens à jeun depuis quarante-huit heures. Il y a un scandale sur la cuisson imparfaite d'un gigot ; après quoi, il me fait vider avec lui je ne sais combien de bouteilles et de petits verres de liqueurs variées. Vers les neuf heures du soir, je suis toujours avec lui, dans une loge des Folies-Bergère, et, la représentation achevée, nous échouons, pour manger encore, à la brasserie Pousset, faubourg Montmartre, d'où il me laisse enfin partir à trois heures du matin, parce qu'on nous met dehors et que les garçons somnolent dans la salle vidée des derniers clients.

15 *juin* 1887. — Comme je sais que Got a bien voulu venir à *la Nuit Bergamasque,* je lui écris pour le remercier ; il en résulte une correspondance et une visite, dans sa petite maison du hameau de Boulainvilliers, où il me reçoit le matin en robe de chambre, avec une bonté dont je suis bien fier.

Il me questionne assez longuement sur ce que nous voulons faire au Théâtre-Libre ; je lui confie mes projets et aussi les difficultés que je vois poindre. En effet, le succès qui se dessine m'entraîne à continuer, mais, petit employé sans le sou, je ne pourrais pas sacrifier l'emploi qui me fait vivre. Cette sage résolution de ne pas me jeter dans l'inconnu lui paraît de très bon sens, d'autant qu'approchant de la trentaine, je suis déjà trop âgé, me dit-il, pour entreprendre une carrière d'acteur. Il pense que notre gentille Association peut amuser les Parisiens, et il y entrevoit pour nous une petite célébrité d'amateur qui assouvirait notre passion du théâtre ; selon lui, nous devons continuer à vivre en associés, sur les ressources de nos cotisations, et si le travail est trop gros, avec nos occupations de la journée, il nous conseille dé copier tout bonnement l'organisation de la Comédie-Française, assumant chacun, à tour de rôle, des fonctions de semainier, partageant le travail et les responsabilités.

20 *juin* 1887. — Le succès de *la Nuit Bergamasque* et le patronage de Mendès m'ont mis en assez bonne posture pour que je n'hésite pas trop à m'adresser à Banville.

Je reçois un rendez-vous vers midi, comme le

demandait ma lettre (toujours à cause des heures
de bureau du Gaz), et j'arrive chez l'auteur de
Gringoire, rue de l'Eperon, au moment où l'on
est à table. On me fait attendre dans une petite
rotonde, cabinet de travail tapissé de livres. Puis
le vieux poète paraît, retirant une serviette de
son gilet, coiffé d'un célèbre béret noir. Son souvenir restera éternellement lié, pour moi, au fu-
met du fromage qu'il devait déguster, certainement du livarot, et j'en suis d'autant plus im-
pressionné, qu'étant obligé de galoper dans
l'heure de mon repas jusqu'au faubourg Saint-
Germain, je n'ai naturellement pas déjeuné. Je
retrouve la silhouette connue des portraits du
poète qui m'écoute gentiment, amusé de mon
ardeur et de mon naïf aplomb.

Il me dit enfin : « Savez-vous dire les vers ?
C'est très difficile, introuvable à présent. A la
Comédie, à part Coquelin, ils ne se doutent plus
de ce que c'est. »

Je lui conte avoir eu l'idée de m'adresser à lui
parce que son exemple est l'un des plus significatifs de l'actuelle situation théâtrale ; l'obstruc-
tion, aux Français, comme ailleurs, est telle, qu'a-
près la fortune de son *Gringoire,* resté pourtant
au répertoire de la Comédie, il a attendu quinze
ans la représentation de *Socrate et sa femme.*

Il me demande encore, après un petit silence
pendant lequel je me sens fouillé de la tête aux
pieds, si j'ai joué des pièces de lui ; comme j'ai
appris *Gringoire,* il m'en fait réciter des passages,
surtout « la Ballade des pauvres gens. »

Je reste essoufflé, car j'ai braillé de toute mon
âme, le cœur serré d'anxiété : « Eh bien ! mon

enfant, c'est entendu, je pars dans la Nièvre, mais je vais travailler pour vous pendant les vacances. J'ai l'idée d'un Pierrot pour lequel vous feriez tout à fait l'affaire. Vous pouvez annoncer *le Baiser*, dont vous aurez le manuscrit à l'automne. » En courant à perdre haleine vers mon bureau, rue de Dunkerque, où il faut que je sois rentré à une heure, je ne regrette vraiment pas mon déjeuner manqué.

25 *juin* 1887. — Plus je rêve à nos projets pour la saison prochaine, plus il m'apparaît que la véritable formule est de composer des spectacles choisis dans l'esprit des premiers : faire toujours voisiner l'œuvre d'un auteur célèbre avec celle d'un débutant, qui ainsi bénéficiera de l'attention éveillée par son confrère illustre.

Il est évident que la notoriété de Bergerat a beaucoup servi Méténier, qui n'aurait jamais pu réunir une salle aussi brillante pour écouter *En famille*. Tout en me mettant en campagne du côté des auteurs notoires, je demande à Sarcey de me signaler, parmi les pièces qui pourraient lui être apportées, celles susceptibles d'être accueillies par nous, et fort aimablement il donne à ma lettre l'énorme publicité de son feuilleton.

28 *juin* 1887. — La paix est faite avec Byl et Vidal. Leur tentative de scission et de concurrence s'est effondrée devant mon activité. Mais je n'oublierai pas cette première leçon.

Je trouve honnête de leur donner une compensation pour la part incontestable qu'ils eurent dans notre première soirée, non seulement en me fournissant chacun une pièce, mais parce que Vidal, en m'abouchant avec Alexis, m'a ouvert la route de Zola, et que Byl a baptisé le Théâtre-Libre... Il est donc convenu qu'ils me donneront, pour la saison prochaine 1887-88, une adaptation du roman des Goncourt, *Sœur Philomène,* pour laquelle Vidal se charge d'obtenir l'autorisation du maître, que d'ailleurs je ferais demander par Alphonse Daudet s'il était nécessaire.

On annonce qu'Edmond de Goncourt écrit en ce moment une pièce en dix tableaux tirée de *Germinie Lacerteux* dont les théories de la préface de *Chérie* laissent présager l'importance littéraire, et je suis d'autant plus heureux d'avoir *Sœur Philomène* que *Germinie* sera certainement reçue à l'Odéon. Puisque l'on veut considérer notre petit coin comme l'un des laboratoires du mouvement réaliste actuel, il s'agit de ne pas se laisser devancer par un vrai théâtre, surtout officiel et subventionné.

1er *juillet* 1887. — Mon programme étant à peu près arrêté, j'avais dit à Paz qu'il serait nécessaire de le publier, dans une sorte de petit opuscule que nous distribuerions aux personnes susceptibles de s'inscrire parmi les abonnés de nos futures séances.

Il s'agit à présent de trouver des ressources fixes ; la soirée du 30 mai ne m'a pas laissé bien riche et si le Théâtre-Libre ne trouvait pas, en ce moment, les appuis indispensables, avec le bruit qui se fait autour de lui, ce serait vraiment qu'il n'y a rien à faire. Et puis une grave question était posée, celle des frais d'impression de notre brochure, qui vont s'élever peut-être à deux ou trois cents francs, mais Paz, avec son sens pratique, et un peu aussi, je crois, en se portant caution, a trouvé l'imprimeur Ethiou-Pérou qui nous fera le crédit nécessaire.

4 juillet 1887. — Ce soir, dans son feuilleton, Sarcey donne mon adresse, 42, rue de Dunkerque, disant qu'il pleut de tous les coins de la France des lettres qui lui demandent où il faut m'envoyer des manuscrits. Il termine en disant : « En voilà un qui va avoir de l'amusement, j'en ris dans ma barbe blanche. »

5 juillet 1887. — Je cours, entre midi et une heure toujours, rue de Châteaudun, chez un M. Ancey de Curnieu qui m'a envoyé un petit mot m'offrant un acte. L'heure étrange à laquelle je me présente me fait surprendre encore celui-ci au milieu de son déjeuner. Dans le salon assez cossu où l'on m'a introduit, entre un grand jeune homme, encore plus timide que moi, si c'est possible ; il me donne un petit acte, *Monsieur Lamblin,* que j'emporte avec un vif sentiment de curiosité.

6 juillet 1887. — Bergerat, à qui j'ai conté que Porel me prie d'aller le voir par un mot aussi aimable qu'imprévu, me dit : « Je ne veux pas que tu y ailles tout seul, tu vas te faire rouler ; à quelle heure te convoque-t-il ? » Et il est convenu qu'il viendra m'attendre au café Voltaire, en face de l'Odéon, à cinq heures.

C'est la première fois que je pénètre par l'entrée des artistes dans le vieux théâtre autour duquel ma jeunesse s'est déroulée. De l'escalier, le regard enfile une cage vitrée, repaire du fameux garçon de la Direction, Emile, aux murs tapissés de photographies dédicacées des artistes de la maison. Après un regard torve, Emile, méfiant, m'introduit dans le grand bureau d'encoignure, confortablement meublé, où un Porel bon enfant m'accueille avec une rondeur protectrice. Il m'installe près de lui sur une petite chaise très basse, et me domine définitivement du haut de son fauteuil. C'est de l'excellente mise en scène : « Cher monsieur, commence-t-il, vous êtes évidemment un artiste ; j'ai vu un ou deux de vos spectacles ; c'est très amusant, un peu bohème, mais pas sérieux du tout. Vous ne vous faites aucune illusion là-dessus, hein ? C'est du théâtre d'atelier pour un petit groupe de Parisiens (1); avant six mois tout ce monde-là en sera fatigué et vous lâchera. Profitez de l'aubaine, et, puisque vous rêvez d'être acteur, saisissez cette occasion de vous faire une gentille situation. Vous avez peut-être du talent et de l'avenir; vos dispositions pour le théâtre sont réelles, mais vous ne savez pas encore votre métier ; venez l'apprendre avec moi. A votre âge on se contente de peu, je vous donnerai 500 francs par mois et vous débuterez dans une reprise de *la Contagion* d'Augier, dont le principal rôle, un Got, vous ira tout à fait. »

L'offre m'étourdit sur l'instant ; c'est mon plus ancien rêve de jeunesse féeriquement réalisé. Mais un instinct me raidit: « Vous avez raison, ce se-

---

(1) Les mots de Sarcey dans un récent feuilleton.

rait là, pour moi, une chance inespérée. Certes je ne m'illusionne pas sur l'avenir, mais j'ai déjà des engagements pris, un programme tracé. Je dois remplir tout cela d'abord. Si vous êtes dans les mêmes dispositions l'année prochaine, je serai probablement bien heureux de vous retrouver. »

Au café, en face, Bergerat, son nez pointu en arrêt, et les yeux plissés, me fait répéter toute l'entrevue, s'esclaffant : « C'est ce que je pensais ! Ah ! le mâtin ! si tu l'avais écouté, mon petit, tu piquais la tête la première dans le trou que je prévoyais, tu étais foutu, étranglé. »

7 *juillet* 1887. — On m'a livré hier, en un beau paquet ficelé, les deux mille exemplaires de ma petite brochure. Je sens bien que l'envoi tout sec de ce papier imprimé irait se perdre dans le flot des prospectus, et je me mets à écrire des lettres particulières très longues et très détaillées, différentes selon les destinataires, qui ne sentent pas la circulaire, à tous ceux qui souscrivirent récemment pour la représentation de *Lohengrin* organisée par Lamoureux à l'Eden.

10 *juillet* 1887. — J'emploie mes nuits à mes lettres d'envoi ; quelque habitude que j'aie du travail, c'est une énorme besogne, car chaque lettre, rédigée selon la personnalité à laquelle je m'adresse, a ses quatre pages pleines, et il en faut près de treize cents.

Comme il est impossible de faire la dépense d'affranchir ces envois, une fois mon travail achevé, je les porterai à domicile, la nuit, puisque dans la journée ma présence au bureau est d'autant plus rigoureusement obligatoire que mes chefs, agacés sans doute du bruit de la presse autour de moi, surveillent mon travail et mon exactitude.

24 *juillet* 1887. — J'ai terminé cette nuit la remise à domicile des treize cents lettres accompagnant les treize cents exemplaires de notre programme. Je devais commencer ces tournées vers dix heures du soir, pour ne les achever qu'à cinq ou six heures du matin. Comme je dois être à mon bureau pour neuf heures, je dors littéralement sur pied. J'ai enfin remis la dernière ce matin, chez Clemenceau, avenue Montaigne, et il m'a bien fallu, tant j'étais étourdi de sommeil, cinq minutes de recherches pour trouver, au jour naissant, la boîte aux lettres de la maison, sous le lierre de la petite grille.

25 *juillet* 1887. — J'ai fait aujourd'hui une folie dont les conséquences peuvent être incalculables. Brusquement, ce matin, vers neuf heures et demie, sans, du reste, avoir particulièrement rien projeté d'avance, j'ai rédigé la lettre de démission de mon emploi du Gaz. Ceci fait, j'ai été prendre mon chapeau au vestiaire et me voilà parti de la Compagnie, après avoir déposé mon enveloppe chez le concierge, stupéfait de me voir sortir sans le laisser-passer réglementaire. J'ai tout à coup découvert que cette entreprise de fouiller Paris pour y trouver des souscripteurs au Théâtre-Libre devenait vraiment enfantine, en restant enfermé toute la journée dans un bureau. Je n'aurai pas trop de tout mon temps et de toute mon activité pour être prêt d'ici septembre.

Il faut, à cette date, avoir trouvé un local aménagé et meublé pour répéter, et assuré une organisation que l'on puisse prendre au sérieux avec tous les moyens de travailler et de produire ce que l'on attend de nous.

1er *août* 1887. — Sarcey, ce soir, publie mon programme avec ma lettre d'envoi, accompagnant le tout d'un commentaire des plus bienveillants. Tous les journaux impriment la liste des pièces annoncées pour l'hiver prochain et dont je suis, du reste, assez fier :

Sœur Philomène, pièce en deux actes, en prose, tirée du roman de MM. Edmond et Jules de Goncourt, par MM. Jules Vidal et Arthur Byl;

Tout pour l'Honneur, pièce en un acte, en prose, tirée de la nouvelle *le Capitaine Burle* de M. Emile Zola, par M. Henry Céard;

Esther Brandès, pièce en trois actes, en prose, de M. Léon Hennique ;

Les Bouchers, drame en un acte, en vers, de M. Fernand Icres ;

Cléopâtre, pièce en cinq actes, en prose, de Mme Henry Gréville;

La Sérénade, comédie en trois actes, en prose, de M. Jean Jullien ;

L'Evasion, pièce en un acte, en prose, de M. Villiers de l'Isle-Adam ;

La Femme de Tabarin, tragi-comédie en un acte, en prose, de M. Catulle Mendès ;

La Fin de Lucie Pellegrin, pièce en un acte, en prose, de M. Paul Alexis ;

Mon Pauvre Ernest! comédie en un acte, en prose, de M. Henry Céard ;

La Puissance des Ténèbres (théâtre russe), drame du comte Tolstoï, traduit spécialement pour le Théâtre-Libre par M. Pawlowski, et adapté à la scène française par M. Oscar Méténier ;

La Chute de la Maison Usher, conte fantastique adapté au théâtre d'après Edgar Poe, par MM. Oscar Méténier et Arthur Byl.

MM. Théodore de Banville et François Coppée ont promis au Théâtre-Libre un acte inédit pour cette saison. Les titres ne sont pas encore arrêtés.

Enfin, MM. Paul Bonnetain, Lucien Descaves, Ajalbert, Oscar Méténier donneront chacun une pièce en un acte.

La saison 1887-1888 sera complétée par une comédie en trois actes de Diderot, dont la mise à la scène a été fréquemment réclamée par la critique, et une Revue de fin d'année due à la collaboration de tous les auteurs joués au Théâtre-Libre.

Doit-on mentionner une réserve importante de pièces qui sont destinées à assurer le répertoire de la seconde saison ? Des démarches commencées pour avoir des œuvres posthumes de Victor Hugo et de Jules Vallès ont dû être ajournées afin de laisser, cette année, plus de place aux jeunes.

MM. Bergerat, Jean Richepin, etc., sont tout disposés, s'il est besoin, à apporter leur concours au Théâtre-Libre.

7 août 1887. — Henri Lavedan, un jeune qui a déjà publié plusieurs bouquins estimés, veut me proposer quelque chose pour le Théâtre-Libre ; il m'attend avec son collaborateur, Gustave Guiches, dans un restaurant chic, chez Perroncel, en face la gare Saint-Lazare.

Dans un cabinet, les deux écrivains me lisent deux petits tableaux qu'ils appellent *les Quarts d'heure,* des notations brèves d'un mordant et d'un relief singuliers.

12 août 1887. — Je n'ai pas reçu une seule réponse à mes treize cents lettres ! Cinq ou six fois par jour, chez ma concierge, rue de Dunkerque, je demande, le cœur battant, « s'il y a quelque chose pour moi. » Paz, qui est très gentil, et qui me soutient beaucoup, m'emmène très souvent dîner chez ses parents, rue Le Peletier, devinant la gêne assez dure où je me débats depuis que j'ai quitté mon emploi. Il m'a apporté triomphalement tantôt le premier bulletin de souscription signé d'un de ses amis qui est dans les affaires.

13 août 1887. — Dans le terrible désarroi où me jette ce silence effrayant après tant de démarches et de lettres, je songe au *Figaro* si hospitalier, et j'écris à Albert Wolff, chroniqueur influent de la maison, pour appeler son attention sur mon projet, lui disant que j'ose frapper à sa porte, parce que je n'apporte pas que des promesses vagues, que le retentissement des deux premières soirées du Théâtre-Libre, dont son journal a enregistré le succès, doit lui être un gage de l'intérêt littéraire que pourrait prendre par la suite notre tentative.

Le célèbre chroniqueur est tout-puissant; s'il voulait parler de notre affaire dans l'un de ses « Courriers de Paris », tout serait sauvé.

15 août 1887. — J'ai reçu, ce matin, cette lettre d'Albert Wolff:

Saint-Germain-en-Laye.

Monsieur,

Votre lettre m'a singulièrement intéressé, mais vous vous exagérez singulièrement l'influence que je pourais avoir sur les destinées du Théâtre-Libre.

Il vous faut 7.000 ou 8.000 francs et vous jugez que rien ne serait plus facile que de vous procurer cette somme.

« — Prenez 20.000 francs, dit une femme mariée à Thiboust, et fuyons à l'étranger.

« — Je veux bien prendre 20.000 francs, répondit le vaudevilliste, mais dites-moi où. »

Vous pensez que dix lignes de moi feront sortir les dits 8.000 francs des caisses.

Je vous dirai d'abord que la question du Théâtre-Libre n'entre pas dans mes attributions, que Vitu est au *Figaro* pour cela.

J'ajoute que le public ne s'intéresse pas démesurément à votre tentative louable. Théâtre-Libre ou non, que lui importe; il restera sourd et ne donnera pas un sou.

Si 7.000 ou 8.000 francs peuvent faire vivre le Théâtre-Libre, Sarcey, Vitu et tous les critiques les trouveront plus facilement que moi. Il s'agirait de trouver parmi nous soixante-dix à quatre-vingts personnes qui consentissent chacune à donner 100 francs, les directeurs, les auteurs en vue, les critiques et peut-être quelques journalistes. Si un pareil mouvement se faisait en faveur du Théâtre-Libre, tout irait bien; mais je ne puis et ne veux en prendre l'initiative et j'ajoute que le moment est peu favorable : on n'est pas à Paris, et je vais rejoindre les autres dehors. Venez donc me voir vers le 15 septembre, nous causerons plus utilement.

Recevez, monsieur, mes salutations empressées.

Albert WOLFF.

Le 15 septembre! Il faut qu'à cette date-là, je sois déjà en route, organisé et prêt à donner le spectacle d'inauguration de la saison!

15 *août* 1887. — J'ai conté à Bergerat ma déconvenue près d'Albert Wolff; il me dit : « Imbécile! si tu m'avais dit cela, à moi, ce serait déjà fait; pourquoi vas-tu t'adresser à ces pontifes? » Je ne peux pas dire à ce brave et courageux homme que j'aurais honte d'abuser de lui et qu'il a déjà trop fait pour nous.

En effet, à son tour de chronique, il broche hier, en tête du *Figaro*, un joli article spirituel et clair, « Le Petit Odéon », où il dit au public tout ce qu'il faut. Etant donné l'importance considérable du journal, je reprends espoir.

20 *août* 1887. — L'article de Bergerat m'a amené une lettre d'un marquis, me donnant rendez-vous chez lui avenue Kléber. Cet homme, que j'aborde le cœur battant, dans son bel hôtel, après les formules les plus polies et infiniment flatteuses, m'offre un livret d'opéra-comique de sa façon, et dont la musique est d'un amateur de ses amis !

Septembre 1887. — Porel a tenu ses promesses envers Hennique ; le geste est assez élégant, car le Théâtre-Libre doit l'agacer, et ce succès de *Jacques Damour* lui a ramené, en somme, une pièce refusée d'abord par lui. Hennique m'a invité à la répétition générale, et, comme je le redoutais, la pièce ne retrouve pas le succès de profonde émotion de chez nous. On a commis l'erreur de distribuer à Paul Mounet, un athlète magnifique, le rôle de ce pauvre diable exténué de faim et de chagrin ; par suite, sa douloureuse résignation apparaît invraisemblable. Cette formule réaliste ne peut s'imposer que par une interprétation désormais différente des procédés courants du théâtre, par la simplicité, le naturel et l'émotion contenue.

1ᵉʳ *septembre* 1887. — Comment avons-nous fait, Paz et moi, je n'en sais plus rien ; mais nous voici installés, 96, rue Blanche, dans un grand atelier, avec un escalier indépendant au fond de la cour et un gentil salon-fumoir. Du reste, tout le monde s'y est mis ; on a recruté deux douzaines d'abonnés, donné des acomptes pour le loyer, le gaz, et Paz, décidément admirable, a décroché un tapissier qui a livré à crédit des divans, trois douzaines de chaises et des rideaux. Nous avons un siège social et c'est une admiration ingénue des auteurs et des jeunes gens qui prennent déjà l'habitude de monter tous les soirs bavarder et s'enquérir du commencement prochain des répétitions.

Je n'ai plus le sou et plus de domicile ; je coucherai, en attendant, sur un petit lit-cage qui, replié dans la journée, a l'air d'un accessoire.

5 septembre 1887. — Rodolphe Darzens, un poète devenu maître d'armes du Théâtre-Libre et aussi archiviste, avait obtenu de Villiers de l'Isle-Adam un acte en prose, *l'Evasion,* que nous répétons le soir rue Blanche en même temps que *Sœur Philomène.*

Villiers, magnifiquement cabot, avec sa longue chevelure et ses yeux étranges, sous prétexte d'indications à son comédien, saisit toutes les occasions de nous jouer lui-même son forçat, héros de la pièce, et il est si saisissant que souvent je le laisse, par plaisir, aller jusqu'à la fin.

6 septembre 1887. — Ce matin, j'ai la joie de trouver dans *le Figaro* le programme de la saison 1887-88, à côté de celui de tous les autres théâtres parisiens, avec un bel article de René de Cuers.

2 octobre 1887. — Une tuile dont je n'avais guère besoin : je suis convoqué pour une période d'exercices de vingt-huit jours. Je demanderais

bien un sursis, mais comme je ne dois pas quitter
Paris, et que, normalement, je peux faire ma
période dans le voisinage de mon domicile, puisque nos répétitions rue Blanche ne peuvent avoir
lieu que le soir, je m'arrangerai pour n'embêter
personne.

3 octobre 1887. — Ancey me raconte qu'après
l'un de nos premiers spectacles, sachant que j'é-
tais employé à la Compagnie du Gaz, il était venu
demander mon adresse au concierge de l'administration qui lui a répondu : « Quel Antoine ?
Ah ! celui qui a mal tourné et qui s'occupe de
théâtre ? Voici son adresse. »

5 octobre 1887. — Nous ouvrons la saison avec
3.700 francs d'abonnements, mais je suis endetté
d'un millier de francs avec les deux premiers
spectacles et l'aménagement de la rue Blanche.
Ce n'est pas de quoi aller bien longtemps. Enfin,
nous verrons après *Sœur Philomène* et *l'Evasion*
que nous répétons fiévreusement.

Baston, un camarade du *Cercle Gaulois* devenu
mon régisseur, aussi enragé que moi, se fait
peintre, menuisier et tout ce que l'on veut ; il
fabrique avec du calicot les douze lits d'hôpital
nécessaires pour la pièce de Goncourt, car si le
père Krauss nous loue sa salle et ses pseudo-dé-
cors, il nous faut dorénavant fournir tout ce dont
nous avons besoin comme meubles et accessoires.

12 octobre 1887. — Nous avons donné hier le
premier spectacle de la saison, *Sœur Philomène,*
devant une salle splendide et trépignante d'en-

thousiasme. On est à peu près unanime à célébrer le grand succès ; cependant, quelques critiques disent que tout cela est bien noir et demandent des pièces gaies. Il y a eu, au premier tableau de l'hôpital, un « nom de Dieu » qui a fait sensation, mais n'a soulevé aucune résistance, tant je l'ai coulé dans la phrase sans appuyer, et M. de Goncourt était enchanté de cette hardiesse si facilement acceptée.

13 octobre 1887. — Sur la scène, après le premier acte de *Sœur Philomène*, M. de Goncourt m'a présenté à une espèce de géant cordial et souriant, d'une ressemblance étonnante avec Dumas père, qui est Henry Bauer, le critique redouté de *l'Echo de Paris*, que je sens tout à fait dans nos idées.

15 octobre 1887. — Le père Krauss me signifie que les sociétaires du *Cercle Gaulois* refusent de nous continuer la location de la salle pour nos représentations. Ces soirées leur semblent destinées à un trop grand retentissement qui effarouche leur tranquillité. De son côté, le père Krauss me dit très sérieusement que pendant les applaudissements et les trépignements des spectateurs de l'autre soir, il a été inquiet pour la solidité de sa petite boîte. En résumé, on me retire le local sur lequel je comptais pour tout cet hiver, et voici un bien grand embarras avec les pauvres ressources dont je dispose.

16 octobre 1887. — A la suite de notre expulsion, nous avons tenu conseil, hier soir, rue

Blanche. J'ai dit à Jean Jullien, Méténier, Hennique, et aux autres qui étaient là, que j'allais me mettre en campagne pour trouver un nouveau domicile, mais il passe déjà autour de moi, sur les figures, une désapprobation muette, et même quelques-uns se montrent nerveux et agressifs devant la perspective de voir leurs pièces retardées ; il faudra décidément tenir bon et réussir pour rester le patron. Mendès, qui vient presque tous les soirs, est de beaucoup le plus allant, bien qu'il soit du prochain spectacle, *la Femme de Tabarin*. Gaiement prêt à toutes les aventures, il me témoigne une foi et une confiante amitié qui me réconfortent et en imposent un peu aux autres.

17 octobre 1887. — Nous allons tantôt avec Mendès vers le bas de l'avenue de Clichy, près de la Fourche-Saint-Ouen, visiter une sorte de beuglant que les gens du quartier appellent « la Poupée qui crache » et où, me dit le grand poète, il ne craindrait nullement de voir jouer sa pièce.

Le soir, comme nous exposons ce projet devant le cénacle de la rue Blanche, il y a de telles mines dégoûtées chez quelques-uns, que je leur promets de me mettre en campagne pour mieux loger le Théâtre-Libre, s'il m'est possible.

18 octobre 1887. — Avec Baston, nous allons chez un directeur de par ici, Pascal Delagarde, un comédien de banlieue, devenu directeur du théâtre Montmartre et de celui des Bouffes-du-Nord.

A l'heure où cet important confrère achève de

déjeuner, nous sommes reçus par lui avec un tel mépris qu'il ne nous offre même pas une chaise et c'est un refus rageur, à peine poli, qui nous remet penauds et humiliés dans un escalier étroit et sale.

Puis, je pense à Beaumarchais, vers la Bastille ; nous y galopons, mais devant cette façade comme morte, car le théâtre est fermé depuis longtemps, nous décidons de continuer demain le tour de Paris, songeant vaguement aux théâtres de la rive gauche.

19 *octobre* 1887. — Ce matin, avec Baston, reprise de la recherche d'une salle, et comme mon compagnon me rappelle que les trois théâtres de la rive gauche sont sous une direction unique, nous allons directement rue de la Gaîté à Montparnasse, où en arrivant devant une gentille façade de la salle récemment construite, je me sens prêt à n'importe quoi pour y être accueilli. Les appréhensions tirées de l'éloignement de ces quartiers excentriques, s'évanouissent devant l'espoir de donner nos soirées sur une vraie scène et dans de vrais décors.

Le concierge nous mène chez le bistro d'en face, où le directeur Hartmann prend en ce moment un verre sur le zinc, avec ses machinistes. Il faut d'abord trinquer, et je n'ai pas fini d'exposer mon affaire à ce brave homme qu'il s'écrie : « Mais oui, je ne demande pas mieux, j'ai entendu parler de votre affaire ; ce que vous tentez est très bien, très amusant ; comme justement je fais relâche tous les vendredis, pour le changement de répertoire de mes théâtres, ma salle est à vous ce jour-là, aux conditions que vous voudrez. »

Le vieil homme de théâtre, déjà emballé, me conte avoir dans ses magasins de beaux décors qu'il ne sort jamais pour son répertoire de mélodrames, et me parle d'un sous-bois de Cicéri venu de l'ancien théâtre impérial du château de Saint-Cloud.

Vraiment, voilà une heureuse matinée ; si jamais nous faisons quoi que ce soit de bien, ce brave homme y aura une belle part, et nous ne devrons jamais l'oublier.

— J'annonce ce soir triomphalement que c'est à Montparnasse que nous irons dorénavant jouer. J'ai beau décrire la salle, une vraie, la scène et les décors, l'éclairage, ce sont autour de moi des yeux au ciel, des mains qui tombent ; en somme, pas le moindre enthousiasme. Mais cela m'inquiète peu, je songe surtout aux facilités que nous aurons là-bas, grâce au bon Hartmann, pour les choses dont tous ces auteurs ne se doutent même pas ; je réponds aux récriminations assez aigres, que ceux qui ne voudront pas porteront leurs œuvres ailleurs. Mendès seul, par son attitude confiante, atténue ma secrète détresse devant la fragilité et le peu de foi de presque tous, déjà prêts à déserter.

Henry Fouquier, venu vers la fin de la soirée, comme d'habitude, dans un bout de conversation avec Mendès et moi, dit à son confrère : « C'est charmant, il ne doute de rien, mais un vieux Parisien comme moi peut vous assurer que vous n'arriverez jamais à faire passer les ponts à un public de premières. » Et vraiment ce n'est pas rassurant.

20 *octobre* 1887. — Je note cette description de l'Elysée-des-Beaux-Arts, où nous avons donné nos premiers spectacles, dans le beau feuilleton que Jules Lemaître nous consacre dans *les Débats.*

« La lettre d'invitation portait : 37, passage de l'Elysée-des-Beaux-Arts, place Pigalle, donc vous auriez pu voir mardi dernier, vers huit heures et demie du soir, des ombres se faufiler à travers les baraques de la foire de Montmartre, et tourner anxieusement parmi les flaques d'eau du pavé, autour de la place Pigalle, interrogeant du binocle les plaques des coins de rue ; pas de passage, pas de théâtre. Nous finissons par courir à la lumière d'un marchand de vin, et nous nous engageons dans une ruelle escarpée et tortueuse, sobrement éclairée. Une file de fiacres montait lentement. Nous les suivons ; de chaque côté de vagues masures et des murailles souillées, tout au bout, un vague escalier. Nous avions l'air de bons mages en paletot à la recherche d'une crèche cachée et glorieuse. Est-ce la crèche où renaîtra le drame, ce vieillard décrépit et radoteur ? Je n'en sais rien encore. Tout ce que je sais, c'est que nous avons passé au Théâtre-Libre une bien amusante soirée.

« La salle est toute petite, assez naïvement peinturlurée et ressemble à une salle de concert d'un chef-lieu de canton. On pourrait tendre la main aux acteurs par-dessus la rampe, et allonger ses jambes sur la niche du souffleur. La scène est si étroite qu'on ne peut y dresser que des décors fort élémentaires, et elle est si proche de nous que l'illusion scénique est impossible. Si elle naît en nous, c'est que nous l'aurons créée, comme faisaient du reste les braves spectateurs du temps de Shakespeare, qui voyaient ce qu'un écriteau leur commandait de voir, ou ceux du temps de Molière où le rêve n'était nullement dérangé par les allées et venues du moucheur de chandelles. »

Le grand critique dit en finissant que « le naturel de ces amateurs l'a reposé du jeu de beaucoup de comédiens de profession. »

22 octobre 1887. — L'ironie terrible de Villiers me démonte; le vieux poète met un fond de coquetterie narquoise à m'étonner par ses histoires extraordinaires. Je l'accompagne souvent le soir en descendant la rue Blanche. Il est peu tendre pour ses amis du Parnasse, Coppée, Mendès et les autres, et je l'en excuse, sachant par Darzens les tourments de sa vie mystérieuse, d'une indigence navrante.

En sortant de Pousset, nous nous attardons encore dans quelque petit café resté ouvert, devant des verres de chartreuse. Et en regrimpant vers Montmartre, où il habite on ne sait où, il me parle de projets de pièces, de nouvelles dont il me mime souvent les péripéties, arrêté dans la nuit sous les lueurs d'un bec de gaz.

Un soir, au moment où je l'interroge sur Rouvière, que je n'ai pas connu, et dont les Parnassiens disent des choses étonnantes, il me joue dans la rue le monologue d'Hamlet avec les intonations et les jeux de physionomie du grand

ors fort élémentaires, et elle est si proche de
ous que l'illusion scénique est impossible. Si
lle naît en nous, c'est que nous l'aurons créée,
omme faisaient du reste les braves spectateurs
u temps de Shakespeare, qui voyaient ce qu'un
criteau leur commandait de voir, ou ceux du
emps de Molière où le rêve n'était nullement
érangé par les allées et venues du moucheur de
handelles. »

Le grand critique dit en finissant que « le na-
urel de ces amateurs l'a reposé du jeu de beau-
oup de comédiens de profession. »

22 *octobre* 1887. — L'ironie terrible de Villiers
ne démonte ; le vieux poète met un fond de
oquetterie narquoise à m'étonner par ses his-
oires extraordinaires. Je l'accompagne souvent
e soir en descendant la rue Blanche. Il est peu
endre pour ses amis du Parnasse, Coppée, Men-
ès et les autres, et je l'en excuse, sachant par
arzens les tourments de sa vie mystérieuse,
'une indigence navrante.

En sortant de Pousset, nous nous attardons en-
ore dans quelque petit café resté ouvert, devant
es verres de chartreuse. Et en regrimpant vers
Montmartre, où il habite on ne sait où, il me
arle de projets de pièces, de nouvelles dont il
ne mime souvent les péripéties, arrêté dans la
uit sous les lueurs d'un bec de gaz.

Un soir, au moment où je l'interroge sur Rou-
ière, que je n'ai pas connu, et dont les Parnas-
iens disent des choses étonnantes, il me joue
ans la rue le monologue d'Hamlet avec les into-
ations et les jeux de physionomie du grand

frappait la poitrine en disant qu'il s'était gros-
sièrement trompé, etc., le tout sur le ton léger
des *errare humanum est,* qui est spécial aux na-
tures sagaces pressées de causer d'autre chose.
Mais M. de Nieuwerkerke, ne trouvant pas la
rectification suffisante, envoya deux de ses amis.
MM. les généraux Bourbaki et Douai trouvèrent
chez lui, cette fois, M. Sarcey; démarche qui a
amené dès le lendemain la note suivante insérée
au *Gaulois* le 25 et reproduite par tous les journaux.

Je ressens un réel chagrin d'avoir employé à l'égard de
M. le comte de Nieuwerkerke, des expressions en désaccord avec l'estime que je professe pour sa personne; et
dans le nombre des idées émises par moi, il y en a que je
n'aurais jamais dû exprimer d'aucune façon, car on ne doit
jamais attaquer les personnes (ah! cela est très vrai), du
moins à l'étourdie et sans avoir froidement pesé les conséquences possibles d'un tel acte; « attendu que l'homme peut
avoir des amis bien élevés, qui sont les nôtres. »

Signé : Francisque SARCEY.

De pointilleux esprits à style « tortillé et précieux » pourraient inférer de ceci une sorte de
panique ou d'affolement à la seule dictée de telles
paroles. Non. Ce serait s'abuser que de le croire.
M. Sarcey, je veux et je dois le penser, a été sincère ici, comme la veille. En une ou deux précédentes rencontres, il s'était conduit comme tout
le monde. Si sa prestance physique le rend un
peu veule à l'épée, il sait tenir un pistolet. Ainsi,
d'après une légende, ayant eu son chapeau traversé de part en part en un duel à cette arme-ci,
le grand critique parcourut Paris, à la bourgeoise,
d'un pas tranquille et lent, durant presque un se-

mestre, le chef coiffé de ce glorieux chapeau :
fantaisie à laquelle il dut renoncer à la longue,
sans doute à cause des rhumes de cerveau qu'en-
tretenait au-dessus de son crâne ce perpétuel courant d'air. Sa fermeté ne saurait donc être mise
en cause dans l'aventure dont nous parlons. »

31 *octobre* 1887. — Dédicace de la brochure de
la Femme de Tabarin :

Monsieur,

La scène où vous jouez la comédie avec vos jeunes
camarades est la consolation des vieux romantiques en
même temps que l'espoir des jeunes naturalistes. Vous
accueillez, vous recherchez les œuvres hardies, nouvelles,
singulières ; ce qui « n'est pas du théâtre », vous le jouez
sur votre théâtre ; et on l'applaudit. En quelques soirs,
vous avez fait pour l'art dramatique beaucoup plus que ne
font pour lui, en quelques années, tant d'autres directeurs ;
c'est peut-être de l'inauguration de vos libres tréteaux
qu'il faudra dater la renaissance du vrai drame et de la
vraie comédie, et de la farce. Vous n'avez commis qu'une
faute : celle de me demander *la Femme de Tabarin ;* je
crains que la brièveté brutale de ce scénario burlesque et
tragique ne déconcerte l'indulgence de la critique et du
public. Tel qu'il est, et de quelque façon qu'il doive être
accueilli, permettez-moi de vous le dédier en témoignage
de mon enthousiaste approbation.

Catulle Mendès.

31 octobre 1887.

2 *novembre* 1887. — Je dîne ce soir chez Théodore de Banville, dans sa maison de la rue de
l'Eperon. Il me présente à Jean Richepin, que
j'aborde pour la première fois, et à son beau-fils,
le peintre Georges Rochegrosse, avec lequel je
parle des costumes du *Baiser*. Un jeune musicien,

Paul Vidal, a fait pour l'acte de Banville une musique délicieusement fluide, qu'il nous joue sur le piano. Il me rassure sur l'exécution musicale qui m'inquiétait, en me disant que ses camarades de la classe Crosti du Conservatoire viendront interpréter la petite partition. Pour le solo, une jeune élève de ses amies, Mlle Bréval, qui a une voix admirable, veut bien se mettre à notre disposition.

4 novembre 1887. — Méténier me dit qu'il aurait obtenu de Mme Marie Laurent la promesse de venir jouer chez nous Matriona dans *la Puissance des Ténèbres*. Mais j'y crois peu, car je sens bien que les artistes professionnels ne nous aiment guère, soit que notre inexpérience leur inspire quelque pitié, soit que le bruit fait autour du Théâtre-Libre les agace véritablement.

7 novembre 1887. — Lavedan, avec lequel je descendais hier soir la rue Blanche, me contait que le juge d'instruction de l'affaire Pranzini a trouvé un paquet de lettres d'une femme d'un milieu très bourgeois, tout à fait compromettantes, et que la malheureuse, convoquée ces jours-ci, lui faisait le tableau de ses angoisses le soir, autour de la lampe, entre ses enfants et son mari, à la pensée de ces lettres sur lesquelles la police allait mettre la main. L'écrivain en parle comme d'un acte que l'on pourrait faire avec ce drame réel, et il ébauche aussi un roman qu'il appellerait *Sire,* l'aventure d'une vieille dame, restée fidèlement légitimiste, à laquelle on fait croire à la survivance de

Louis XVII et qui, s'imaginant recueillir chez elle l'héritier légitime du trône de France, héberge un simple cabotin de province. Il croit à cette comédie curieuse, pleine de choses du vieux temps, où la puérilité touchante d'une classe et d'un régime disparus voisinerait avec la noblesse et la grandeur de ces gens-là.

12 novembre 1887. — Ce soir, après *la Femme de Tabarin,* nous soupons chez Lavenue. Soirée heureuse dans la détente d'un réel succès. Mendès, le plus entraînant des camarades, est éblouissant et nous fait boire de telle façon que presque tout le monde est gris, même Rosny, dont l'idée fixe est de prendre la mesure des crânes de tous les convives pour les classer ensuite anthropologiquement.

13 novembre 1887. — Nous avons donné à Montparnasse notre premier spectacle, qui a réussi malgré des incidents bien fâcheux. *Esther Brandès,* de Hennique, une belle étude puissante et sobre, a été accueillie avec méfiance, mais *la Femme de Tabarin,* de Mendès, énergiquement soutenue par les poètes au grand complet, a sauvé la soirée.

14 novembre 1887. — Voici une complication qui risque de tout compromettre. Emile Paz, novice dans ses fonctions de secrétaire général, s'était chargé de recevoir nos invités. Un peu débordé dans cette salle et ces locaux où nous opérions pour la première fois, surpris par le flot des arrivants, il a fait fermer les portes pour avoir le temps de s'organiser. Les Parisiens qui débarquaient se sont heurtés aux gardes municipaux de service, qui, habitués au public du quartier, n'ont point fait de différence, et il s'en est suivi toutes sortes d'incidents ; des personnalités comme Meilhac ont été bousculées ; le public impatienté a envahi le contrôle. Un beau résultat d'exaspérer ainsi tout ce beau monde qui nous donnait une telle preuve de bonne volonté en grimpant là-haut ! Le lendemain, toute la presse proteste et quelques-uns, comme Gramont, de *l'Intransigeant*, nous prient de garder dorénavant nos invitations pour nous !

15 novembre 1887. — J'ai dîné hier soir pour la première fois chez Alphonse Daudet, rue de Bellechasse, avec de jeunes littérateurs de l'heure présente ; horriblement intimidé pour entrer dans le petit salon où se tiennent déjà pas mal de gens, je me cogne à toutes les chaises avant d'arriver, la voix coupée, jusqu'à Mme Daudet.

Le maître, amusé de ma timidité, me met gentiment à l'aise et j'écoute ce qui se dit pendant le dîner. Goncourt tient le dé presque tout le temps avec Daudet ; il n'y a guère que Rosny, l'aîné, qui se mêle à la conversation. Les autres, silencieusement respectueux, ne desserrent les dents que sur les interpellations de Daudet qui mène admirablement tout ce monde. Je suis placé près d'un jeune homme avec lequel je m'esquive dès que c'est possible, et nous rentrons ensemble, le long des rues, après nous être assis devant un mastroquet, en face de la gare de Sceaux.

C'est Lucien Descaves, employé dans une administration, dont les premiers livres commencent à sortir, qui m'a promis quelque chose pour le Théâtre-Libre, un petit homme à l'œil gai éclairant une figure un peu bougonnante, chez qui perce une droiture, un équilibre solide qui me font chaudement sympathiser avec lui.

20 novembre 1887. — Jean Jullien est un peu notre ainé; c'est un grand et solide gaillard avec une barbe déja poivre et sel de vieil étudiant, assez timide malgré son sourire ironique. Il a beaucoup voyagé dans le Sahara algérien. Je vais quelquefois dîner avec lui à la célèbre pension Laveur, au quartier Latin, où rien n'a bougé depuis les temps où Gambetta, Floquet et la plupart de nos parlementaires actuels avaient recours au crédit légendaire de la maison. Tout étudiant, de famille honorable, peut vivre à crédit chez Laveur et s'acquitte lorsque, ses études finies, il a trouvé une situation. La maison est jeune, grouillante, l'on montre aux visiteurs les tables des hommes célèbres qui passèrent là, et dont plusieurs ont gravé leur nom dans le bois avec la pointe d'un couteau.

21 novembre 1887. — Nous avons déjà des ennemis et je me demande pourquoi ; on insiste assez aigrement sur les petits incidents du contrôle à la dernière soirée, sur l'éloignement de la salle ; même, quelques-uns, qui paraissent sincères, nous conseillent de rentrer à Montmartre. C'est facile à dire, mais ce n'est certes point pour notre plaisir que nous avons grimpé là-bas.

26 novembre 1887. — L'extension de nos programmes va nécessiter d'assez nombreux interprètes, il faut en chercher. Henry Céard, qui a adapté une nouvelle de Zola, *le Capitaine Burle,* m'amène Henry Mayer, un jeune comédien du Vaudeville, dont le métier sera d'un précieux appoint. Jean Jullien, dont nous allons jouer *la Sérénade,* me le demande immédiatement pour sa pièce. Cet Henry Mayer est un gentil garçon intelligent, qui moisit au Vaudeville, dans des levers de rideau, impatient de faire ses preuves.

5 décembre 1887. — Céard a pu obtenir de Claretie l'autorisation pour Mlle Emilie Lerou, de la Comédie-Française, s'il vous plaît, de venir chez nous jouer un rôle important dans *Tout pour l'honneur.* Cela serre bien un peu le cœur de ma vieille amie Barny, qui a tant de talent, mais je lui fais comprendre que notre Théâtre-Libre s'étend et que nous avons besoin de nous renforcer afin de faire face à tant de pièces différentes.

9 décembre 1887. — Une bonne nouvelle, on me demande d'aller à Bruxelles, au théâtre du Parc, donner, vers janvier prochain, quelques représentations. Un autre directeur de Belgique vient d'engager Sylviac pour jouer *Sœur Philomène* qu'il monte au théâtre Molière.

10 décembre 1887. — Emile Paz m'ayant donné sa démission, un neveu d'Alphonse Daudet, Montégut, qui est journaliste à *l'Intransigeant,* s'est présenté pour le remplacer comme secré-

taire ; ses camaraderies dans la presse contribue-
ront à détendre la situation.

12 *décembre* 1887. — Maintenant nous répétons
tous les soirs, rue Blanche, *la Sérénade,* pièce de
début, tout à fait curieuse, de Jean Jullien. J'ai
compris la nécessité d'un programme exceptionnel
pour effacer les incidents du mois dernier et j'a-
vance le tour de l'acte de Banville *le Baiser.* Avec
son nom et celui de Zola, la curiosité est certaine
autour de la soirée.

19 *décembre* 1887. — J'avais distribué dans *la
Sérénade* un petit rôle à un jeune acteur des
Bouffes-du-Nord qui était venu me trouver, mais
Jean Jullien, peu confiant dans la silhouette
maigre de ce nouveau venu, et qui avait déjà mis
un peu de mauvaise grâce à l'accepter, l'a congédié pendant mon absence à une répétition loin de
laquelle j'étais retenu par *le Baiser.* Je suis tout
à fait embêté, car ce Gémier me disait quelque
chose et je ne sais plus où le retrouver.

20 *décembre* 1887. — Déjà les honneurs : on
m'annonce que je recevrai les palmes acadé-
miques au 1ᵉʳ Janvier. Hélas ! j'aimerais mieux
un peu d'argent, car je me sens embarqué dans
quelque chose d'effroyable et qui me mènera Dieu
sait où. Mais c'est la seule chose dont je ne puisse
parler autour de moi, sans enlever à tout le
monde la sécurité et la confiance indispensables.

22 *décembre* 1887. — Ce matin, malgré ce temps
de chien, Banville a eu la bonne grâce de monter

jusqu'à Montparnasse pour voir une répétition de son *Baiser*. Il fait bien froid dans cette salle et j'ai une peur folle que le vieux poète ne prenne froid, mais il est si animé par son affaire qu'il ne paraît pas y prendre garde ; je le fais enfermer dans des paravents, il nous écoute avec une gentillesse émouvante et j'ai le plaisir, à son départ, de le sentir content de nous.

23 décembre 1887. — Je m'en doutais : l'attrait des deux grands noms de Zola et de Banville sur notre programme a triomphé des petites rancunes du mois dernier. Du reste, Montégut avait fortement travaillé, il a établi soigneusement son service et son contrôle ; la salle était pleine à craquer hier soir. *La Sérénade,* de Jean Jullien, a soulevé à la fois de l'étonnement et un intérêt véritable, par la nouveauté et l'audace d'une forme de comique inattendue. Mais le triomphe a été pour l'acte de Banville souligné et applaudi presque vers par vers. Au baisser du rideau, la salle a fait une longue ovation à l'auteur, qui était dans une avant-scène. Ce grand succès préparait merveilleusement l'effet tragique de *Tout pour l'honneur,* qui a été considérable. Nous ne pouvions pas rêver une plus belle soirée.

25 décembre 1887. — Toute la presse crie au chef-d'œuvre pour l'acte de Banville, dont on demande le passage à la Comédie-Française. La pièce de Jean Jullien a décidément fait sensation ; on trouve que ce comique bourgeois annonce un auteur original et neuf.

Sur la petite scène de Montparnasse, l'autre

soir, après les acclamations du *Baiser,* j'ai entendu Banville qui disait à Zola : « Ils jouent comme
des anges ; où diable ont-ils appris à dire les
vers ? » et Zola a répondu : « Voici, je crois bien,
les comédiens dont nous avions besoin depuis
longtemps. »

29 *décembre* 1887. — Le mouvement est unanime, il faut que *le Baiser* aille à la Comédie-
Française, et Henry Fouquier commençait sa
chronique du *Gil Blas* par ces mots : « Le Théâtre-
Libre est à la mode ; quel chemin depuis les premiers mois de cette année ! »

31 *décembre* 1887. — Henry Bauer, ce matin,
dans un bel article, semble vouloir se mêler un
peu de notre affaire ; il s'inquiète du choix que
j'ai fait de Méténier, comme adaptateur de *la Puissance des Ténèbres.* Je suis pourtant décidé à ne
supporter aucune ingérence dans la maison ; il
s'agite maintenant autour d'elle tant de tempé-
raments et de talents divers, que nous allons devenir un champ de bataille qu'il faut conserver
indépendant, sous peine de tourner vite à la co-
terie ou à la petite chapelle.

1888

8 janvier 1888. — Boulevard Montmartre, en face des Variétés, dans une salle à manger à décoration campagnarde, un peu théâtre, je déjeune chez Séverine. Il y a là, avec Alexis et Labruyère, un dessinateur du *Cri du Peuple,* Eugène Rapp, bien malade, semble-t-il, et que Séverine soigne avec une sollicitude maternelle.

Elle parle longuement de Vallès, dont elle a été le secrétaire, avec une foi, un enthousiame qui me la font aimer encore davantage. Décidément, ce coin me réchauffe, j'y sens une sympathie chaude et intelligente dont j'ai bien besoin...

12 *janvier* 1888. — Me voici à Bruxelles. A vrai dire, il a fallu l'insistance de Mendès, qui avait arrangé cette affaire avec Candeilh, le directeur du Parc, pour que je me décide à venir jouer pendant une semaine: *le Baiser, la Femme de Tabarin* et *Jacques Damour.* Marie Defresne est venue pour *Tabarin* et les autres interprètes sont fournis par la troupe du Parc. Le succès a été très vif hier soir ; le directeur, un vieux routier, assez défiant de toutes ces nouveautés, est tout de même influencé par la recette. Pour mes débuts devant

le vrai public, j'étais anxieux, notamment à cause de ma voix assez faible et de mon manque absolu de métier. Tout a fort bien marché, et du reste, les trois silhouettes de Tabarin, du Pierrot et de ce communard loqueteux sont si tranchées que l'effet était facile et inévitable.

14 *janvier* 1888. — Mendès, aussi célèbre ici qu'à Paris, m'a introduit dans les milieux artistes, où l'on montre pour le Théâtre-Libre un intérêt passionné. Kistemaeckers, l'éditeur chez lequel fréquente la Jeune-Belgique, m'a fait fête comme il a toujours accueilli les naturalistes, et lancé les premières œuvres de Huysmans, Descaves, Paul Adam, et tant d'autres. Un autre coin intéressant chez Edmond Picard, un célèbre avocat, dont l'influence est considérable; dans sa somptueuse maison de l'avenue de la Toison-d'Or, il nous traite avec Mendès de la façon la plus cordiale. Ces deux groupements, d'ailleurs hostiles, semblent cependant d'accord pour soutenir l'effort du Théâtre-Libre en Belgique et ils nous rendront les plus sérieux services. Déjà Candeilh, qui fait de l'argent avec nous, redemande d'autres spectacles. Je suis étourdi de cette réussite qui me fait gagner en une seule soirée un mois de mes appointements du Gaz.

15 *janvier* 1888. — « Monsieur, vous ne me connaissez probablement pas, me dit hier, rue Blanche, un visiteur, car après avoir débuté très jeune au théâtre avec un succès, j'ai eu l'enfantillage de ne pas persévérer et je suis complètement oublié. Je viens de passer ces dix der-

nières années à peu près dans le désœuvrement,
et voici que chez moi renaît le besoin de me remettre au travail. »

C'est M. de Porto-Riche, l'auteur du *Drame
sous Philippe II* que j'ai, en effet, applaudi à
l'Odéon, vers 1876, dans l'enthousiasme de mes
premières ferveurs romantiques. Mon interlocuteur poursuit, disant qu'il a beaucoup évolué,
que son premier drame s'est justement noyé dans
le mouvement parnassien, mais qu'aujourd'hui, il
voit autrement et que les révélations apportées
par le Théâtre-Libre sont décisives pour beaucoup
de gens de sa génération ; il m'offre donc un petit
acte en prose qu'il serait heureux de voir accueilli
chez nous.

Ce Porto-Riche est une figure des plus sédui-
santes, avec une voix prenante, une silhouette
d'Italien de la Renaissance.

Je lis, le jour même, *la Chance de Françoise*,
et si je suis conquis c'est, je l'avoue, sans un grand
emballement. Il me paraît que les œuvres au milieu desquelles je vis à présent sont tout de même
vraiment plus neuves, que ceci relèverait davantage du Dumas de *la Visite de noces* que de Becque,
mais il y a dans le petit drame de ce nouveau
venu une sensibilité, un frémissement, une fièvre
que n'avaient point les écrivains du théâtre romanesque de la précédente génération.

16 janvier 1888. — Le local de nos répétitions,
rue Blanche, soulève la curiosité. Nous serions
vite envahis, si je n'avais, dès le début, décidé
que, seuls, les auteurs et les artistes de la maison
en auraient l'accès. Grâce à cette réserve, le coin

demeure intime ; on ne s'y retrouve qu'entre soi. La grande salle du fond est consacrée au travail des répétitions, que les confrères des auteurs qui vont passer peuvent suivre, mais dans le plus grand silence. À l'entrée, nous avons une pièce pour causer, bavarder et fumer. Presque tous les soirs, à présent, l'assistance est nombreuse et, ce qui est assez émouvant, c'est l'atmosphère de cordialité et de solidarité dans laquelle tous ces jeunes gens mettent en commun leurs ambitions et leurs espoirs.

Voilà la presse étrangère qui commence à s'occuper de nous, je reçois des extraits de journaux anglais.

18 janvier 1888. — Pendant que nous répétons *la Puissance des Ténèbres* on vient me dire que Claretie a prié Théodore de Banville de lire *le Baiser* au Comité de la Comédie-Française.

30 janvier 1888. — Cela n'a pas traîné ; le concurrent du Parc à Bruxelles, Alhaiza, directeur du Molière, organise des matinées littéraires et me demande d'y aller jouer *Tout pour l'honneur ;* c'est une grosse fatigue, mais nous avons tant besoin d'argent ; malgré le bruit, les abonnements sont lents à rentrer ; du reste, la saison est fort entamée et il n'y a pas à espérer beaucoup de nouvelles ressources avant l'année prochaine.

1ᵉʳ *février* 1888. — En tête du *Figaro,* paraît un manifeste signé : Rosny, Lavedan, Descaves, Paul

Margueritte et Guiches, une espèce d'abjuration
retentissante du naturalisme qui fait un bruit de
tous les diables. Bien que les signataires soient
de mes amis, j'éprouve une espèce de haut-le-cœur
devant cette sorte d'apostasie qui les jette ainsi
publiquement contre le maître. Je crains que ce
ne soit un épisode de la guerre sourde menée par
deux des maréchaux depuis quelques mois autour
de leur grand ami. Hélas ! ces défaillances de va-
nité atteignent aussi les meilleures cervelles,
mais ne devraient-elles pas rester voilées pour
leurs disciples ? D'autant que rien dans les tem-
péraments ou les talents ne rassemble logiquement les signataires de ce papier.

Descaves a commencé en réaliste forcené, et
il le restera malgré l'influence de son ami
Huysmans ; il n'a rien de commun avec l'élégant
Lavedan, dont l'esprit, parfaitement clérical et
réactionnaire, ne peut communier en quoi que
ce soit avec la sobre et puissante vision de Rosny.
Pour Paul Margueritte, sa sensibilité discrète peut
évidemment se trouver gênée dans l'atmosphère
un peu brutale qu'il subit depuis des années, mais
vraiment, Gustave Guiches apparaît là, on ne
sait pourquoi ; probablement pour faire nombre,
car je ne pense pas que Zola l'ait même jamais
admis dans son entourage.

4 *février* 1888. — *La Puissance des Ténèbres* est
un bien gros morceau. Cependant j'ai pu réunir
une distribution à peu près suffisante ; Mévisto
sera solide dans Nikita, et Méténier a fini par me
persuader de faire jouer Mitricht par son frère,
lequel, du reste, n'a jamais joué la comédie.

Je suis sûr de Barny, de Luce Colas et de Lucienne Dorsy, qui ont fait déjà leurs preuves dans nos spectacles précédents. Grâce à Pawlowski qui nous a mis en rapport avec des réfugiés politiques habitant la rive gauche, nous avons à notre disposition un merveilleux lot de costumes authentiques ; pour les décors, l'inépuisable magasin du père Hartmann a fourni des choses très bien et nous aurons pour accessoires de vrais objets russes.

5 *février* 1888. — Les acteurs du Théâtre-Libre occupent beaucoup les gens qui ne peuvent croire que notre troupe se recrute à peu près tout entière chez de simples amateurs, exerçant leurs métiers dans la journée. Pour *la Puissance des Ténèbres,* Cernay, qui joue Piotr, est marchand de cannes, Pinsard est architecte et il a même un cabinet assez achalandé, Tinbot travaille chez Firmin Didot ; Mlle Barny est couturière, la jeune comédienne qui joue Marina est au télégraphe ; parmi les autres, il y a un marchand de vin, un commis principal aux finances. A vrai dire, dans la troupe on compte seulement comme vrais professionnels Henry Mayer et Mévisto, qui chantait les Paulus au café-concert, et que j'ai fait revenir pour jouer l'*En famille* de Méténier.

6 *février* 1888. — Dans les journaux, ces jours-ci, une intéressante enquête à propos de *la Puissance des Ténèbres* dont l'apparition chez nous soulève une curiosité intense. On est allé demander leur avis sur ce drame à nos plus grands auteurs dramatiques.

Le voici :

... Au point de vue de notre scène française, je ne crois pas que la pièce de M. Tolstoï soit possible. Elle est trop sombre; aucun des personnages n'est sympathique, et le langage que parle Akim, par exemple, serait tout à fait incompréhensible chez nous. Le Nikita, si étrange et si vrai, ne paraîtrait qu'ennuyeux au commencement et odieux à la fin...

(Lettre de M. Alexandre Dumas fils.)

...C'est cruellement vrai et très beau ; mais c'est fait pour être *lu* et non pour être *vu* et, à mon avis, injouable. Tout ce que l'on tentera pour le rendre possible au théâtre ne réussira qu'à le gâter sans profit...

(Lettre de M. Victorien Sardou.)

...C'est moins une pièce qu'un roman dialogué dont la longueur serait insupportable sur une scène française...

(Lettre de M. Emile Augier.)

Dimanche 12 *février* 1888. — La représentation de *la Puissance des Ténèbres* a été triomphale ; la pièce de Tolstoï est apparue à tous comme un chef-d'œuvre. Nous avons la plus belle et la plus importante presse qu'il soit possible d'imaginer ; M. de Vogüé, enthousiasmé, vient me trouver pour me dire qu'il va faire un article dans *la Revue des Deux Mondes*. Le retentissement est si gros que l'on me demande une représentation publique ; du reste, cette recette serait la bienvenue, car je n'ai plus le sou, et je ne sais guère comment nous pourrons donner le spectacle prochain.

13 *février* 1888. — La direction du Vaudeville me fait offrir la salle de la Chaussée d'Antin pour cette représentation de *la Puissance des Ténèbres* que l'on réclame de tous côtés ; les auteurs se-

raient assez disposés à accepter, mais je leur fais observer quelle ingratitude ce serait de déserter la maison d'Hartmann si généreusement mise à notre disposition. C'est donc à Montparnasse que nous jouerons.

15 *février* 1888. — Notre prochaine soirée sera tout entière composée d'ouvrages signés des auteurs du fameux manifeste des Cinq à propos de *la Terre*. Bonnetain et Descaves donneront *la Pelote*, une pièce en trois actes, Paul Margueritte jouera lui-même une pantomime dont la musique a été faite par Paul Vidal, l'auteur de la jolie partition qui accompagnait *le Baiser*. Le quatrième des protestataires, Henri Levedan, signera, avec Gustave Guiches, une pièce en deux tableaux, *les Quarts d'heure*, qui terminera le spectacle. Zola m'a tout le premier vivement encouragé à réserver une soirée complète à ses cinq adversaires et le monde littéraire s'apprête curieusement à juger l'effort des dissidents.

Jeudi 16 *février* 1888. — La location ouverte à Montparnasse pour *la Puissance des Ténèbres* marchait à merveille ; hélas, depuis ce matin, il tombe une quantité invraisemblable de neige ; avec l'éloignement de cette salle de banlieue, je crains bien que notre affaire ne soit manquée.

Samedi 18 *février* 1888. — Stupéfiant ! Malgré soixante centimètres de neige, la salle, hier, à Montparnasse, était comble et nous avons fait plus de 4.000 francs. Le prochain spectacle est donc assuré.

20 *février* 1888. — En arrivant chez Pousset ce soir, notre camarade Marie Aubry me présente un de ses amis qui a bien envie, me dit-elle, de me faire lire une pièce ; c'est un garçon élégant, timide, pour lequel Ancey, qui est là, et moi nous ressentons tout de suite une grande sympathie. Et j'apprends qu'il est le neveu de notre terrible adversaire Albert Wolff ; entrevoyant tout de suite le plaisant de ce jeune homme venu s'enrôler parmi ceux que son oncle combat si rudement dans ses chroniques du *Figaro*, je serais vraiment content de rendre au vieux journaliste le bien pour le mal en mettant le pied de son neveu à l'étrier dans ce Théâtre-Libre si exécré de sa famille.

8 *mars* 1888. — Le retentissement de *la Puissance des Ténèbres* est si réel que Francis Magnard me demande de venir jouer la scène de la banque, qui a fait sensation, dans une fête du *Figaro*. Et je suis bien heureux de donner cette marque de reconnaissance à une maison où, depuis le début, l'or soutient nos efforts si puissamment.

10 *mars* 1888. — Darzens, qui est devenu l'archiviste du Théâtre-Libre, est aussi notre maître d'armes ; il m'a demandé la permission d'accrocher des fleurets aux murs de notre grande salle rue Blanche, et certains jours ce sont des assauts enragés entre lui et les habitués de la maison.

15 *mars* 1888. — Le bon Hartmann, qui m'a accueilli avec tant de désintéressement à Montparnasse, s'est enthousiasmé pour les représenta-

tions du Théâtre-Libre ; il est touchant de voir ce vieux routier du mélodrame flamber juvénilement à nos essais de nouveau théâtre. Il a même tenté de représenter *Sœur Philomène* avec sa troupe devant ses publics populaires de la banlieue.

Hier soir, il me fait dire que son jeune premier, brusquement malade, va le contraindre à faire relâche à Grenelle jusqu'à vendredi, date de son nouveau spectacle, et je lui offre, tout de suite, trop heureux de cette occasion de reconnaître ses bons offices, d'aller jouer moi-même Barnier, que je sais encore.

Comme je raconte la chose à Mendès, en dînant, il m'accompagne là-bas. En scène, près de moi, un jeune homme me frappe beaucoup par la beauté de sa voix, sa chaleur distinguée, détonnant étrangement dans ce milieu.

Le rideau tombé, je cause longuement avec lui. Très bien élevé, il a été, me dit-il, refusé à l'examen du Conservatoire et, adorant le théâtre, il joue la comédie depuis plusieurs mois dans les théâtres d'Hartmann.

Je dis à ce jeune homme, qui s'appelle Grand, que ses qualités sont très belles, qu'il ne faut pas rester là, et que je serai heureux de le voir au Théâtre-Libre où nous lui fournirons l'occasion de se produire devant la presse.

Et, sitôt le rideau tombé, je cours au *Figaro* où nous jouons précisément ce même soir une scène de *la Puissance des Ténèbres.*

— Dans *la Revue des Deux Mondes,* M. Melchior de Vogüé, parlant de la représentation de *la Puissance des Ténèbres,* dit :

Ce fut Austerlitz ; quand cette toile retomba sur le tableau final, dans une tempête d'acclamations, le public était transporté ; je n'ai pas surpris un instant d'arrêt ou d'hésitation pendant ces quatres heures.

Chaque fois que j'ai mis en doute l'intelligence de notre jeunesse française, sa rapidité à comprendre les œuvres les plus opposées à notre goût, je me suis lourdement trompé.

On voyait pour la première fois, sur une scène française, un décor et des costumes empruntés aux habitudes quotidiennes de la vie russe, sans enjolivements d'opéra-comique, sans ce goût du clinquant et du faux qui semble inhérent à l'atmosphère du théâtre.

27 mars 1888. — Dans l'ensemble, la presse des Cinq est fraîche, parce que, peut-être, au fond, l'opinion publique ne leur a point pardonné leur agressif manifeste, mais aussi, et surtout, parce que ce spectacle rend un son nouveau, provoque un peu d'inquiétude. Du reste, les Cinq ne semblent pas avoir désarmé, car, au cours des discussions dont la soirée organisée par nous a ravivé l'animation, les auteurs s'étaient encore une fois réunis pour adresser aux journaux la lettre suivante, que je n'aime guère, car rien ne peut amoindrir mon admiration pour Zola, et j'ai toujours peu goûté un geste inutile et pénible.

Monsieur le Rédacteur,

Avec une rancune et des habiletés indignes de son grand talent, comme de sa haute situation littéraire, M. Émile Zola signale la réunion de nos quatre noms sur l'affiche du Théâtre-Libre, ce soir, en y attribuant un caractère de nouvelle manifestation contre le naturalisme, dont il est et reste le grand pontife.

Cependant, les notes parues dans les journaux étaient bien précises. Il y a été dit, et nous l'affirmons de nouveau, que nos trois œuvres sont dissemblables, issues d'initiatives isolées, que leur apparition simultanée ne signifie ni entente préalable, ni théories communes.

L'absence du cinquième protestataire, notre ami Rosny, et l'addition d'un nouveau nom, celui de M. Henri Lavedan, suffiraient à le démontrer.

M. Emile Zola se trompe encore en parlant d'un art nouveau et que, ridiculement, nous prétendrions apporter au théâtre. Il n'était pas en effet question de théâtre dans notre « Manifeste » et nous ne pouvions enfin attaquer M. Zola romancier, sachant trop quelles discrètes condoléances on doit à l'auteur de *Bouton de Rose* et de *Renée*.

Paul Bonnetain, Lucien Descaves,
Paul Margueritte et Gustave Guiches.

28 mars 1888. — La soirée des Cinq n'a pas trop mal marché ; les auteurs ont du talent, mais, visiblement, le public littéraire n'a pas approuvé leur démonstration contre le maître de Médan. *La Pelote,* de Paul Bonnetain et de Lucien Descaves, est une tragédie domestique d'une saisissante âpreté dont l'effet a été fort grand. La pantomime de Paul Margueritte, qui s'est fait de Pierrot une spécialité, et qui avait consenti à jouer en public, à la condition que je lui donnerais la réplique du croque-mort, a paru très originale. *Les Quarts d'heure,* deux petits actes d'Henri Lavedan et Gustave Guiches, sont pleins d'une cruelle et incisive ironie qui a beaucoup porté. Quelques critiques contestent à ces deux tableaux le caractère d'ouvrage dramatique et les appellent « des tranches de vie. »

En sortant de la représentation, nous avons soupé joyeusement dans l'atelier de Paul Bonnetain, rue Ballu, tout encombré des belles choses qu'il a rapportées du Tonkin.

Dans son feuilleton, Sarcey est très dur ; il

trouve que les deux pièces d'Henri Lavedan et de Gustave Guiches sont de simples fumisteries, mais des fumisteries lugubres.

30 *mars* 1888. — Zola, que l'on est allé interviewer sur la soirée des Cinq, comme toujours, plein de bon sens et de raison, dit avoir assisté au spectacle et trouvé la tentative intéressante ; cependant, pour lui, elle n'a pas révélé la nouvelle forme théâtrale qu'il attendait d'eux après leur récent éclat.

7 *avril* 1888. — Ce soir, la Porte-Saint-Martin donnait un grand drame nouveau de Georges Ohnet. Quel théâtre !

12 *avril* 1888. — Willette vient de fonder un petit journal illustré, *le Pierrot,* et nous invite à une fête qu'il donne dans une espèce de hall de la rue Rochechouart, un skating ou une piscine, enfin une salle trop grande pour les quelques douzaines de gens qui sont là. C'est tout à fait montmartrois et l'on soupe par groupes sympathiques en mangeant des choses assez communes, mais, par exemple, en buvant beaucoup.

Et je ne noterais guère cette nuit de gaieté un peu bohème, sans l'extraordinaire vision que nous apporte le jour naissant, par la toiture vitrée, de gens blafards et vannés, tous costumés en pierrots, la plus admirable symphonie en blanc qu'il soit possible d'imaginer.

22 *avril* 1888. — Daudet donne une soirée pour régaler ses invités de l'original et personnel ta-

lent de Paul Margueritte dans la pantomime, et en même temps, afin de faire plaisir à Bonnetain, un autre de ses fidèles, il me demande de jouer avec quelques camarades, une petite pièce de lui, *Après le divorce*. Dans l'encombrement des salons, sur une étroite scène, notre succès du reste est assez mince, car l'acte de Bonnetain est à peu près insignifiant ; mais Margueritte, la figure enfarinée, mime avec une puissance qu'envieraient bien des professionnels, les affres de son *Pierrot assassin de sa femme*.

24 avril 1888. — Dans un article de ce matin, Albert Wolff renouvelle dans *le Figaro* une charge à fond contre Zola et lui donne rendez-vous l'hiver prochain au Théâtre-Libre, le défiant d'y donner une pièce, disant que s'il manque à ce rendez-vous, il ne restera plus qu'à dresser un procès-verbal de défaillance du romancier prodigieux qui, après avoir juré de pourfendre tous les écrivains dramatiques, reste chez lui, à l'heure décisive, à jouer au bésigue avec William Busnach.

20 avril 1888. — Notre avant-dernier spectacle de la saison n'a pas été fameux. Une pièce en trois actes en vers, que Bauer avait fort prônée, qui est d'Emile Moreau, et du reste médiocrement jouée, a mal terminé la soirée commencée par *le Pain du péché*, quatre actes en vers de Paul Arène d'après un poème provençal d'Aubanel, salués avec enthousiasme par les Méridionaux. Cet échec m'inquiète parce qu'il vient en fin de saison et, de plus, je n'ai plus le sou pour donner le dernier spectacle.

1er *mai* 1888. — *Germinal*, adapté par Busnach sur le grand livre de Zola, a fait au Châtelet un four assez embêtant qui retombe sur notre dos à tous. Aussi quelle idée de laisser ce vieux vaudevilliste tripoter ce chef-d'œuvre? Ce qui m'irrite, c'est qu'au fond, Zola s'était intéressé à la pièce beaucoup plus qu'il ne voulait en convenir, et, comme un soir je l'entendais en parler avec un peu de passion, et que je lui reprochais de livrer son œuvre à de pareilles mains, il me dit que cela valait mieux que rien, que ces adaptations réalistes faisaient lentement, mais sûrement, l'éducation du gros public. Et, peut-être, au fond, a-t-il raison.

7 *mai* 1888. — Le Corbeiller, un très aimable garçon, courriériste aux *Débats* et grand ami d'Ancey, vient me demander, de la part de Mme Aubernon de Nerville, d'aller, d'ici quelques semaines, jouer *la Parisienne* de Becque, à une de ses réceptions de printemps, qui sont des événements parisiens. La proposition m'effraie plutôt; je ne me vois pas très bien à côté d'une célèbre actrice comme Réjane et ce milieu me fait peur. Cependant, Le Corbeiller qui, je le vois bien, a l'idée de me rendre service en poussant le Théâtre-Libre dans le monde, insiste tellement, que j'accepte. Il paraît que Becque, à qui on a fait part du projet, s'est montré très content et a fort approuvé que l'on m'ait choisi.

10 mai 1888. — Hier soir, à cinq heures, première réunion, rue d'Astorg, chez Mme Aubernon de Nerville. C'est une bonne femme, toute ronde, très fière de son salon dans lequel Becque est le grand homme du moment. Elle m'accueille avec bienveillance et je suis présenté à Réjane, qui, tout de suite, avec une grâce extrême, me traite en camarade. Les deux autres rôles seront tenus par de jeunes mondains, célébrités des théâtres de société. Il est convenu que l'on se mettra tout de suite au travail et je sors un peu rassuré grâce à l'amabilité de Réjane.

14 mai 1888. — Rue Blanche, nous répétons *la Parisienne* pour Becque, que ces séances amusent et qu'enchantent l'entrain et la verve de Réjane.

Exact à chaque réunion, il a parfois des chicanes avec son actrice ; Réjane, comme toutes les artistes vraiment personnelles, ramène le rôle à son tempérament, disant volontiers : « Moi, je ne ferais pas ceci, ou, moi, je ne dirais pas ça. » Dans la petite gêne qui suit, Becque a une façon charmante de lui prendre la taille et de faire avec elle un tour de valse qui boucle la discussion dans des rires et de spirituels enfantillages.

— Malgré ma timidité, je ne puis me retenir d'aller ce soir à la Comédie-Française pour la première du *Baiser*. Le succès du petit chef-d'œuvre de l'auteur de *Gringoire* a été si éclatant au Théâtre-Libre, qu'on ne peut guère l'espérer plus grand à la Comédie, malgré deux interprètes de premier ordre. C'est du reste un beau coup de bélier dans la porte de notre premier théâtre, assez fermée jusqu'ici même devant Banville.

Ceci d'ailleurs, me coûte assez cher, car, sur l'effet énorme de la pièce chez nous, j'avais reçu de nombreuses propositions pour des représentations cet hiver dans les salons parisiens. Nous avions certainement, mes camarades et moi, une dizaine de mille francs de cachets assurés ; la décision de Claretie a forcé l'auteur de me prier de renoncer à ces soirées, ce que j'ai fait avec le plus grand plaisir, mais tout de même, cet argent m'aurait été bien utile pour continuer, car à cette date déjà avancée je cherche encore un expédient pour faire face à notre dernier spectacle.

La soirée est tout à fait triomphale pour *le Flibustier* de Jean Richepin ; dans ces vers que Got dit avec une ampleur magnifique, passent les grands souffles de la mer et de la lande bretonne.

La soirée s'achève un peu moins brillamment, non certes pour Banville, car sa pièce garde toute sa fraîcheur et sa grâce funambulesque, mais pour les interprètes que l'on ne trouve pas aussi allants, aussi ingénus que nous au Théâtre-Libre.

Il me paraît que la distribution du Pierrot à un comique comme Coquelin cadet est une erreur. Le personnage de Banville est avant tout un être ingénu et naïf, sans aucune préoccupation d'être drôle, alors que Cadet, avec son métier consommé, cherche l'effet dans des mines de pâtissier, des cocasseries charmantes sans doute, mais qui devraient, à mon sens, rester au second plan.

15 *mai* 1888. — Banville publie *le Baiser* avec cette jolie dédicace qu'il m'envoie :

J'ai écrit cette comédie, seul avec ma chère femme, aux bords de la petite rivière Abron, dans une campagne où il y a des fées et où, comme ici d'ailleurs, je lisais passionnément chaque jour *la Forêt mouillée* de Victor Hugo. *Le Baiser* a été représenté une fois unique le 23 décembre 1887, par les artistes du Théâtre-Libre, la charmante Mlle Deneuilly, une fée gracieuse, poétique, et l'excellent comédien Antoine, qui a joué Pierrot enfant avec la plus impeccable justesse, avec la fantaisie la plus géniale et la plus romantique. Puis, sur l'initiative de mon cher confrère Jules Claretie, la Comédie-Française, avec une spirituelle générosité, a pris son bien où elle le trouvait. Elle a représenté pour la première fois *le Baiser* le 14 mai 1888. La grande famille de Molière m'a donné pour interprètes Mlle Reichenberg, à propos de qui le mot perfection est devenu proverbial et pour laquelle il faudra en trouver un autre encore plus divin, et Coquelin cadet avec sa prodigieuse verve bouffonne et lyrique. Enfin, j'ai eu le bonheur de contenter mes juges après avoir obéi fidèlement à la rime.

Théodore de BANVILLE.

16 mai 1888. — Indépendamment de nos répétitions de *la Parisienne,* l'après-midi, rue Blanche, depuis quelques jours je vais deux ou trois fois par semaine le matin, rue Brémontier, chez Réjane, pour travailler avec elle nos grandes scènes. Avec un tact exquis, elle a senti tout de suite mon inexpérience et mon malaise à répéter rue Blanche sous l'œil perçant de Becque qui me paralyse; et elle profite de ces séances pour me mettre en confiance par mille ruses ingénieuses et délicates. Dans le plein de sa réputation, elle joue en ce moment *Décoré,* aux Variétés, et c'est vraiment, je le vois en répétant avec elle, une admirable nature d'actrice. Nous bavardons beaucoup, et, de jour en jour, il naît entre nous une jolie amitié qui me fait le plus grand bien en me donnant un peu de confiance en moi.

17 *mai* 1888. — Cet après-midi, rue Blanche, à une répétition de *la Parisienne,* Porto-Riche arrive, et comme je suis surpris de ne le voir échanger aucune politesse avec Becque, qui est là, il me dit un peu à l'écart, tandis qu'à l'autre bout de la salle l'auteur bavarde avec Réjane : « Présentez-moi donc à lui. » Un peu étonné, je l'amène naïvement à l'autre, dont la figure durcit un peu et qui riposte brusquement : « Enfin, mon cher ami, je ne peux pourtant pas passer ma vie à me réconcilier avec vous ! »

18 *mai* 1888. — Ce matin, en arrivant chez Réjane, rue Brémontier, elle me dit que Porel vient de lui demander d'aller créer à l'Odéon la *Germinie Lacerteux* de Goncourt. Elle est perplexe, un peu défiante, elle craint que son public habituel, très parisien et très chic, ne la voie pas trop dans ce rôle de vieille bonne. Certes, l'idée de Porel m'étonne un peu tout en me paraissant très curieuse, car Réjane n'a pas l'âge du rôle et Germinie me semble une grande fille osseuse et mûre que n'est guère cette étincelante Parisienne. Cependant, je pèse de toutes mes forces pour la décider ; elle a tellement de talent qu'elle ne peut pas ne pas réussir, et l'arrivée d'une telle interprète dans le théâtre naturaliste serait un atout qui m'enchante pour mon grand ami Goncourt. Je brusque même un peu Réjane, lui reprochant de n'aimer que le théâtre artificiel et lui faisant entrevoir toute une évasion vers un art vivant et humain qui sera celui de demain.

26 *mai* 1888. — Mendès, qui sait mes embarras
d'argent et qui est le seul à qui je confie ces
choses, a eu une idée. Le gros succès que nous
avons eu cet hiver à Bruxelles, dans les deux
voyages du *Baiser* et de *la Puissance des Ténèbres,*
lui donne l'idée d'une troisième excursion dont le
bénéfice assurerait le dernier spectacle. Je prévois bien que cette absence va nous rejeter bien
loin pour clore la saison, mais, comme il n'y a
pas moyen de faire autrement, je télégraphie à
Alhaiza, au Molière, pour lui demander sa salle
et y jouer *le Pain du péché* et *Tout pour l'honneur.*

31 *mai* 1888. — Nous voici tous en plan à
Bruxelles. C'était une folie, me dit-on partout,
de venir à la Pentecôte, tout le monde est à la
campagne. Alhaiza lui-même est absent, et, en
arrivant, notre spectacle n'était pas même affiché.
Aussi, quelle recette, aussi maigre le deuxième
que le troisième jour, et, comme j'ai installé
mes artistes à l'hôtel du Grand-Monarque, nous
voici tous sans le sou, sans même l'argent pour
rentrer à Paris. Et le dernier spectacle de la saison qui est en retard et qu'il faut donner !

1er *juin* 1888. — Toujours à Bruxelles. Mendès,
qui nous avait accompagnés, a été délicieux dans
cette affaire et m'a beaucoup remonté par sa
bonne humeur et sa confiance. Je vais tous les
soirs, à minuit, à la Bourse, causer avec mon administrateur Chastanet, resté à Paris où il bat
la campagne : sitôt qu'il a ramassé deux ou trois
cents francs, il les met au télégraphe et je rapa-

trie la troupe par échelons. Mais comme il faut payer la note générale de l'hôtel, je reste le dernier en gage, attendant les événements.

2 juin 1888. — Me voici enfin rentré; je vais faire feu des quatre pieds et trouver ce qu'il faut pour notre dernier spectacle, mais on ne m'y prendra plus à escompter les recettes hors de Paris pour faire marcher le Théâtre-Libre.

Je sens bien que le succès même va me contraindre à une décision grave après cette première saison à Montparnasse. Henry Fouquier avait à la fois tort et raison, lorsqu'il nous prédisait que le public ne passerait pas les ponts; tort parce que, par les plus horribles temps, nos salles ont été remplies de l'élite artistique parisienne; mais il avait aussi raison, car je sens bien qu'un second hiver ici amènerait une lassitude dangereuse. Il faut donc se loger dans Paris et ce n'est guère possible. Aucun directeur ne me louera sa salle le soir, et jouer en matinée, comme on me le propose, serait une folie. Enfin, si les abonnements ont été rares au début, depuis *la Puissance des Ténèbres* les demandes arrivent nombreuses; s'il était possible d'annoncer nos représentations de l'année prochaine en plein Paris, ce serait une ruée formidable et, par suite, des ressources véritables qu'il va falloir trouver, car, j'aurai vraiment tiré le diable par la queue pour finir cette saison et je ne me sens pas le courage de recommencer.

3 juin 1888. — A l'instant précis où mes perplexités devenaient tragiques, au sujet de la saison prochaine, Frantz Jourdain que j'ai rencontré chez Daudet, et dans les milieux Goncourt-Zola, m'apporte la combinaison la plus inattendue. Il est architecte du théâtre des Menus-Plaisirs, boulevard de Strasbourg, actuellement exploité par Derenbourg, auquel il a suggéré l'idée de me louer son théâtre pour deux soirées par mois, en m'abandonnant la scène deux ou trois jours pour les répétitions générales, moyennant un loyer assez mince, et surtout un pourcentage sur les abonnements.

4 juin 1888. — Vu Derenbourg, un curieux mélange d'homme d'affaires, dangereux, pratique et emballé. Il a tellement aimé le théâtre qu'il y mange peu à peu une belle fortune gagnée, je crois bien, dans le commerce des lampes. Frantz Jourdain m'a donné un bon coup de main et voilà notre accord conclu. A partir de la saison prochaine, le Théâtre-Libre donnera régulièrement son spectacle mensuel boulevard de Strasbourg ; deux représentations, l'une, la répétition générale, pour la presse, les auteurs et les amis, l'autre, ouverte à une série d'abonnements pour lesquels les demandes sont déjà nombreuses. Mais je n'aurai plus les décors du bon Hartmann et le théâtre de Derenbourg n'a rien ; il faudra donc en fabriquer pour chaque spectacle, et j'aperçois là une source de dépenses peut-être considérable. Au reste, la logique des choses nous menait là ; de plus en plus, indépendamment de la valeur ou des tendances des œuvres jouées, nos représentations soulèvent des discussions sur l'interprétation et la mise en scène. La bataille prend dans

ce sens une ampleur à laquelle je n'avais guère
songé. A Montparnasse, rien qu'en utilisant des
décors d'Hartmann, avec quelque minutie et un
peu d'ingéniosité, nous avons soulevé la curiosité
des spectateurs vers ces questions à côté. Il est
évident qu'il n'est pas possible de mettre en scène
convenablement un ouvrage dans son atmosphère complète et son caractère, avec de vieux
décors. Ce sera donc, si j'y parviens, un nouvel
élément de succès d'établir spécialement pour
chaque pièce toute une mise en scène raisonnée.
Mais quelle dépense, et où cela nous mènera-t-il ?

— Notre ami le sculpteur Charpentier a pris
l'habitude d'exécuter un petit médaillon de chacun
de nos auteurs représentés, et à la longue, cela
fait une collection du plus vif intérêt. Il réussit
Banville et Mendès si joliment, que la série envoyée au Salon lui vaut le plus grand succès.

5 *juin* 1888. — La distribution de *la Fin de
Lucie Pellegrin*, un acte d'Alexis pour notre dernier programme de la saison, n'a pas marché
toute seule ; j'étais assez gêné pour distribuer le
rôle principal qui est fort beau et fort curieux,
mais la hardiesse d'une étude qui n'a effrayé ni
Balzac, ni Baudelaire, s'accuse terriblement à la
scène. S'il ne s'agissait de Paul Alexis, et d'une
œuvre hautement littéraire, j'aurais refusé la
pièce. Mme Félicia Mallet, qui vient de se faire
beaucoup remarquer depuis quelque temps dans
la pantomime, a fini par accepter le rôle.

6 *juin* 1888. — Je dîne ce soir avec Paul Alexis,
chez Zola, rue Ballu, dans un petit appartement

dont la simplicité m'étonne. Le maître, d'ailleurs,
se plaint de son installation et veut déménager.
Mme Zola, bonne et cordiale, nous fait très bien
dîner : je suis chez des gens gourmands et friands
de petits plats.

Nous finissons la soirée dans le cabinet de travail. Zola a ouvert une boîte de cigares, fermée
d'une clef qu'il porte sur lui, puis, les jambes
croisées, au coin du feu, il parle beaucoup, tandis que je regarde surtout ses mains fines, mo-
biles, étonnamment expressives. Il dit, à propos
de *Madeleine,* une pièce inédite qu'il va me donner, des choses de l'époque où il était employé à
la librairie Hachette.

En nous reconduisant, dans la petite anti-
chambre, tandis que nous reprenons nos vêtements et nos chapeaux, Zola dit à sa femme :
« C'est très bien, le succès ne le gâte pas, tu vois,
il n'a pas changé de paletot. »

7 *juin* 1888. — Annonce du déménagement
boulevard de Strasbourg. Effet énorme ; tous les
détracteurs du Théâtre-Libre, qui prédisaient sa
fin pour l'hiver prochain, encaissent le coup
d'assez mauvaise grâce. Depuis longtemps, rue
Blanche, toutes les critiques de la première heure
se sont tues.

8 *juin* 1888. — J'ai joué hier avec Réjane *la
Parisienne,* chez Mme Aubernon de Nerville. La
représentation dans l'après-midi a été un événement, mais, comme je le craignais, je me suis
senti dépaysé et pas fameux à côté de ma grande
camarade.

10 *juin* 1888. — Salis a suivi son idée de représentations au Chat-Noir. N'ayant pu réaliser son premier projet avec des acteurs sur le trop petit théâtre du premier étage, il y a installé une sorte de Guignol. Sur un écran de toile blanche, Henri Rivière a créé des pièces d'ombres chinoises, qui sont des merveilles.

16 *juin* 1888. — Le succès de notre dernier spectacle de la saison, hier, à Montparnasse, a été l'acte d'Ancey, *Monsieur Lamblin;* le public a saisi avec un joyeux empressement l'ironique saveur de cette jolie comédie qu'Henry Mayer a vraiment fort bien jouée. Je crois qu'Ancey a le pied à l'étrier; dans l'entr'acte, on me questionnait beaucoup sur lui. La comédie de Gaston Salandri *la Prose,* qui m'amuse fort personnellement, une histoire de bourgeois, pleine de choses originales, a également réussi, mais il est bien malaisé pour un débutant de tenir trois actes; on se lassait un peu, vers la fin.

Néanmoins, cette soirée est d'un accent neuf et imprévu; je le vois dans les yeux des gens où il y a de l'étonnement, et au fond, les poètes ne sont pas contents, la saison s'achève sur une offensive des naturalistes, soulignée encore par *la Fin de Lucie Pellegrin,* d'Alexis, autour de laquelle la curiosité était énorme et qui a passé sans protestations. La sincérité de l'art de Paul Alexis a imposé le respect, mais je pense que nous ferons bien de ne pas aller trop loin dans cette voie. D'ailleurs, nous trouverions difficilement, dans un pareil genre, des œuvres d'une valeur littéraire aussi incontestable que celle-ci.

17 *juin* 1888. — La presse n'est pas tendre. Les plus gentils demandent que l'on brûle du sucre sur la scène après *la Fin de Lucie Pellegrin*. Evidemment, c'est dur, mais j'ai idée que les violences de cette taille, si nous sommes assez raisonnables pour ne pas en abuser, sont des coups de poing qui libèrent le théâtre ; après un pareil spectacle, d'autres sujets hardis, qui n'auraient pas même pu être abordés, passeront sans encombre. Sarcey demande si nous sommes de simples fumistes prenant plaisir à mystifier nos contemporains, et, dans ce cas, il dit qu'il voudrait bien en être, aimant assez la blague pourvu qu'il soit du côté du manche. La pauvre Félicia Mallet, épouvantée de tout ce bruit, écrit au *Figaro*, s'excusant presque d'avoir joué le rôle.

21 *juin* 1888. — Le scandale sur *Lucie Pellegrin* est énorme ; bien entendu, toute la presse rétrograde en prend texte pour nous accuser d'immoralité et dauber sur le naturalisme. Ces gens se gardent bien de rappeler que nous avons joué *l'Evasion*, de Villiers, *la Femme de Tabarin*, de Mendès, *le Baiser*, de Banville. Ce qui me déplaît beaucoup, c'est qu'Alexis a eu la faiblesse de se laisser entraîner à un projet de représentation publique à Déjazet, en séance spéciale, pour tourner la censure, et comme il a passé outre aux raisons que je lui ai données et que je crois bonnes, j'ai été forcé de désavouer publiquement ces représentations. D'où un petit froid ; hélas, un homme excellent, comme Alexis, si dévoué qu'il soit à son idéal littéraire, se laisse tenter par l'espoir d'une affaire.

24 juin 1888. — Au fond, tous ces gens ont raison. En examinant l'ensemble de la saison 1887-88, il ressort que le Théâtre-Libre, orienté au début vers le Parnasse, par le succès de *la Nuit Bergamasque,* évolue nettement. Si les poètes ont eu leur part dans la saison, les naturalistes ont fourni le meilleur et le plus significatif de l'effort, avec *Esther Brandès,* d'Hennique, *la Sérénade,* de Jean Jullien, *Sœur Philomène, Monsieur Lamblin,* d'Ancey, *la Pelote,* de Bonnetain et Descaves, et *les Quarts d'heure,* de Lavedan. Même *la Puissance des Ténèbres,* le point culminant de la saison, reste classée dans les œuvres révolutionnaires, ce qui, à mon avis, n'est pas tout à fait exact, car le chef-d'œuvre de Tolstoï s'apparente plutôt à la grande tragédie grecque.

1ᵉʳ juillet 1888. — Le déficit total de la saison 1887-88 est de 9.332 fr. 20.

5 juillet 1888. — Le bon Alexis, à propos de la représentation ratée de *Déjazet,* me tombe dessus dans son *Cri du peuple,* me traite de pion et m'accuse de fréquenter Sarcey.

17 juillet 1888. — J'ai reçu de Renan cette lettre en réponse à la demande que je lui avais adressée :

15 juillet 1888.

Cher Monsieur,

La pensée que vous voulez bien me communiquer venant d'un homme de goût, tel que vous êtes, me fait trop honneur pour que je puisse dire non. J'en suis infiniment flatté, je vous assure, et certes, je ne nie pas que souvent je n'aie conçu certaines parties au moins de *l'Abbesse de*

Jouarre comme pouvant produire une vive émotion. Voici pourtant mes objections. Médiocrement exécutée, la représentation pourrait tout à fait manquer son effet. La composition ne renferme, à vrai dire, qu'un seul rôle, celui de l'Abbesse, rôle long, plein de nuances, exigeant une artiste belle et d'un jeu puissant. A défaut de cette condition, la simple lecture de l'ouvrage vaudrait mieux.

Ce qui s'est passé en Italie tient à la volonté d'une seule actrice, Mme Duse, personne d'une grande intelligence, qui ayant lu mon livre se prit de goût pour le caractère de l'Abbesse et voulut absolument le créer. Il paraît qu'elle a réussi d'une façon surprenante. Avez-vous quelqu'un qui pourrait se charger de cette tâche difficile ?

Je dois dire que l'expérience du petit à-propos que je fis pour l'anniversaire de Victor Hugo m'a montré que le français tel que je l'écris est pénible à retenir pour la mémoire des acteurs.

Tout se réduit à une question : avez-vous un sujet pour le rôle de l'Abbesse, qui, pour une ou deux représentations, voudrait bien faire un si grand effort ?

Si vous donniez *l'Abbesse,* je voudrais qu'elle fût représentée complète, telle qu'elle est imprimée, avec ses cinq actes. Je reconnais qu'il est tout à fait contraire aux habitudes du théâtre de prolonger de deux actes une composition dont la partie culminante est au troisième acte ; mais ma pensée est absolument incomplète sans ces deux derniers actes. Ils les omettent à peu près en Italie, mais j'ai peine à me figurer que l'action générale, avec cette suppression, ne soit pas tout à fait boiteuse.

Réfléchissez encore, cher Monsieur, votre entreprise est si honorable, l'expérience littéraire que vous vous proposez pourrait être si intéressante que je m'y prêterai de bon cœur. Mais le succès me paraît douteux. Réfléchissez, calculez vos moyens.

Je ne serai de retour à Paris que vers le 10 octobre.

Croyez à mes sentiments les plus affectueusement dévoués.

E. Renan.

21 *juillet* **1888. —** Il est bien certain, d'après la lettre de Renan, que cette représentation de *l'Abbesse de Jouarre,* au Théâtre-Libre, ne sera au-

torisée par lui qu'avec une interprète exception-
nelle. Je m'en vais donc, boulevard Malesherbes,
chez Sarah Bernhardt, revenue tout récemment
d'une tournée d'Amérique.

Allongée sur une chaise longue, couverte de
fourrures, elle s'intéresse à l'ardeur que j'apporte
à lui parler de mon Théâtre-Libre, qu'elle ignore,
et au tableau que je lui fais du nouveau mouvement théâtral qui s'y ébauche. J'essaie de lui
faire sentir quel appoint pourrait être son concours
pour une jeune école littéraire, puisqu'elle a dans
la main un public prêt à la suivre où elle voudra, et je voudrais l'emballer sur ce rôle glorieux, elle qui, jusqu'à présent, n'a eu en somme
à prêter son génie à aucune bataille dramatique,
comme le lui reprochait un récent article de
Mendès. Tout cela n'a pas l'air de l'émouvoir
beaucoup, elle sourit de mon emballement avec
bonne grâce.

Je lui parle alors de *l'Abbesse de Jouarre,* et
comme je lui cite une actrice célèbre en Italie,
« la Duse », qui a joué le rôle là-bas, elle demande à une vieille dame apparue de la pièce
voisine, en soulevant une portière, si elle se sou-
vient de la comédienne dont je parle, et Mme Gué-
rard confirme, en effet : « Ah oui ! ah oui ! « la
Duse », pas fameuse du reste. »

23 *juillet* 1888. — Jules Claretie, passant par
Bruxelles, s'est arrêté pour assister à quelques
représentations de la célèbre troupe du grand-duc
de Saxe-Meiningen, de passage à la Monnaie, et
il a publié sur elle une étude, certes fort aimable,
mais dans laquelle perçait une inquiétude de ces

nouveautés et de ces magnifiques réalisations, en face desquelles celles de la Comédie-Française feraient assez mince figure. Comme en allant à Bruxelles pour mes affaires, j'avais moi aussi suivi ces soirées et recueilli les enseignements qu'elles comportent, j'ai écrit là-dessus à Sarcey une longue lettre qu'il inscrit dans son feuilleton du *Temps*.

CHER MAITRE,

Votre dernier feuilleton est venu me trouver et me troubler dans le petit coin où je suis au vert. Il faut vous dire que je reviens précisément de Bruxelles, où j'avais passé une quinzaine à suivre cette troupe allemande. Vous savez que je vais donner cet hiver *la Patrie en danger*, et je rêvais à ce propos une expérience intéressante sur les foules. Aller voir les Meininger était donc tout indiqué.

J'ai dit : *troublé,* parce que vous revenez à ce propos avec fermeté sur des théories qui vous sont chères et que M. Claretie semble confirmer par ses critiques. Quel dommage que vous ne soyez pas venu là-bas ; nous aurions eu votre impression toute crue, tandis que vous n'avez vu et senti qu'à travers un autre.

Je suis, depuis que je vais au théâtre, embêté de ce que nous faisons avec nos figurants. Si j'en excepte en effet *la Haine* et le cirque de *Théodora*, je n'ai jamais rien vu qui m'ait donné la sensation de la multitude.

Eh ! bien, je l'ai vue chez les Meininger ! Je vous cherchais des yeux à la Monnaie certains soirs, où j'aurais été bien heureux de causer avec vous, là, sur le terrain. Ils nous montraient des choses tout à fait neuves et fort instructives. M. Claretie peut avoir raison pour *Jules César*, que je n'ai pas vu malheureusement ; mais *Guillaume Tell* ne m'a point fait du tout penser à l'Eden, et je souhaiterais que la cour d'*Hamlet* ressemblât à celle de Léontès du *Conte d'hiver*.

Savez-vous d'où vient la différence ?

C'est que leur figuration n'est pas comme la nôtre composée d'éléments ramassés au hasard, d'ouvriers embauchés pour les répétitions générales, mal habillés et peu exercés à porter des costumes bizarres ou gênants, surtout lorsqu'ils sont exacts. L'*immobilité* est recommandée presque toujours au personnel de nos théâtres, tandis que là-bas, les comparses des Meininger doivent jouer et mimer leur personnage. N'entendez pas par là qu'ils forcent la note et que l'attention est détournée des protagonistes ; non, le tableau reste complet et, de quelque côté que se porte le regard, il s'accroche toujours à un détail dans la situation ou le caractère. C'est d'une puissance incomparable à certains instants.

La troupe des Meininger compte environ soixante-dix artistes des deux sexes. Tous ceux qui ne jouent pas un rôle sont tenus de figurer dans la pièce et ceci tous les soirs. S'il y a vingt comédiens occupés, les cinquante autres, sans aucune exception même pour les chefs d'emploi, paraissent en scène aux tableaux d'ensemble et chacun est le chef, le caporal d'un groupe de figurants proprement dits, qu'il dirige et qu'il surveille tant que l'on est sous l'œil du public. Cette obligation est telle que la femme de Hans de Bulow, l'une des étoiles des Meininger, ayant refusé ce service, qu'elle trouvait au-dessous de son talent, fut congédiée, bien que son mari eût le titre et les fonctions de maître de chapelle du duc de Saxe. Il quitta, lui aussi, la cour ducale à la suite des incidents que provoqua ce conflit.

Ils obtiennent ainsi des groupements d'une vérité extraordinaire. Mais allez donc appliquer ceci sur nos théâtres et exiger même d'un comédien de cinquième ordre qu'il meuble le salon de la princesse de Bouillon ! Et l'on est contraint de nous servir de braves gens qui ne savent guère ce qu'ils font là ni pourquoi ils y sont. Je connais ça ; je figurais dans le temps aux Français avec Mévisto ; nous allions ainsi voir de plus près les comédiens qui nous enthousiasmaient de la salle.

Eh ! bien, les Meininger s'y plient ! Mlle Lindner, leur étoile, jouant la scène du Temps dans *Un Conte d'hiver*, figurait au tableau du lit de justice et mimait une femme du peuple avec autant de conscience et de soin qu'elle en apportait le lendemain soir à interpréter le rôle capital d'Hermione dans la même pièce.

Voilà le secret de leurs foules qui sont absolument supérieures aux nôtres. Et je crois bien que, si vous aviez vu l'arrestation de Guillaume Tell et la scène de la pomme, vous auriez été ravi comme moi.

Il y avait dans ce *Guillaume Tell* une autre chose superbe : le meurtre de Gessler, arrêté sur un praticable étroit, formant chemin creux, à huit mètres au moins de la rampe, par une mendiante et ses deux enfants qui jouaient de dos une longue scène de supplication, barrant la route de leur corps, pendant que Tell visait Gessler. Vous auriez convenu là qu'un dos montré à propos donne bien au public la sensation qu'on ne s'occupe pas de lui et que c'est arrivé.

Pourquoi ces choses neuves, logiques et pas du tout coûteuses ne viendraient-elles pas remplacer ces insupportables conventions que tout le monde subit chez nous sans savoir pourquoi ?

Le mot de *mécanique* dont s'est servi M. Claretie ne me semble pas très juste. Est-ce qu'à la Comédie, où certaines œuvres se répètent des mois entiers, tout n'est pas réglé mécaniquement ? La mécanique des figurations est supérieurement perfectionnée dans les foules des Meininger, voilà tout.

La seule et sincère objection que je trouve à leur faire est celle-ci : c'est que dans ce même *Guillaume Tell,* par exemple, Schiller ayant écrit un rôle pour la foule, tous les figurants criaient la même phrase et *en mesure.* C'est lourd et faux. Mais ne pourrait-on résoudre les répliques de cette foule en une rumeur savamment combinée ?

Si nous lui faisions crier : « Vive Gambetta ! » par exemple, savez-vous ce que je ferais ?

Je diviserais mes deux cents comparses en une dizaine de groupes, si vous voulez : des femmes, des enfants, des bourgeois, etc. Je ferais partir ces bourgeois *Vi…,* les femmes accélérant le rythme, commenceraient lorsque les autres attaquent *gam,* et je ferais traîner les gamins cinq secondes après tout le monde. C'est, en somme, un chœur à régler. Je suis bien sûr que la salle entendrait, dans une grande rumeur, *Vive Gambetta !* et si, comme le font les Meininger, les attitudes, les gestes, les groupements étaient diversifiés et variés avec le même soin, nul doute que l'effet *général* et *vrai* ne se produisît.

Dans les tableaux d'ensemble, le protagoniste tenant la

scène peut rendre les silences vrais par un geste, un cri,
un mouvement. Et si la foule écoute et voit l'acteur, au
lieu de regarder dans la salle, ou, comme à la Comédie-
Française, de contempler les sociétaires avec une muette,
mais visible déférence, on trouvera naturel qu'elle écoute
et que deux cents personnes se taisent ensemble, domi-
nées, pour entendre un personnage qui intéresse chacun.

Je ne connais rien en musique ; mais on m'a dit que
Wagner avait, dans certains opéras, des chœurs à multiples parties et que chaque série de choristes personni-
fiait un élément distinct de la foule, se fondait dans un
ensemble parfait. Pourquoi, dans le théâtre parlé, ne
ferions-nous pas ça ? M. Emile Zola le voulait pour *Germinal* et ne l'a pas pu pour des motifs budgétaires que
faisaient valoir les directeurs. Son dessein était de faire
répéter longtemps les ensembles sous la conduite de comédiens figurants. Vous voyez, c'était le procédé des Meininger.

Notez que je ne suis pas du tout emballé, comme on dit,
par eux. Leurs décors très criards, mais curieusement plantés, sont infiniment moins bien peints que les nôtres. Ils
abusent des praticables et en fourrent partout. Les costumes splendides, lorsqu'ils sont purement *historiques,* et
d'une richesse bête d'ailleurs, sont presque toujours d'un
goût choquant, lorsque les documents n'existent pas, lorsqu'il faut faire œuvre d'imagination et de fantaisie.

Leurs effets de lumière, très réussis, sont le plus souvent réglés avec une naïveté épique. Ainsi, un fort beau
rayon de soleil couchant, venant éclairer une très belle
tête de vieillard mort dans son fauteuil, passait tout à coup
au travers d'un vitrail, sans gradations, au moment précis
où le bonhomme venait d'expirer, uniquement pour faire
tableau.

Ainsi encore, après une pluie torrentielle extraordinaire,
obtenue par des projections électriques, j'ai eu le chagrin
de voir l'eau s'arrêter brusquement, sans transition.

C'était plein de choses de ce genre. Le même tapis de
scène servant pour tous les actes ; les roches de la Suisse
posées sur les costières ; ça sonnait le plancher dans les
montagnes...

Les comédiens sont convenables et rien de plus ; plusieurs portent mal le costume ; tous les montagnards

avaient les mains blanches et des jarrets aussi nets, aussi propres qu'à l'Opéra-Comique.

On me paraît, dans le recrutement des artistes, avoir surtout souci des voix fortes et des épaules larges, propres à draper magnifiquement les étoffes merveilleuses que le duc achète lui-même et pour lesquelles il fait de véritables folies. Il a, dit-on, dépensé 75.000 thalers pour la *Marie Stuart*, de Schiller.

Les artistes n'ont pour la plupart qu'une fort mince éducation préparatoire. On cite les deux ou trois qui ont étudié à Vienne. Mlle Lindner, dont je parlais tout à l'heure, était danseuse il n'y a pas longtemps et ne se doutait pas qu'elle serait appelée, comme ils disent, *la véritable pucelle d'Orléans*. Presque tous, la bonne moitié au bas mot, débutent sans autre éducation scénique qu'une année ou deux employées à figurer et à jouer de petits rôles.

Je les attendais beaucoup, naturellement, au *Malade imaginaire*, qu'ils avaient affiché et qu'ils n'ont pas donné. Dans la *Douzième nuit* et le *Conte d'hiver*, ils nous ont montré trois comiques, dont l'un, Carl Gorner, est de premier ordre.

Leur répertoire est fort varié. Ils ont même joué, à Meiningen, *les Revenants* d'Enrik Ibsen, dont j'ai une traduction. Leur duc avait eu l'idée, *très théâtre-libre,* de faire représenter ce drame à huis clos, devant l'auteur et les critiques de la presse allemande invités. La pièce n'a pu être jouée publiquement, car elle est fort subversive, et je crois bien qu'au mois d'octobre elle vous étonnera un peu vous-même.

Un autre détail fort caractéristique, c'est la défense formelle faite aux comédiens et aux comparses de dépasser le cadre proprement dit de la scène. Personne ne se risque sur le proscénium *(M. Antoine entend par là cette partie du théâtre qui est, dans la plupart des théâtres, bordée à droite et à gauche par les loges des directeurs)*, et je n'en ai pas vu un seul, en une douzaine de soirées, avancer le pied à deux mètres du souffleur. Défense aussi de regarder dans la salle, d'ailleurs obscure. Presque toutes les scènes principales se jouent au troisième plan; les comparses tournant le dos et fixant les acteurs occupés au fond de la scène.

Vous sentez bien que dans tout cela il y a des innovations intéressantes. Pourquoi ne chercherions-nous pas à nous approprier ce qu'il y a de bon ?

Ça ne ressemblait en rien à ce que nous voyons à Paris, et j'aurais aimé que vous fissiez le voyage. Vous nous auriez rapporté, sur ces questions techniques, des réflexions personnelles utiles pour les gens du bâtiment, curieuses pour les autres. On m'a dit à Bruxelles que M. Porel était venu. Les grands directeurs auraient bien dû en faire autant, avec leurs metteurs en scène. Chacun y aurait trouvé son compte.

Bien entendu, cher maître, cette lettre est tout à fait entre nous. J'ai seulement voulu vous montrer, en mauvais français, selon mon habitude, que je ne perds pas mon temps et que je tâte sérieusement avant de risquer quelque chose. Je vais mettre un peu de ce que j'ai vu là-bas dans le drame de Goncourt et dans *la Mort du duc d'Enghien*, d'Hennique. J'espère que cela vous intéressera, si j'arrive à faire ce que je voudrais.

Votre tout dévoué et très reconnaissant,

ANTOINE.

Août 1888. — Je suis venu passer quelques jours de vacances à Avesnes, un joli endroit où j'ai tenu jadis garnison. Je travaille ferme à préparer la prochaine saison.

5 *août* 1888. — Abel Hermant m'a fait demander par Mme Charpentier si je serais disposé à accueillir une pièce tirée par lui de son roman *Nathalie Madoré*, qui vient d'avoir beaucoup de succès.

8 *août* 1888. — Un M. Taylor était venu me proposer une adaptation de *Madame Bovary*, qu'il avait faite du chef-d'œuvre de Flaubert. Je lui avais reproché ce sacrilège en lui faisant lire le passage d'une lettre de Flaubert :

Puisque vous vous intéressez à ce qui me regarde, je vous dirai que si mon roman n'a pas été mis sur la scène, c'est que je m'y suis formellement opposé. J'ai trouvé la spéculation, et elle était fort bonne, peu digne de moi. Plusieurs théâtres en voulaient ; ç'a été une manie pendant un instant, mais tout est fini maintenant.

Taylor, en sortant de chez moi, avait porté son manuscrit au directeur d'un théâtre indépendant qui vient de s'ouvrir, et l'on annonçait déjà la perpétration de ce mauvais coup, lorsque les héritiers de Flaubert viennent de l'empêcher par un référé.

1er *septembre* 1888. — Nous avons tous réintégré Paris, et nos réunions du soir, rue Blanche, s'animent chaque jour davantage. Les abonnements viennent et il n'y a pas d'ennuis d'argent pour le moment. On est tout à la joie d'avoir enfin un vrai théâtre. J'ai trouvé à la Villette un bout de magasin et d'atelier prêté par le décorateur Ménessier où quelques ouvriers commencent à préparer les décors des pièces prochaines. Mais je ne veux que des plantations neuves et inattendues, rien des choses courantes. Tout cela malheureusement sera bien cher ; en faisant tout de suite jusqu'à l'extrême de notre possible, le succès nous apportera les ressources nécessaires, comme il est arrivé l'hiver dernier.

10 *septembre* 1888. — M. Georges de Porto-Riche a lu hier aux artistes sa comédie en un acte, que nous jouerons bientôt. Ça s'appellera *Marié*. Je trouve le titre un peu vaudeville, mais

M. de Porto-Riche pense à un autre : *la Chance de Françoise*.

13 *septembre* 1888. — L'Odéon a rouvert ses portes avec une adaptation du célèbre roman de Dostoiewsky, de Paul Ginisty : *Crime et Châtiment*. Paul Mounet y est vraiment admirable.

27 *septembre* 1888. — Fernand Icres, dont j'avais reçu un acte en vers extrêmement original, que nous devons jouer cet hiver, est mort dans son pays, il y a quelques jours. C'était un grand garçon maigre et fiévreux pour lequel je ressentais une vive sympathie.

3 *octobre* 1888. — Je suis allé aujourd'hui à Sèvres déjeuner chez Léon Cladel pour parler avec lui d'une pièce qu'il veut bien me donner. Entre ses filles, deux brunes et jolies enfants jouant autour de la table, sous laquelle les poules entrées du jardin picorent les miettes entre nos jambes, le poète, une belle figure de paysan finaude et boucanée, me tient sous le charme des vers ardents et imagés de son *Ancien*. Il me parle encore d'une autre grande pièce, *Ompdrailles, le tombeau des lutteurs*, qu'il a en portefeuille. Sans lui rien dire pour le présent, je me promets de la monter plus tard si elle n'est pas trop lourde.

10 *octobre* 1888. — Nous avons 26.000 francs d'abonnements pour la saison. Ce sont les premiers spectacles assurés, mais il faut qu'il en vienne encore,

13 octobre 1888. — Vidal, dont j'avais joué deux pièces au début du Théâtre-Libre, et que j'ai dû tenir à l'écart, dans une lettre à *l'Echo de Paris,* parle de « mes petites opérations littéraires et commerciales ». Voilà ce que c'est que de prétendre rester le maître chez soi.

17 octobre 1888. — Nous devons débuter cette année par un spectacle coupé, et, parmi les quatre actes choisis, j'avais mis *Marié,* de M. de Porto-Riche. L'auteur, assez difficile, incertain, a trop tourmenté ses interprètes, de sorte qu'on ne sera pas prêt et qu'il faut remettre sa pièce à une autre représentation.

18 octobre 1888. — A la suite de l'incendie de l'Opéra-Comique, les commissions officielles se sont préoccupées des mesures de sécurité dans les théâtres. Je suis avisé qu'il me faut ignifuger mes décors ; cette prescription m'avait semblé naturelle, mais, aux Beaux-Arts, on a essayé de lier cette question à une autre qui préoccupe fort les bureaux de la rue de Valois. Depuis l'ouverture du Théâtre-Libre, j'ai toujours échappé au visa de la censure, arguant que nos soirées sont privées. Cette thèse, qui ne fut point trop réfutée d'abord par inattention ou négligence des fonctionnaires, a fini par prévaloir et on m'a laissé tranquille jusqu'ici, mais, de temps à autre, on revient sournoisement à la charge, et, cette fois, je suis averti officiellement que nous aurons pour les représentations *publiques* à solliciter le visa. J'accepte d'autant plus volontiers que cette prescription reconnaît implicitement le caractère privé de nos soirées.

19 *octobre* 1888. — J'ai pensé à demander chaque fois à un peintre ou à un dessinateur différent d'illustrer notre programme. Cette fois-ci, Willette m'envoie un merveilleux dessin qui sera, je l'espère, le premier d'une curieuse collection.

20 *octobre* 1888. — Nous avons inauguré hier la saison dans la salle des Menus-Plaisirs bondée et toute grouillante. *Les Bouchers,* du pauvre Fernand Icres, ont intéressé. Nous donnions ensuite une bien belle chose traduite de l'italien, *Chevalerie rustique,* de Verga, et Darzens complétait le spectacle avec une sorte de mystère, *l'Amante du Christ.*

Chevalerie rustique a été copieusement emboîtée; on a cruellement souligné l'inexpérience d'une pauvre fille, d'une beauté magnifique et douée des dons les plus rares. Dans mon désir d'une mise en scène caractéristique, j'avais accroché, dans *les Bouchers,* de véritables quartiers de viande qui ont fait sensation, et il y avait pour *Chevalerie rustique,* au milieu de la place du petit village sicilien où se déroule le drame, un véritable jet d'eau qui a mis la salle en joie, je ne sais pas pourquoi.

Au fond, ce public attiré par le retentissement de notre première saison là-haut, est déjà bien différent des fidèles et des emballés de la première heure. Cette tendance à égayer les spectacles ne me désarçonne pas; je ne suis pas d'humeur à nous laisser faire et il faudra bien que nous nous imposions au respect et à l'attention de ces nouveaux spectateurs.

24 octobre 1888. — Paulin Ménier, qui répétait à la Porte-Saint-Martin *le Courrier de Lyon*, vient de se casser le bras, et Duquesnel a songé à Mévisto pour le remplacer dans ce rôle formidable, ce qui me fait un peu trembler pour lui.

26 octobre 1888. — Il y a du bruit à la Comédie-Française à propos d'une pièce de Jean Aicard, *le Père Lebonnard*, reçue depuis longtemps et dont les répétitions étaient en train. Mais on a taquiné l'auteur, qui a retiré bruyamment la pièce, que je lui ai demandée tout de suite. Si, probablement, elle n'est guère dans les tendances de la maison, il se fait autour un tel bruit que ce serait un petit événement. Il ne me faut négliger aucune occasion, je le sens bien, de maintenir autour du Théâtre-Libre la curiosité parisienne toujours prête à se lasser. C'est pourquoi *le Père Lebonnard* était une chose excellente, malheureusement l'auteur, un peu méfiant, tarde à se décider.

27 octobre 1888. — Je sais que mon grand ami Mendès a, depuis longtemps, dans ses tiroirs, une œuvre considérable qui lui est particulièrement chère, un grand drame en vers : *la Reine Fiammette,* qu'il n'a pu faire jouer, car les théâtres sont fermés pour ces grandes machines coûteuses et de réussite incertaine. Je n'ose pas la demander au poète, car nous n'avons vraiment pas les éléments nécessaires pour la jouer, et je songe à l'énorme dépense de ces décors et de ces costumes de la Renaissance italienne.

28 *octobre* **1888**. — Mort d'Emile Augier. Dans notre coin, l'auteur des *Lionnes pauvres* et du *Fils de Giboyer* était, de toute la génération précédente, le plus respecté, car il fut, dans ses comédies bourgeoises et sociales, l'un de nos précurseurs, et son influence subsiste encore chez beaucoup de jeunes gens. Jusqu'à Becque, il a été l'un des sommets de notre littérature dramatique.

29 *octobre* **1888**. — De plus en plus, le problème se pose pour moi d'échapper aux différentes influences qui s'évertuent autour de la maison. Ces temps derniers, Henry Becque, le vrai chef de file et le maître de tout le jeune mouvement, nous a beaucoup soutenus. Ceci embête quelques-uns de nos amis et notamment Céard qui a je ne sais quelle dent contre le maître des *Corbeaux* et se livre à une violente sortie contre lui dans *la Vie populaire.*

Tous, maitres et élèves, se trouveront là réunis dans un même effort et tendus vers la même nouveauté. Or, dans cette levée d'audaces, on remarque avec impatience la désertion de M. Henry Becque dont l'audace, comme chacun sait, est cependant l'expresse spécialité. A défaut de mieux, M. Becque a cependant daigné accorder au Théâtre-Libre sa rare et inutile protection. Il a donné des conseils à M. Antoine, travail plus facile que de lui donner une pièce.

Assurément, il y a du bon dans les observations de M. Becque, réveillant les indifférences et poussant aux chefs-d'œuvre. Que ne suit-il ses précieux avis ?

Les chefs-d'œuvre, le Théâtre-Libre les a attendus du signataire de *l'Enlèvement*, vaudeville sans génie. Il les attend, mais en vain. Si bien qu'on est autorisé à croire que, se condamnant lui-même dans le procès qu'il fait aux autres, M. Henry Becque s'est démesurément occupé de lui, suivant son habitude, quand il a parlé des auteurs célèbres et épuisés.

En tout cas, c'est sans lui que le Théâtre-Libre s'est créé; c'est sans lui qu'il a obtenu des résultats; c'est sans ce révolutionnaire timide, mais patenté, qu'il va continuer au théâtre des Menus-Plaisirs la campagne d'indépendance commencée jadis à l'Elysée-des-Beaux-Arts et au théâtre Montparnasse.

1ᵉʳ *novembre* 1888. — J'avais bien flairé juste. Ce soir, Marie Defresne me dit que Mendès est tout chagrin que je ne lui demande pas sa *Reine Fiammette*. Je dis à l'auteur toutes les raisons pour lesquelles je n'aurais pas osé lui demander, pour deux seules représentations, un ouvrage considérable dont il doit attendre des résultats importants. Mendès, assez touché, me répond: « Oui, mais votre Théâtre-Libre prend une telle importance littéraire, que je tiens pour un devoir, lorsque Zola lui-même vous donne une pièce, d'y tenir le drapeau du théâtre en vers ; désormais, mon cher Antoine, vous avez fait de votre maison un champ de bataille, non seulement pour le public, mais pour les écoles littéraires ; vous devez, jusqu'à la fin de l'expérience, tenir la balance égale. Il faut donc me jouer ma *Reine Fiammette,* en cette saison où vous annoncez *la Patrie en danger,* de Goncourt, et *Madeleine,* de Zola. » Je lui réponds que la maison est à lui et que s'il veut se contenter de nos maigres ressources, nous ferons pour le mieux; je sens que je donne une vraie joie à notre ami, qui la méritait bien pour son dévouement.

3 novembre 1888. — Mendès a une idée bizarre, il voudrait Capoul pour jouer le jeune premier de *la Reine Fiammette;* je ne suis pas rassuré, il me semble bien que le célèbre ténor, avec son accent toulousain, sera fort dangereux, quelle que soit la curiosité soulevée par ses débuts dans la comédie.

6 novembre 1888. — Louis de Gramont, l'un des journalistes qui m'avaient le plus fort malmené au lendemain de la malheureuse affaire du contrôle à Montparnasse, nous a été ramené par Montégut et nous répétons une pièce de lui où il me semble avoir habilement dosé le vieux théâtre sentimental et les audaces naturalistes.

7 novembre 1888. — La *Rolande* de Gramont a été, comme je m'y attendais, un succès considérable. Si ce drame romanesque de la fille justicière de son père est assez vieux jeu, il s'éclaire d'un reflet du Hulot de Balzac suffisant à lui donner de la vigueur et de la classe. Odette de Fehl a remporté un énorme succès dans le principal personnage et Luce Colas est vraiment extraordinaire dans une petite bonne.

10 novembre 1888. — C'est bien gros, ce projet d'afficher *Rolande* publiquement comme Derenbourg et de Gramont le désirent si vivement. Je n'aime pas ces représentations publiques, si lucratives qu'elles puissent être, car c'est fausser le caractère de notre entreprise. Le jour où le grand public sera librement admis à voir ces spectacles réservés à une élite, nous ne serons plus qu'une scène ordinaire et nous tombons dans les pattes de la censure.

13 *novembre* 1888. — Albert Wolff, dans sa critique du *Figaro*, commence son article ainsi : « Crénom de Dieu ! foutez-moi la paix, et vive le Théâtre-Libre ! » Puis une longue diatribe où il nous assassine en rappelant *Lucie Pellegrin*, demandant que je remplace les huissiers du théâtre par de vieilles bonnes à qui on donnerait un petit pourboire à la sortie ; au fond, le grand polémiste ne m'a jamais pardonné de s'être trompé sur le Théâtre-Libre, en m'écrivant que l'affaire n'intéresserait personne.

14 *novembre* 1888. — Il a fallu céder, car c'est un merveilleux atout d'être installé régulièrement en plein Paris et il faut bien amadouer Derenbourg, homme pratique, qui ne m'a laissé son théâtre à des conditions si douces qu'avec l'espoir d'en tirer une affaire lucrative, nos représentations publiques. Elles marchent fort bien avec de jolies recettes, mais j'ai bien spécifié qu'elles ne pourraient s'éterniser, car il faut répéter le spectacle du mois prochain, et ces soirées sont les seuls moments où mes camarades soient libres, puisqu'ils travaillent presque tous dans la journée.

17 *novembre* 1888. — Un bien amusant dessin dans *la Vie moderne* d'Eugène Rapp : une série

de silhouettes de Sarcey assistant à la pièce de Gramont. D'abord, le célèbre critique est immobile, benoîtement appuyé sur sa canne, puis, peu à peu, l'inquiétude, l'indignation, la colère le gagnent, et, à la sixième image, il s'enfuit les bras levés au ciel.

22 *novembre* 1888. — Mendès vient de m'enlever Louise France, il l'a fait engager à la Renaissance pour son opérette *Isoline* dont la musique est de Messager.

23 *novembre* 1888. — Les recettes de *Rolande* sont belles, mais la plus forte partie passe chez notre propriétaire, et ce sont de précieuses ressources dont j'aurais bien besoin pour continuer la saison. Nous eûmes la surprise, hier au soir, de voir arriver le grand-duc Vladimir de Russie attiré par le bruit fait autour du Théâtre-Libre.

Décembre 1888. — Extrait d'une préface récente d'Henry Becque :

Je viens de nommer le Théâtre-Libre de M. Antoine, et je l'ai bien fait exprès. Voilà un directeur vraiment jeune, avec une perception très fine de toutes les choses du théâtre ; des auteurs convaincus dont le désintéressement ne fait pas de doute ; une troupe pleine d'ardeur qui possède deux qualités inestimables, la simplicité et le naturel ; dès que cette maison d'art a été ouverte, le public lettré y est accouru, et il n'y eut de vie dramatique l'hiver dernier que chez elle.

1er *décembre* 1888. — Porto-Riche s'est enfin décidé ; il a redistribué son acte à son goût. *Marié* est devenu *la Chance de Françoise*, et accompa-

gnera sur notre programme prochain *la Mort du
duc d'Enghien,* d'Hennique.

12 *décembre* 1888. — *La mort du duc d'Enghien,*
que nous avons jouée hier soir, est un événement.
Non seulement ce drame a paru comme une renaissance, comme un renouvellement de la pièce
historique enfin soumise aux méthodes de l'école
réaliste, de la reconstitution exacte des milieux
et d'une époque, mais la mise en scène a accentué
le succès.

Le conseil de guerre du troisième acte, éclairé
seulement par des falots posés sur la table, a fait
un effet si neuf et si imprévu que tout le monde
en parle. J'avais eu, de plus, la veine de découvrir
un costumier possesseur d'une admirable collection
de costumes authentiques qu'il ne loue jamais
qu'aux peintres ; le mieux était même celui qui a
servi à Jean-Paul Laurens pour son célèbre tableau. Tout cela a coûté très cher du reste, mais
quel résultat ! Les blagueurs habituels ont été
matés ; au troisième acte, deux ou trois fumistes
ayant essayé de blaguer dans l'obscurité, Bauer
en a giflé un.

16 *décembre* 1888. — La grande page illustrée
du numéro de *la Vie Parisienne* de cette semaine
est tout entière consacrée « aux femmes qui vont
au Théâtre-Libre ». C'est un signe de succès tout
à fait caractéristique.

Bien entendu, devant l'énorme retentissement
du *Duc d'Enghien,* Derenbourg a exigé quelques
représentations publiques conformément à son
contrat. J'ai encore résisté ; cependant, comme

j'ai dépensé trop d'argent pour la mise en scène, et celle du *Duc d'Enghien* a été particulièrement coûteuse, je suis inquiet pour l'avenir, cette considération que me fait valoir mon administrateur Chastanet m'a décidé. Mais quel boulet que ces histoires d'argent qu'il faut traîner avec un labeur pareil !

20 décembre 1888. — Dès avant le lever du rideau, il était visible que la première de *Germinie Lacerteux* serait mouvementée. On s'indignait d'avance que les audaces, les prétendues licences du Théâtre-Libre, fussent accueillies sur une scène officielle. De notre côté, les fidèles se montraient solides et décidés; dans l'orchestre qu'il dominait de sa haute taille, Bauer promenait autour de lui des regards déjà furibonds. Aux fauteuils, encadrés par Albert Wolff et Koning, notoirement hostiles aux Goncourt, je me sentais prêt à tout; les familiers du « Grenier » et de la maison Daudet, aussi bien que les fanatiques du Théâtre-Libre, tous étaient à leur poste.

Porel a monté la pièce avec son grand goût artiste. Les multiples tableaux, véritables lithographies de l'époque avec leurs personnages costumés dans la manière de Gavarni, avaient été admirablement réglés.

L'accueil du public fut tout de suite sympathique à une Réjane inattendue; l'élégante Parisienne, fagotée dans de pauvres vêtements, était Germinie Lacerteux elle-même. Mais les choses ne tardèrent pas à se gâter; aux murmures vite montés jusqu'aux grondements et aux rumeurs, succédèrent les injures et les sifflets; pas une fois dans ce charivari, plus ou moins sincère, Réjane ne perdit pied et ne cessa de dominer la salle. Ce fut surtout dans la seconde partie que l'actrice s'est montrée admirable, pendant ce tableau du goûter des enfants servi par la misérable, traînant son ventre douloureux autour de la table. La colère se déchaîna avec une violence stupéfiante ; les injures pleuvaient sur l'auteur et les artistes ; on voulut faire baisser la toile, et les amis de Goncourt eux-mêmes se taisaient, submergés.

21 *décembre* 1888. — Comme il fallait le prévoir, la presse sur *Germinie Lacerteux* est immonde.

C'est la curée sur Goncourt. Tout le monde donne de la voix. Henry Bauer, seul, dans son feuilleton fait solidement face et défend l'œuvre. Tout cela me met dans une exaspération qui me rend incapable de travailler et j'ai l'idée, pour répondre à l'attaque dans la mesure du possible, de monter tout de suite à notre prochain spectacle *la Patrie en danger,* inscrite d'ailleurs à nos programmes cette année.

J'en avise Bauer par ce pneumatique :

CHER MAITRE,

J'ai cru ce matin utile d'avancer *la Patrie en danger.* Votre bel article m'a soulagé le cœur, soyez-en remercié mille fois. Je veux donner l'autre pièce avant six semaines, et nous verrons, cette fois, si les gueux imbéciles d'hier soir recommenceront.

Bien à vous.   ANTOINE.

— A minuit et demi, chez Pousset, je rencontre Auguste Germain qui me dit avoir, en l'absence de Bauer, dont il est le secrétaire, décacheté mon billet qu'il a inséré dans le courrier du lendemain. Je bondis, car ceci n'était point destiné à être rendu public. Germain me dit que le journal va être tiré; il est une heure et demie du matin, et je me décide à laisser rouler.

— Après la première de *Germinie,* on a soupé chez Daudet; il y a là une vingtaine d'amis, Scholl, Zola et sa femme, Mme Ménard-Dorian, etc. Porel et Réjane, que l'on attendait, se sont excusés; Réjane est fatiguée après cette orageuse soirée. Tout le monde, au fond, est soucieux, on s'évertue à rassurer Edmond de Goncourt un peu inquiet. Dans un petit silence, Zola dit : « Goncourt, je bois à vous et à votre frère », et il traîne dans sa voix fluette une émotion qui me gagne, car je songe à cette autre bataille de *Renée,* au Vaudeville, après laquelle il est resté seul en tête-à-tête avec son souper chez Paillard.

22 décembre 1888. — Dans les journaux du soir, l'algarade éclate; je suis fort embêté sans, du reste, songer un instant à reculer d'une semelle. Je vois que même mes amis du *Figaro* me désapprouvent par ces commentaires dont Prével accompagne l'insertion de ma lettre à Bauer.

« Les gueux imbéciles » sont trois mots d'une impertinence rare. Ils s'adressent à un très grand nombre de Parisiens, qui ont trouvé détestable la dernière pièce de M. Edmond de Goncourt, et qui ne veulent pas, les choses étant ainsi, qu'on érige le goncourisme en dogme.

Etre traités de « gueux imbéciles » par M. Antoine, c'est

dur, mais il est surtout regrettable que l'homme qui emploie de pareilles expressions soit un directeur-acteur, qui doit le respect au public qui l'écoute et qui le paie.

Du reste, toute la presse se déchaîne, chacun ajoute son mot. Il n'y a plus qu'à faire tête, et je confirme purement et simplement mon attitude par cette lettre à Prével :

Paris, le 22 décembre 1888.

Cher Monsieur Prével,

Je ne m'attendais pas à l'occasion que vous m'offrez d'affirmer tout haut, et en public, ce que tant d'artistes ont dit à l'issue de la soirée de mercredi. Le télégramme que vous reproduisez n'était pas destiné à la publicité, mais je n'en désavoue pas un mot.

Vous savez fort bien que je n'ai entendu parler ni de la presse qui ne manifeste jamais aux premières, ayant le lendemain le droit d'appréciation le plus absolu, ni des lettrés qui devraient exclusivement former le public de ces soirs-là.

Les « gueux » et les « imbéciles » sont ceux qui faisaient non pas du bruit, mais du chahut à la première de *Jalousie*, qui, le gaz baissé au Théâtre-Libre, faisaient les fumistes dans les coins, et ceux, enfin, qui criaient des injures à M. Dumény, lorsqu'il est venu nommer M. Edmond de Goncourt.

Ceux-là ne sont point des Parisiens ou des lettrés ; ils se glissent on ne sait comment aux premières et se donnent le luxe facile d'être lâches et grossiers à bon compte.

C'est ce monde-là qu'on devrait expulser ; il ne paie pas ; il ne comprend pas et il n'a rien à faire là, où les artistes sont entre eux.

C'est donc contre ceux-là que j'ai protesté, et je vous remercie sincèrement de me procurer l'honneur d'exprimer mon indignation en face de l'outrage fait aux lettres et à l'art dramatique, en la personne du grand écrivain qui a signé *Germinie Lacerteux*.

Bien à vous,   Antoine.

23 *décembre* 1888. — Cela marchait trop bien,
me voici sur le dos cette histoire de *Germinie,*
et malgré le retentissement de *la Mort du duc
d'Enghien,* mon pauvre Théâtre-Libre est bien
en danger. Nous avons soulevé des passions littéraires que l'on attise sournoisement. Nos adversaires poussent à la roue pour organiser, lors de
notre prochaine soirée, un scandale où la maison
sombrerait ; on parle d'exiger des excuses, à mon
entrée en scène, pour les prétendues injures pro-
férées dans ma lettre contre le public et la presse.
Nous verrons bien ; en tous cas, je ne céderai
pas, et je fermerai, s'il le faut.

27 *décembre* 1888. — C'est décidément sérieux ;
dans le même numéro du *Figaro,* hier, je suis
houspillé trois fois : par Albert Wolff, d'abord,
naturellement, puis dans les Nouvelles à la main,
enfin dans l'article d'Albert Millaud, qui fait la
psychologie des « gueux imbéciles ». Un peu inquiet, je fais visite à Francis Magnard, qui m'a
toujours témoigné tant de bienveillance, souvent
même contre certains de sa maison. L'excellent
homme, fort amusé, me rend courage en se mo-
quant de moi. « Comment, vous êtes engueulé
trois fois, en première page du *Figaro,* le même
jour, et vous vous plaignez. » Et il m'explique
que j'ai fourré un bâton dans un nid de guêpes
en prenant ainsi violemment parti pour les Goncourt, qu'il y a là-dessous des histoires dont je
ne me doutais pas. J'apprends qu'un grand salon
littéraire fait campagne contre les commensaux
et les fidèles de Saint-Gratien et de la princesse
Mathilde.

Et toujours les amis de Goncourt, qui n'ont déjà été pas bien brillants à la première de *Germinie,* gardent un silence que je trouve vraiment trop prudent.

28 *décembre* 1888. — Il y a depuis quelque temps des symptômes de refroidissement du côté de Bauer ; deux ou trois fois il a essayé d'intervenir dans nos affaires, sans que j'aie paru en tenir compte. Par surcroît, un de ses confrères, Louis Besson, de *l'Evénement,* bataille aussi pour nous avec beaucoup d'ardeur. Je ne pouvais songer à demander à Bauer un coup de main pour sortir de cette aventure des « gueux imbéciles », car il en était, en somme, un peu l'auteur, ce que, pour rien au monde, je n'aurais voulu lui reprocher ; j'ai donc eu recours à Besson, à qui j'ai écrit un mot pour qu'il le publie, et c'est le feu aux poudres, *l'Echo de Paris* me tombe dessus, prenant même son confrère à partie. Joie de la galerie, enchantée de me voir perdre un appui. Mais, autres surprises de la vie littéraire, Sarcey, qui, je le sais, était comme Henry Fouquier, assez agacé de l'influence qu'il supposait à Bauer chez nous, enchanté de cette espèce de rupture, prend ma défense avec une bonhomie narquoise et savoureuse.

— Exécution de Prado. Méténier, qui est le chien du commissaire de police du quartier de la Roquette, m'emmène à cette sinistre cérémonie, qui me guérit pour toujours de ma curiosité malsaine.

30 *décembre* 1888. — M. de Goncourt, resté silencieux pendant les jours qui ont suivi les polémiques de *Germinie Lacerteux*, m'envoie un petit mot sur sa carte, et je lui fais visite à Auteuil. Sa vieille Pélagie me dit que le maître, souffrant, est couché en haut, mais qu'elle est prévenue de me faire monter. Au premier, dans sa chambre assez obscure, dont les volets sont tirés, M. de Goncourt est couché, un peu sommeillant. Il me dit rester volontiers au lit des journées entières, et que, ces temps-ci, tout ce bruit lui a donné la fièvre. Mon arrivée qui lui apporte un peu d'air de Paris et les histoires que je lui raconte sur les événements de ces jours derniers, lui rendent un peu d'animation. A propos de *Germinie,* il me parle longuement de son frère, trouvant que nos mœurs littéraires actuelles ne ressemblent guère à celles du temps d'*Henriette Maréchal.* Il me dit qu'après cette pièce et les tumultes de sa représentation à la Comédie-Française, l'animation fut intense dans la jeunesse des écoles, et que, même, des élèves de l'Ecole polytechnique, qui tenaient pour son frère et pour lui, se battirent en duel. Et je démêle encore chez le vieillard une espèce de douloureux étonnement à propos de ceux de son Grenier restés plus silencieux que je ne l'aurais souhaité ; M. de Goncourt le constate avec une amertume un peu hautaine que je suis bien obligé d'approuver intérieurement.

1889

8 *janvier* 1889. — Mendès est vraiment un noble et courageux ami. C'est *la Reine Fiammette* qui figure au programme de la représentation prochaine. Il pourrait être embêté et nerveux de voir sa pièce passer en un moment où il risque de supporter l'irritation, soigneusement entretenue contre moi, et comme je lui en dis tous mes regrets, c'est lui qui me réconforte et m'encourage.

17 *janvier* 1889. — La soirée de *la Reine Fiammette* n'a pas été aussi dure que je le redoutais. La presse, respectueuse pour Mendès, n'est pas meurtrière pour nous. J'étais prévenu depuis longtemps que l'on me ferait payer dans cette soirée l'affaire des « gueux imbéciles ». On devait m'obliger à faire des excuses au public en entrant en scène. Au lever du rideau, je n'en menais pas trop large, car j'attaquais la première scène devant une salle assez bruyante. Mais, au lieu des sifflets que j'attendais, des applaudissements et un : bravo Antoine ! partis de la loge d'Alphonse Daudet, ont arrêté toutes velléités de chahut. Les

nerfs du public se sont déchargés sur le pauvre
Capoul, dont l'accent toulousain a déchaîné un
emboîtage véritablement odieux. De temps à
autre, du reste, les beaux vers de Mendès et la
vaillance de Marie Defresne reprenaient l'auditoire, mais la pièce trop longue — six actes —
traînait vraiment. Je passais à peu près inaperçu,
au milieu de tout cela, et j'étais arrivé sans encombre à la dernière scène de mon rôle avec
l'espoir d'échapper à la bourrasque ; mais comme,
aux derniers vers, je me glissais sournoisement
vers la porte du fond, quelques-uns ayant senti
que je ne reparaîtrais plus, des coups de sifflet
m'arrivèrent dans le dos, juste comme je m'esca-
motais prestement. Le pauvre Capoul, qui a été
charmant et courageux, est désolé ; et moi-même
au fond, bien désemparé, car j'ai consacré jusqu'à mon dernier sou pour une mise en scène et
des costumes encore insuffisants ; c'était une
folie ; je l'avais bien prédit à Mendès, mais il
est si beau joueur qu'au lieu de se plaindre il
m'a remercié par une longue et chaleureuse lettre
qui m'a été au cœur.

19 *janvier* 1889. — Je suis assez malmené personnellement dans la presse de *Fiammette ;* je
m'y attendais bien, et je m'en fiche. On s'attaque
surtout à mon costume, assez mal porté, j'en
conviens, son exactitude a déconcerté le public,
habitué dans les pièces historiques aux défroques
d'opéra. On fut surtout étonné de me voir entrer
avec une grande épée à la main maniée comme
une canne, détail absolument exact et copié sur
nombre d'estampes et de portraits d'époque.

22 *janvier* 1889. — On vient d'interdire au Gymnase *l'Officier bleu* et Koning pousse des hurlements. Je ris dans ma barbe ; ces messieurs approuvent assez la censure, et il est bien amusant que, de temps en temps, le bout du bâton arrive sur leurs épaules. Du reste, Koning, emplissant la presse de ses doléances, ne manque pas de prétendre que tout cela, c'est la faute du Théâtre-Libre.

28 *janvier* 1889. — Nous nous promenions hier soir avec Ancey sur les boulevards, dans la foule, tandis qu'on attendait les résultats de l'élection Boulanger à Paris. Nous sentions que la capitale était prête à toutes les folies, et je n'aurais pas été surpris, en me réveillant, d'apprendre quelque bouleversement. Mais les hommes vraiment énergiques paraissent heureusement faire défaut dans l'entourage du général.

1er *février* 1889. — Nous avons donné *les Résignés,* d'Henry Céard. La pièce a paru grise, avec pourtant de solides qualités ; Vitu déclare qu'après avoir écouté, avec une attention soutenue, les trois actes de M. Henry Céard, il en est à se demander ce qu'il a voulu faire, et à conjecturer qu'il ne le sait pas très bien lui-même. Pessard, dans *le Gaulois,* est dans la même note, mais la gauche de la critique rend justice à l'auteur. Je crains que Céard, qui comptait sur son œuvre travaillée depuis des années, ne gagne à l'aventure un redoublement de sa misanthropie habituelle.

5 *février* 1889. — Le retentissement de *la Mort du duc d'Enghien* a été tel que l'impresario anglais Mayer, qui conduisit jadis la Comédie-Française à Londres, m'a proposé d'y aller donner une série de représentations. Il paie largement, exigeant que les plus petits rôles soient emmenés, avec la mise en scène exacte et les costumes de Paris. C'est un gentleman affable et correct, la main très large, avec lequel les affaires sont vraiment agréables. Nous avons donc traversé le détroit. Nous jouons depuis hier au Royalty, devant des salles extrêmement élégantes. Je profite de mes journées pour courir Londres que je ne connaissais pas.

9 *février* 1889. — Notre camarade Mayer, qui a eu un succès personnel dans *les Résignés*, part rejoindre Coquelin pour une tournée en Amérique.

10 *février* 1889. — J'ai laissé filer tout le monde en avant et je suis resté ici, pour voir à loisir le fameux Lycéum d'Irving, où j'ai passé la soirée d'hier. On donnait *Macbeth,* avec Mlle Ellen Terry et Irving lui-même. Je ne me suis point émerveillé de ce grand acteur, qui me semble un Taillade avec moins de flamme, mais, ce qui est incomparable, c'est sa mise en scène dont nous n'avons guère la notion en France. L'acte du réveil du manoir, surtout celui du banquet et de l'apparition du spectre, sont des chefs-d'œuvre, avec des éclairages dont nous ne nous doutons pas encore chez nous.

18 février 1889. — *La Chance de Françoise,* de
Porto-Riche, est jouée maintenant au Gymnase
en spectacle public, avec une reprise de *Monsieur
Alphonse.* Au fond, Koning croit faire du Théâtre-
Libre, mais, déjà, dans les couloirs, on trouvait,
paraît-il, la pièce de Dumas un peu démodée, et
je crois bien que nous y sommes pour quelque
chose.

19 février 1889. — Nous avons lu ce soir, rue
Blanche, *la Patrie en danger;* il y a là dedans un
magnifique essai de drame historique, qui dor-
mait depuis trop longtemps dans le livre. Edmond
de Goncourt, heureux de cette revanche, assiste
à la lecture, faite tantôt par Hennique, tantôt par
moi. Les interprètes paraissent étonnés que je
m'engage dans une aussi grosse entreprise de
mise en scène. Je suis décidé à faire, pour l'acte
de la mairie, un essai de figuration sensationnel.

20 février 1889. — Une interview de Zola, auquel on est allé demander s'il était vrai que je
jouerais une pièce de lui.

Ce Théâtre-Libre a d'ailleurs l'avantage d'avoir pour directeur un artiste de talent, convaincu, intelligent, M. Antoine. Il convient cependant de ne pas lui attribuer, à lui
seul, le succès de cette tentative. Le vrai, c'est qu'il est
venu à l'heure propice. Hier, il aurait peut-être succombé ;
il est permis de croire que demain il n'aurait pas réussi. Il
est venu aujourd'hui. Il est porteur d'une idée, et. de même
que tout réussit au général Boulanger, même les fautes
qu'il peut commettre, de même l'étoile de M. Antoine le
protège.

En ce moment, au lendemain de *Germinie Lacerteux,* il
donne une preuve de science théâtrale et de courage en

montant *la Patrie en danger,* ce drame qui, écrit en 1866, n'a pas encore vu le jour.

En résumé, ce que je considère comme certain, c'est que, grâce au Théâtre-Libre, une évolution tend à se produire en faveur de notre nouvelle école dramatique, que l'influence de cette école se fait sentir de plus en plus dans le public, et que le temps n'est pas loin où une légion de jeunes auteurs la vulgariseront sur les autres scènes parisiennes.

22 *février* 1889. — Ce qui est amusant, c'est que l'aventure de *Monsieur Alphonse* se reproduit avec la reprise de *Marquise,* de Sardou, au Vaudeville. Lemaître dit que cette soirée lui a laissé une impression des plus mélancoliques. J'ai comme une idée qu'Ancey, Jullien, Salandri et d'autres de chez nous sont pour quelque chose là dedans.

12 *mars* 1889. — Ce matin, je trouve dans *le Figaro,* sous le titre : « les Procédés de M. Antoine », un violent article de Félicien Champsaur qui se plaint de ce que je n'ai pas acceuilli *la Gomme,* une pièce qu'il m'avait apportée ; et, bien entendu, derrière lui, c'est encore toute une ruée.

16 *mars* 1889. — A une répétition de *la Patrie en danger,* Goncourt, heureux comme un enfant, semblait, à côté de moi, prêt à applaudir dans le noir de la salle. Et comme l'acte de Verdun finissait, il me dit : « Oh ! si ces bougres ne trouvent pas ça bien, qu'est-ce qu'il leur faut ? »

18 *mars* 1889. — Nous achevons de terribles répétitions de *la Patrie en danger.* Cette énorme

machine a donné beaucoup de mal et coûté beaucoup d'argent ; cependant, ce soir, M. de Goncourt
était content, et sa joie de voir enfin sur la scène
une œuvre qu'il a toujours chérie m'a payé largement ; il y aura un effet très saisissant de mise en
scène au troisième acte, dans la salle de la mairie
de Verdun. J'ai repris le procédé du *Duc d'Enghien,* l'éclairage par le haut, avec des lampes
éclairant la foule grouillante, vraiment, à un
moment, cela a été tout à fait beau et j'ai eu
quelque fierté à en voir passer la sensation sur
la figure du maître. Dans un décor assez petit,
j'ai fait couler, par une seule porte, près de cinq
cents figurants, qui filtraient lentement, comme
une marée sournoise, finissant par tout submer-
ger, depuis les meubles jusqu'aux personnages,
et dans cette pénombre, avec les lueurs tombant
de place en place sur une foule grouillante, l'effet
était extraordinaire.

20 *mars* 1889. — Céard est bien méchant pour
la Patrie en danger et, lorsque l'on est au courant de sa brouille avec Edmond de Goncourt, on
ne peut qu'être peiné du chagrin que doit éprou-
ver le vieux maître d'Auteuil à la lecture de cet
article du *Siècle* où l'ancien adaptateur de *Renée
Mauperin* porte les coups les plus ingénieuse-
ment cruels aux endroits qu'il sait les plus sen-
sibles au vieillard.

A cette époque, les deux frères ont déjà publié *les Maî-
tresses de Louis XV, la Femme au dix-huitième siècle, la
Société française pendant la Révolution et le Directoire,* des
études curieuses assurément par la minutie des détails
accumulés, mais qui sont moins des livres d'histoire au

sens étendu, philosophique et humain du mot que de littéraires catalogues de leur collection particulière.. Egoïstement, l'histoire, ils l'ont réduite aux livres qu'ils avaient achetés, aux tableaux qu'ils avaient en leur possession, tenant volontiers pour négligeables et non avenus les documents de tout ordre dont ils n'étaient pas les jaloux propriétaires. En même temps, se trompant avec une véritable recherche de coquetterie, se trompant sur le sens d'une phrase de Michelet dans la préface de son volume sur la Régence, ils affectent de prendre pour un décisif brevet d'historiens une déclaration qui, tout en rendant justice à l'ingéniosité de leurs esprits, en dénonce subtilement l'irrémédiable étroitesse, et s'emploient de toute leur plume à tourner en compliment une appréciation plutôt dure qui, tout en rendant hommage à leur petit savoir, laissait entendre cependant que ce savoir n'allait pas toujours sans quelque confusion et sans quelque inexactitude. N'importe, en 1866, MM. Edmond et Jules de Goncourt, forts surtout de leur opinion personnelle, peuvent se croire les seuls dépositaires de la science complète sur les événements et les hommes du xviiie siècle, et, parce qu'ils ont fort artistiquement décrit les menus côtés d'une époque dans un accès d'illusion que son ingénuité même rend respectable et touchante, il leur est permis d'imaginer que, cette époque, ils l'ont pénétrée jusque dans ses plus intimes profondeurs.

25 *mars* 1889. — La presse de *la Patrie en danger* n'est pas trop bonne. On parle des Goncourt avec respect, certes, mais leur drame a été jugé ennuyeux. Sarcey me chicane beaucoup sur la façon dont j'ai réglé les scènes de foules à l'acte de Verdun. En somme, il finit sur un couplet qui rend hommage aux Goncourt. Ce qui me fait le plus de peine, c'est de voir Céard faire chorus avec les adversaires du maître dont il fréquenta le Grenier et après avoir été l'un de ses exécuteurs testamentaires. A la suite d'une discussion sur une *Renée Mauperin* tirée par lui du ro-

man pour l'Odéon, on s'est brouillé ; j'ai une grosse tristesse de voir des hommes de cette valeur et de ce talent se conduire d'une façon aussi injuste et passionnée. Au reste, M. de Goncourt n'est pas plus raisonnable que Céard ; un jour, il disait en parlant de lui, avec amertume : « Il m'a tout pris, jusqu'à mes gilets. »

26 *mars* 1889. — Derenbourg, emballé par le dernier spectacle, me tourmente pour donner quelques représentations publiques de *la Patrie en danger*. C'est une folie, des frais de figuration, un embarras, un ralentissement de nos travaux habituels, qui ne peuvent être compensés par des recettes ; malheureusement, M. de Goncourt, qui a entendu parler du projet, a insisté si fort qu'il a bien fallu courir cette imprudente aventure.

28 *mars* 1889. — On a joué *la Patrie en danger*, devant le public ; recettes fort maigres, une perte pour Derenbourg défrisé, une déception pour M. de Goncourt et, pour moi, des embêtements matériels à n'en plus finir. Désormais, je ne me laisserai plus faire aussi facilement, les gens ne sont pas raisonnables.

15 *avril* 1889. — Zola arrive tard, ce soir, à la répétition de sa *Madeleine*. En se laissant un peu lourdement tomber sur le grand divan rouge de la salle, il conte avoir fait dans la journée, sur une locomotive, le trajet de Paris à Mantes pour un livre (1) qu'il a en train ; et il se plaint que la trépidation lui ait cassé les jambes.

____

(1) *La Bête humaine.*

22 *avril* 1889. — La Comédie-Française vient de reprendre *Maître Guérin*, d'Augier, où Got est admirable. Je pense encore que le mouvement du Théâtre-Libre n'est pas étranger à la hardiesse avec laquelle on est revenu au dénouement primitif de l'œuvre.

25 *avril* 1889. — En achevant sa lecture de *l'Ancien*, Léon Cladel m'avait dit : « Voyez-vous, au Théâtre-Libre, vous parlez toujours un peu bas. Ces vers-là, il faut que ce soit gueulé à pleins poumons. »

1ᵉʳ *mai* 1889. — Nous donnons ce soir la *Madeleine,* de Zola, tirée de son roman *Madeleine Ferat*. Zola l'écrivit à vingt-cinq ans, alors qu'il était employé à la librairie Hachette, et il promena inutilement la pièce dans tous les théâtres parisiens.

3 *mai* 1889. — Porto-Riche m'a invité à déjeuner, me disant : « Je vais vous présenter à un député de mes amis récemment élu, et qui deviendra quelqu'un. »

C'est Léon Bourgeois, en effet nouvellement envoyé à la Chambre par la Marne. Il parle bien et beaucoup, avec une éloquence un peu facile, et tout de même différente du « ton » de nos milieux artistes.

Porto-Riche porte son nom somptueux avec mélancolie ; il est pauvre, dit-il, malgré le bel appartement qu'il habite faubourg Saint-Honoré, et, comme je regarde les armes qui ornent son cabinet, il ajoute : « Regardez-les bien ; surtout cette salade, une merveille que vous ne reverrez plus, car je vais être obligé de la vendre », oubliant que l'année précédente, il disait la même chose au sujet de ces beaux bibelots.

Porto-Riche, comme beaucoup d'auteurs de ces nouvelles générations, craint de passer pour un amateur riche, et parle sans cesse de sa gène contrastant plaisamment avec l'aisance et l'élégance qui l'entourent.

4 mai 1889. — Dans la dernière soirée, c'est évidemment *les Inséparables,* d'Ancey, qui ont tout emporté ; le succès est très grand, la pièce a été applaudie, d'acte en acte, de scène en scène, de mot en mot, comme dit Vitu, bien qu'il n'ait jamais entendu, à ce qu'il dit, rien de plus attristant et de plus répulsif ; *l'Ancien,* de Léon Cladel, qui avait ouvert le feu, était une œuvre de jeunesse et elle a été accueillie comme telle, avec beaucoup de respect.

5 mai 1889. — Dans une interview, Zola dit qu'il est tout surpris de la bienveillance relative de la critique à propos de sa *Madeleine,* et qu'il n'a pas été habitué à ces ménagements.

6 mai 1889. — Henry Bauer, dans sa chronique de ce matin, d'ailleurs fort chaleureuse, termine en disant : « S'il veut continuer à prospérer, le Théâtre-Libre sera naturaliste ou ne sera pas. »

Je ne suis pas tout à fait de cet avis. Je pense qu'une formule trop étroite serait la mort, et que, au contraire, il faut nous tenir prêts à accueillir

largement tout le monde. Je sens très bien que,
déjà, rue Blanche, nous tournons à la petite chapelle ; les anciens du Théâtre-Libre s'inquiètent
de mon éclectisme. C'est un tournant délicat pour
moi ; il me faut manœuvrer entre Bauer, prêt à
se montrer de mauvaise humeur parce qu'on ne
l'écoute pas assez, et l'emprise de Mendès, plus
habile et plus insinuante, mais non moins dangereuse. Zola, qui sait l'énorme ascendant qu'il
pourrait exercer sur moi, évite toujours soigneusement d'intervenir, et pourtant, il est en ce
temps, où je suis entouré d'écrivains et d'hommes
considérables, le seul que je sente le plus grand
et le plus clairvoyant.

10 *mai* 1889. — Goncourt m'a fait l'autre jour
le grand honneur de m'inviter officiellement à ses
dimanches du Grenier ; cependant, j'ai décliné
son invitation, et comme il me pousse à lui dire
pourquoi, je lui rappelle que l'année dernière, un
soir, chez Daudet, on parlait de Porel devant moi,
fort aimablement, mais avec l'espèce d'ironie
voilée que je distingue toujours chez les auteurs
s'occupant de leurs comédiens. Quelqu'un rap-
pelait certaine soirée où Porel, assis au piano,
leur avait longtemps parlé musique, chantonnant
et jouant sous l'amusement discret de l'assemblée,
et je dis à Goncourt que cette petite leçon n'a pas
été perdue ; ce soir-là, je me suis juré de toujours
rester à ma place, et que moi, on ne me ferait
jamais asseoir « au piano ». Il y a en effet, chez
les auteurs dramatiques, une sorte de franc-ma-
çonnerie contre les directeurs et les comédiens ;
j'imagine une revanche inconsciente de la tyrannie

souvent un peu lourde qu'ils subissent au cours des répétitions de leurs pièces.

15 mai 1889. — Le critique du *Gaulois*, Hector Pessard, une espèce de sous-Sarcey, sans grand éclat, mais de solide bon sens bourgeois, me dit l'autre soir à une générale en me prenant gentiment par le bras : « Mon cher Antoine, Stoullig m'a demandé la préface de ses prochaines *Annales* et votre Théâtre-Libre me paraît le sujet qui s'impose cette année. Comme je voudrais tout de même faire quelque chose d'assez complet, il devient indispensable que nous en causions. Venez donc déjeuner demain matin à la maison. »

Me voici donc chez lui, rue Blanche, dans un bon petit logement, cordialement accueilli à sa table. J'ai dû, en arrivant, m'intéresser obséquieusement à une jeune guenon, aussi grande qu'une petite fille, vraiment presque gênante, et la bête tourne autour de notre table dans l'amusement affectueux des maîtres de la maison.

J'ai préparé à l'adresse de Pessard toutes les considérations possibles pour le rallier à notre cause ; je rêvais, en venant, une espèce de conquête de ce bourgeois intransigeant sur le théâtre nouveau, qui nous éreinte copieusement à chaque spectacle.

Comme je bavarde longuement, je ne m'aperçois point que le singe, approché de moi, vole dans une de mes poches un flacon d'ammoniaque dont j'use pour un rhume, et tout à coup, après en avoir avalé le contenu, la bête tombe à la renverse avec des cris presque humains, une attaque de nerfs qui bouleverse toute la maison, coupant le déjeuner qui s'achève dans le trouble de Pessard, inquiet sur la santé de son animal.

20 *mai* 1889. — Hier, en allant aux Menus-Plaisirs voir Derenbourg pour régler notre prochain spectacle, j'ai eu la curiosité de pousser la porte de la salle où l'on répétait *le Chien de garde,* un nouveau drame de Jean Richepin. Le poète, assis à la petite table de l'avant-scène, faisait répéter Taillade; je me suis attardé à regarder l'acteur minutieux, tatillon, jamais content, reprenant certaines répliques jusqu'à cinq ou six fois. Et, dans la surprise de ce travail secret, le grand tragédien ne m'avait jamais paru plus beau, avec l'éclairage de la « servante » modelant son masque magnifique.

25 *mai* 1889. — Cette fin de saison est dure, je la verrai finir avec soulagement. Nous nous endettons, ce n'est qu'en ouvrant tout de suite l'abonnement de la saison prochaine, ce qui est une manière d'emprunt, que nous arriverons au bout.

1ᵉʳ *juin* 1889. — Il y a dans la presse, depuis six mois, une question *Lebonnard,* quatre actes que Jean Aicard avait fait recevoir à la Comédie-Française. Tout le monde était emballé, mais une fois les répétitions en train, les tribulations ont commencé. Les acteurs du Français se sont aperçus, paraît-il, que la pièce était loin d'être au point. Toute une lamentable histoire, les interprètes rendant successivement leurs rôles, si bien qu'un jour Aicard, brisant les vitres, l'a retirée. Tout de suite, j'avais offert le Théâtre-Libre au poète qui, enfin, vient de se décider à accepter notre hospitalité.

3 *juin* 1889. — Nous avons donné, en dernier spectacle, une délicieuse et émouvante pièce d'un jeune Russe, le comte Stanislas Rzewuski, qui est une physionomie bien curieuse. Inscrit l'un des premiers parmi les abonnés du Théâtre-Libre, il fréquente volontiers rue Blanche. C'est l'un des hommes les plus avertis sur la littérature actuelle de l'Europe et, fixé à Paris, il y dépense au jeu une fortune considérable. On conte qu'en taillant au baccara dans les grands cercles, il donne des cartes en continuant de lire l'un des innombrables bouquins dont sa poche est toujours bourrée. Avec son *Comte Witold*, qui a beaucoup plu, nous avons joué *la Casserole*, de Méténier, mais ce genre s'use. On avait commencé la soirée par une adaptation d'Ernest Laumann du *Cœur révélateur*, d'Edgard Poe, qui a fait un certain effet.

5 *juin* 1889. — Jean Jullien a fondé, avec quelques amis, une revue hebdomadaire, *Art et Critique*, dans laquelle il se propose de défendre nos idées et celles de la jeune génération.

10 *juin* 1889. — Dans son petit pied-à-terre de la rue Madame, Jean Aicard me lit son fameux *Lebonnard*. Dès les premières scènes, je sens une pièce un peu trop école du bon sens pour le Théâtre-Libre, mais, après le bruit fait autour d'elle et sa rupture publique avec la Co-

médie, je crois devoir l'accueillir chez nous, en dépit des moues certaines de l'entourage.

Du reste, la chose est théâtre, comme dit Sarcey, et si les vers en sont volontairement plats, les théories qu'Aicard se propose de développer publiquement avant la première et un prologue satirique, une espèce de tableau des répétitions de la pièce à la Comédie, donneront à la soirée une allure très « en avant ».

L'auteur lit d'une belle voix chaude et chantante de Méridional. A certain moment, je le vois à genoux sur le tapis devant moi, son manuscrit à la main, jouant sa pièce avec toutes les ficelles d'un acteur consommé et je sens la justesse du mot de Got : « Vous avez fichu le comité dedans, vous lisez trop bien. »

13 *juin* 1889. — Félicien Champsaur, dans une chronique de ce matin, se plaisant à imaginer une espèce de cortège de la littérature actuelle, propose de me hisser sur une voiture de vidange à vapeur !

15 *juin* 1889. — Les directeurs des théâtres parisiens se plaignent que l'Exposition, ouverte le soir, leur enlève beaucoup de spectateurs.

Mévisto, peut-être moins sage que moi, vient d'accepter une proposition de Porel pour entrer à l'Odéon.

20 *juin* 1889. — Comme nous nous préoccupions avec Jean Aicard de la distribution de son *Père Lebonnard,* je lui ai parlé de ce garçon

rencontré à Grenelle pour le rôle que devait créer Le Bargy. Et ce matin, sur une adresse que m'a donnée le père Hartmann, je grimpe jusque chez Grand, dans un petit logement de ce quartier perdu de Montparnasse, pour tomber sur mon futur jeune premier, en bras de chemise, qui saute de joie à la nouvelle que je lui apporte.

Juillet 1889. — Dans l'ensemble, cette saison ne me paraît pas valoir la précédente. Certes, *les Inséparables,* d'Ancey, sont, avec *le Duc d'Enghien,* des morceaux importants, mais les poètes, à qui j'ai largement ouvert les portes, n'ont rien apporté au fond. *L'Echéance,* de Jean Jullien, n'est qu'une carte de visite après *la Sérénade* si originale et si neuve; *Rolande,* c'est du théâtre courant assaisonné à la sauce de la maison et *les Résignés,* de Céard, ne sont pas assez « théâtre ». Les trois actes de Zola et *la Patrie en danger* furent plutôt des curiosités littéraires, précieuses à cause des grands noms de leurs auteurs. Je commence à percevoir que le Théâtre-Libre va subir des courants nouveaux; seulement, je me demande si la production sera suffisante pour assurer une campagne suivie et féconde.

1ᵉʳ *juillet* 1889. — On se dispute beaucoup autour de la tour Eiffel. Beaucoup d'artistes crient à la laideur de cette étonnante et gigantesque chose; je crois que, avec le temps, tout cela s'apaisera et qu'au contraire, on apercevra la grandeur de cette première réalisation de l'esthétique du fer. Il y a des jours où, dans l'air parisien, la tour prend des légèretés et une élégance admirables.

10 *juillet* 1889. — On parle de moi dans les journaux pour la croix ! Une partie de la presse s'émeut déjà, et à mon avis, avec raison ; j'ignore qui a inventé cette histoire, qui, du moins, aura l'utilité de me renseigner sur les sympathies que j'inspire. On avait même reproduit à ce sujet des propos assez déplaisants tenus par Saint-Germain et Tessandier ; Saint-Germain envoie une rectification des plus aimables, mais, tout de même, nous voici en vacances, et on devrait bien me foutre la paix jusqu'en septembre.

20 *juillet* 1889. — Avec Ancey, nous passons cet été dans une petite auberge isolée, au fond de la baie de Douarnenez. Ancey travaille à son *Ecole des veufs* et moi à ma saison prochaine. Ajalbert est venu nous retrouver ; ce sont des vacances délicieuses qui le seraient bien davantage si je n'étais vraiment bien à court d'argent.

Tout à l'heure, en allant jusqu'à Douarnenez chercher mon courrier, à la poste restante, j'ai eu la surprise de trouver une lettre d'Alphonse Daudet, venant de Champrosay, qui me dit : « Mon cher Antoine, je suis ici avec Goncourt, et nous songeons que nous n'avons pas encore retenu notre loge pour l'hiver prochain. » Il y a un mandat de trois cents francs dans l'enveloppe. Je suis touché profondément de cette délicate clairvoyance de Daudet, qui a dû savoir, par quelqu'un, combien la vie est difficile pour moi en été.

26 *août* 1889. — Comme je le prévoyais, la préface d'Hector Pessard, pour les *Annales du théâtre et de la musique,* est assez dure ; il me reproche de n'avoir pas encore régénéré le théâtre. En trois ans ! Et, d'ailleurs, je n'ai jamais entendu ni promis de régénérer quoi que ce soit. Enfin, pendant vingt pages, c'est la plus belle volée de bois vert qui, du reste, amène des protestations, et Lemaître lui-même reproche à son confrère de ne pas apercevoir que, dans beaucoup de pièces jouées par nous, il y avait quelque chose qui manquait à la plupart des œuvres bien faites qu'on donnait à la même heure sur les scènes régulières.

1ᵉʳ *septembre* 1889. — Mort de Villiers de l'Isle-Adam, qui vivait depuis longtemps très retiré, sans que l'on puisse même savoir où il habitait. Du reste toute la littérature salue le grand écrivain.

2 *septembre* 1889. — Au fond, ce *Père Lebonnard,* que nous commençons à répéter ces jours-ci, fera chez nous une étrange figure à côté de *l'Ecole des veufs,* du *Duc d'Enghien,* de *la Sérénade.* Aicard dit avoir fait œuvre neuve en créant de la poésie bourgeoise,

Je veux du bœuf saignant et des œufs à la coque.

mais la pièce n'est pas dans notre ligne. Autour de moi, on me fait grise mine pour la réception de cette pièce ; j'explique qu'il était excellent d'ouvrir nos rangs à un des benjamins du théâtre

officiel, que son accès de révolte est un appoint
que nous devions utiliser dans la lutte. Du reste,
Aicard a composé une sorte de prologue où il
dira au public, avant la représentation, tout ce
qu'il faut. C'est une répétition à la Comédie-
Française avec, en scène, l'administrateur, les
acteurs, et il y a enchâssé les mots les plus amusants lâchés par les comédiens.

10 *septembre* 1889. — Aicard vient de me lire son
prologue de *Lebonnard,* tout à fait courageux,
dont l'annonce a soulevé une curiosité intense.
Je le distribue à mes acteurs qui se feront les
têtes des sociétaires ; ce ne sont pas les frais de
décors qui nous ruineront, car la scène représente le plateau nu avec le simple mobilier et
le guignol des répétitions.

15 *septembre* 1889. — Ce qui m'intéresse surtout dans l'Exposition actuelle, c'est tout ce qui
peut se rapporter au théâtre ; je passe quelques
soirées à l'esplanade des Invalides ; une troupe
d'acteurs annamites y donne des représentations
d'un intérêt extraordinaire. Rien dans le local
ne rappelle nos aménagements occidentaux ; une
simple estrade, pas de rampe, des tables et
quelques chaises seulement, avec un orchestre
enragé auquel il faut d'abord s'habituer. Mais
ceci fait, l'impression est saisissante. On passe
vite sur le nasillement, les mélopées gutturales
des comédiens costumés et peinturlurés splen-
didement ; on finit par suivre le drame avec autant d'intérêt et d'émotion qu'une pièce française.
Ce sont de grandes épopées, des histoires natio-

nales durant plusieurs heures sans accessoires,
sans meubles ; l'autre jour, un acteur, échappé
d'une cage où il avait été enfermé pendant des
années, et déraidissant peu à peu ses membres
ankylosés avec une mimique admirable, donnait
l'impression d'une fuite éperdue à travers les
rizières, et encore un autre figurant un dieu,
mi-homme, mi-singe, était bien ce que j'ai vu
de plus stupéfiant.

3 *octobre* 1889. — Claretie est fort inquiet de
ce prologue annoncé au Théâtre-Libre ; il fait
dire à Aicard que cette manifestation doit né-
cessairement amener la rupture définitive avec
la Comédie.

Aicard répond publiquement à cette lettre,
disant que c'est une faute de le menacer de représailles.

9 *octobre* 1889. — Toute cette histoire de *Lebonnard* emplit les journaux depuis quinze jours ;
ce sont des vers, des chroniques, des fantaisies
où tout le monde, du reste, en prend pour son
grade ; Sarcey s'emploie à parer les coups et à
sauver la face à sa chère Comédie-Française.

12 *octobre* 1889. — A la Comédie, la rentrée
de Coquelin aîné comme pensionnaire, après sa
récente fugue pour de fructueuses tournées, jette
la discorde ; mais Coquelin a un tel prestige sur
le public qu'il reste le maître de la situation.
Cependant, le tapage est gros autour de la Maison
et il vient mal à propos à l'instant où, dans le

prologue de *Lebonnard,* nous allons attirer l'attention sur le Comité.

15 *octobre* **1889.** — Aicard, à la répétition, me montre un petit mot que Got avait laissé chez lui à propos du *Père Lebonnard :*

Voilà trois jours que nous tâchons consciencieusement de mettre le troisième acte en scène, impossible.

22 *octobre* **1889.** — Première de *Lebonnard.* Le prestige de la Comédie est encore tel que le fameux prologue : *Dans le guignol,* semble déplacé, gênant, et amène un froid si accentué que nous craignons pour la pièce. Elle remporte cependant un grand succès, au troisième acte surtout, avec Grand, qui débute ce soir-là et qui est vraiment très bien. Ce serait tout à fait gagné sans Lugné Poé qui bafouille au dernier acte.

1er *novembre* **1889.** — Le père Sarcey, au fond, ne me pardonnera pas de sitôt cette attitude irrévérencieuse envers la Comédie. Si nous n'avons pas eu tout à fait raison avec *Lebonnard,* nous n'avons pas, non plus, eu tout à fait tort et le succès de public a été très accentué :

Très intelligent et très habile metteur en scène, cet Antoine ; mais du diable si je sais pourquoi on lui fait une réputation de comédien ! Il dit le vers avec une monotonie fâcheuse ; point d'éclat, pas un mot qui porte et qui brille ! Il ne se retrouve qu'à la grande scène ; et, là encore, il n'a d'action que par un pathétique rentré, le seul que lui permette sa voix. Je l'applaudis tout de même parce qu'après tout, il est l'âme de ce petit monde et qu'avec toutes ses défectuosités, il est encore supérieur, par l'intelligence et la force de volonté, à des acteurs qui n'ont pour eux que les dons naturels et le métier. Mais Antoine, comédien, c'est une fumisterie !

3 novembre 1889. — A la première de *la Lutte pour la vie*, au Gymnase, Burguet, notre camarade des premières soirées au Théâtre-Libre, qui venait de quitter le Conservatoire, a remporté un succès considérable dans un petit bout de rôle.

5 novembre 1889. — Aicard a écrit cette lettre à Sarcey :

MONSIEUR SARCEY,

Dans votre dernier feuilleton, vous avez dirigé contre ma personne des imputations diffamatoires, auxquelles j'oppose le plus formel démenti, me réservant de donner à qui de droit mes explications et mes preuves.

Je vous prie d'insérer ce démenti dans votre prochain feuilleton ; il est juste, vous en conviendrez, qu'il passe sous les yeux de vos lecteurs habituels.

J'ai l'honneur de vous saluer.   Jean AICARD.

L'autre répond :

Je ne fais aucune difficulté d'insérer ce démenti, puisque démenti il y a. On doit toujours, dans la profession que j'exerce, garder présent à l'esprit le mot célèbre du docteur Blanche : « Quand ils sont dans cet état-là, il ne faut pas les contrarier. » Je me suis contenté de trouver que la pièce de M. Jean Aicard ne valait rien et que la Comédie avait eu toute raison de ne pas la jouer.

10 novembre 1889. — Les souvenirs de l'incendie de l'Opéra-Comique terrifient encore le public au point que Chastenet me conte qu'en choisissant leurs places, les abonnés du Théâtre-Libre demandent toujours à être casés dans les bouts des rangs, à proximité des portes.

18 novembre 1889. — L'effroyable four de *la Bûcheronne*, à la Comédie, vient bien mal à propos et Sarcey lui-même, tout déconfit, dit : « Il ne servirait à rien de cacher l'accueil que la pièce a reçu du public le premier soir. » On s'amuse beaucoup rue Blanche en ce moment, et des blagueurs disent que M. Charles Edmond va m'apporter sa *Bûcheronne* avec un prologue explicatif.

20 novembre 1889. — Ancey nous raconte ce soir qu'étant jeune il rima un sonnet à l'éloge de Delaunay. Le célèbre comédien lui répondit, le priant d'aller le voir, et l'éternel jeune premier lui dit : « Tenez, asseyez-vous là et commencez. » Ancey récite tant bien que mal ses vers, puis Delaunay se lève : « Oui, ce n'est pas mal, mais il y a les intonations », et il se met tranquillement à déclamer à son tour son propre éloge, avec un art consommé en lui demandant : « Quand vous présentez-vous au Conservatoire ? »

25 novembre 1889. — Ce soir, rue Blanche, nous avons la visite de deux nouveaux venus, Tristan Bernard et Pierre Véber, deux jeunes journalistes de beaucoup d'esprit qui crayonnent, chaque semaine, au *Gil Blas,* une revue d'actualités illustrée par Jean Véber, *le Chasseur de chevelures,* d'un brio étincelant.

27 *novembre* 1889. — Nous avons joué ce soir *l'Ecole des veufs*, d'Ancey, qui, à mon avis, est une œuvre considérable ; l'audace du sujet n'a pas démonté notre public et le succès a été vif ; un dialogue d'un mouvement, d'une précision et d'un relief extraordinaires a vraiment emballé la salle. Voici certainement, depuis Becque, la pièce à la fois la plus neuve, la plus audacieuse et, en même temps, la plus classique. Nous avions formidablement travaillé, avec Mayer et Mlle Henriot, à rendre le mécanisme intérieur de ces scènes, leurs mouvements multiples ; c'est peut-être la première fois que je me rends compte de la puissance du comique inconscient. Tel mot qui révolterait s'il était dit par l'acteur comme s'il se rendait compte de l'énormité qu'il profère, devient d'une drôlerie prodigieuse simplement lâché dans la sincérité du personnage. Je découvre que le Théâtre-Libre, sans qu'aucun de nous l'ait prémédité, par la seule dévotion au sens et à l'esprit des œuvres, est en train de créer quelque chose de nouveau dans le jeu du comédien. Ainsi, dans l'effroyable situation de Mirelet, au quatrième acte, se retrouve une transposition saisissante de *l'Ecole des femmes* et du fameux :

Je ne m'explique point là-dessus

d'Arnolphe à Agnès ; seulement Agnès, ici, est une grue et Arnolphe un boursier, mais c'est de l'humanité et de la vie. Le premier tableau, l'enterrement, a paru d'une drôlerie surprenante, et Janvier et Clerget l'ont joué merveilleusement.

4 décembre 1889. — Mme Allemand, qui dirige dans notre voisinage la Scala et l'Eldorado et ne manque pas une représentation du Théâtre-Libre, dans son enthousiasme demande sérieusement à Ancey de lui donner *l'Ecole des veufs* pour l'un de ses concerts.

1890

10 *janvier* 1890. — Brieux est retenu à Rouen par sa place de rédacteur en chef du *Nouvelliste* qui le fait vivre, il ne peut faire souvent le voyage de Paris ; quand je suis obligé de le voir, c'est moi qui me déplace.

Donc j'arrive ce matin, sous un beau soleil, en haut de la côte de Bon-Secours, devant une petite et simple maisonnette qui est la sienne.

Nous dégringolons en ville faire un gentil déjeuner, et comme Brieux a de la besogne à son journal, je l'y accompagne, amusé de voir ce garçon actif et souriant assumant presque seul l'écrasante besogne d'un journal provincial où il est tour à tour Magnard, Scholl, Thomas Grimm, chroniqueur, feuilletoniste ou sociologue ; même, en ce moment, il publie des études techniques sur les bassins du Havre et de Rouen. Ce labeur varié aura la plus bienfaisante influence sur la formation de ce jeune homme, en lui donnant un sens de l'actualité, un flair du public bien précieux pour sa carrière d'auteur dramatique.

12 *janvier* 1890. — *Le Pain d'autrui*, de Tourguéneff, que nous avons joué hier, n'a pas passé

sans encombre. C'est pourtant un beau drame, des scènes russes d'une couleur et d'un pathétique admirables. La presse n'est pas mauvaise, mais la salle a été odieuse. Il faut dire que Lugné Poé a été bien maladroit, et s'est fait « cueillir » pendant tout le second acte. Nous donnions en même temps *En détresse*, un acte d'Henry Fèvre, très violent, qui a beaucoup porté. La soirée devait s'achever sur un acte en vers de Porto-Riche, *l'Infidèle*, mais il l'a retiré pour le porter au Vaudeville, parce que je n'avais pas pu avoir Coquelin aîné pour créer le principal personnage.

12 janvier 1890. — Zola, que je vois ce soir, attire mon attention sur un article de Jacques Saint-Cère, au sujet d'un auteur scandinave dont on vient de représenter en Allemagne une œuvre dont l'effet a été énorme.

14 janvier 1890. — Je vais demander son article à Jacques Saint-Cère, qui longtemps secrétaire de Paul Lindau, journaliste et directeur de théâtre là-bas, est l'homme le plus informé des choses d'Allemagne. Saint-Cère me dit qu'il s'agit d'une pièce en trois actes sur l'hérédité, dont le titre serait en français : *les Revenants*. L'auteur, Henrik Ibsen, un peu exilé de son pays (il habite Munich), est déjà considéré chez nos voisins comme l'un des plus grands dramaturges qui se soient révélés depuis longtemps.

14 janvier 1890. — En même temps que nous donnions *le Pain d'autrui*, Koning reprenait *les Danicheff*. On opposait cette pâle rinçure au grand vin de Tourguéneff, et ce n'est déjà plus l'enthousiasme de la création à l'Odéon.

15 *janvier* 1890. — Zola, parlant devant moi, ces jours-ci, de sa candidature à l'Académie, disait qu'il n'a pas grande confiance, malgré le dévouement de François Coppée, mais qu'il insisterait jusqu'au bout et aussi longtemps qu'il serait nécessaire ; il voit là une continuation de la bataille qu'il poursuit depuis si longtemps et un devoir de chef d'école.

20 *janvier* 1890. — Nous revoilà au Parc de Bruxelles pour des représentations assez fructueuses dont le produit est urgent pour notre caisse de Paris. Nous jouons *le Père Lebonnard,* assez reconduit par la presse d'ici, mais qui a fait de l'effet sur le public.

22 *janvier* 1890. — Kistemaeckers, l'éditeur avec lequel je bavardais tantôt, me parlait des jeunes réalistes français qu'il a édités à l'heure dangereuse, et, comme à ce propos nous parlions du Théâtre-Libre et des furibondes attaques de certains au sujet de la morale, en souriant il prend dans un coin de son bureau une boîte de fer-blanc, pleine de correspondances, et il me fait voir des lettres de l'un de nos adversaires les plus acharnés ayant trait à la publication d'un volume plus que libertin dont cet écrivain est l'auteur, et dont j'emporte un exemplaire.

28 *janvier* 1890. — Meilhac vient de donner à la Comédie *Margot,* trois actes signés de lui seul, .

dont le succès est simplement aimable. On conte que Claretie, après la lecture, fut obligé de menacer le comité de sa démission pour éviter le refus de la pièce.

29 *janvier* 1890. — Une note dans la presse raconte que « je me suis assuré le concours de plusieurs financiers pour construire un théâtre à Paris ». Je n'ai pas tant d'ambition, j'aimerais bien connaître l'un de ces mécènes pour être simplement sûr de terminer ma saison.

2 *février* 1890. — Méténier me dit qu'à la première lecture, tout à fait intime, des *Frères Zemganno,* chez Goncourt, où assistaient seuls Mme Alphonse Daudet et son mari, en relevant le nez de dessus son manuscrit, il a vu des larmes rouler sur la figure d'Edmond de Goncourt, qui fut, dans sa vie étroite avec son aîné disparu, le véritable Gianni.

5 *février* 1890. — Zola, à qui j'ai fait part de ce que j'ai pu apprendre sur cet Ibsen et ses *Revenants,* m'engage vivement à le jouer au Théâtre-Libre. Et il me promet de trouver parmi les étrangers qui le visitent sans cesse un homme capable de me traduire la pièce.

7 *février* 1890. — Porel, qui a le beau goût des grands spectacles, a monté à l'Odéon l'*Egmont,* de Gœthe, une bien belle soirée, mais le public français reste toujours incompréhensif à ces magnifiques choses.

15 février 1890. — Avec Grand, depuis plusieurs jours, nous allons le matin travailler sur la piste du Nouveau-Cirque, rue Saint-Honoré ; le bon Médrano, dont la patience et l'obligeance sont inépuisables, nous exerce à quelques tours de son métier, nous apprenant à ne point paraître trop gauches en clowns pour *les Frères Zemganno* que nous allons jouer.

15 février 1890. — J'ai reçu tantôt la visite d'un M. Hessem dont le nom me paraît bien un pseudonyme. C'est un petit personnage assez malingre, blond, timide, qui me remet le manuscrit d'un drame intitulé *les Revenants,* d'une écriture régulière d'écolier, qui me semble redoutablement compact, avec cette lettre de Zola :

CHER MONSIEUR ANTOINE,

Je me permets de vous adresser M. Louis de Hessem qui est en train de traduire *les Revenants,* pièce d'Ibsen, dont nous avons causé. Je crois que vous trouverez dans cette pièce une curiosité sinon aussi retentissante que *la Puissance des Ténèbres,* du moins d'un intérêt aussi vif pour les lettrés.

Croyez-moi votre bien cordial   Emile ZOLA.

17 février 1890. — J'ai lu *les Revenants ;* cela ne ressemble à rien de notre théâtre ; une étude sur l'hérédité, dont le troisième acte a la sombre grandeur de la tragédie grecque. Pourtant, cela me semble long, ce qui doit tenir de la traduction en français d'après un texte allemand, adapté par surcroît du norvégien ; évidemment c'est cela qui ralentit et obscurcit le dialogue, mais tout de même, il n'y a pas à hésiter.

20 *février* 1890. — Je détaille curieusement, à la répétition de tantôt, la silhouette d'Edmond de Goncourt, qui est vraiment une des choses les plus souverainement distinguées que l'on puisse voir. L'eau-forte de Bracquemond donne absolument l'allure de cette tête aux beaux cheveux d'argent, avec les fines moustaches tombantes et la singulière élégance du débraillé de ce foulard blanc que le vieillard ne quitte jamais.

Malgré son affabilité et la détente que, dans notre milieu où on le traite en maréchal des lettres, subit le grand écrivain, il reste assez distant de tous ces jeunes gens qui l'entourent, et comme Méténier, à un certain moment, avec son exubérance méridionale, lui pose la main sur l'épaule, il passe dans les yeux du maître je ne sais quoi de hautain, et c'est tout juste s'il ne fait pas le geste de s'épousseter un peu.

23 *février* 1890. — Ce matin, en répétant généralement sur le théâtre, le second acte des *Frères Zemganno,* dans le joli décor de la cour de la maison des deux frères, au moment où Sylviac, la Tompkins, franchit la porte, je m'aperçois que son cheval n'est pas à l'échelle ; pour ramener les choses au point, il va falloir chercher un poney de petite taille.

25 *février* 1890. — La première des *Frères Zemganno,* ce soir, est froide ; cependant, voici une pièce d'une émotion délicate qui devrait séduire cette salle du Théâtre-Libre que la critique, depuis quelque temps, montre assez fatiguée des œuvres violentes. Mais, vraiment, on sent contre

Goncourt une antipathie que ni le temps, ni l'âge, ni la haute situation du maître n'ont pu éteindre.

La gentille mise en scène de la pièce a été bien amusante à régler. Au fond, ce soir, je suis bien soucieux, j'ai dépensé beaucoup d'argent, et la griserie de la représentation éteinte, je vois poindre de lourdes complications.

Comme Goncourt me remercie, je lui montre une espèce de stoïcisme qu'il prend pour de l'indifférence et qu'il ne peut comprendre, puisque, bien entendu, surtout vis-à-vis des auteurs, ces questions d'argent restent secrètes.

26 *février* 1890. — Porel, à qui vraiment il faut reconnaître de la ténacité et de l'esprit de suite dans la défense, avait reçu trois actes d'Ancey, *Grand'Mère*.

Il l'a fait exécuter, ce soir, à l'Odéon, dans l'hostilité d'une salle, qui devient révoltante et presque cynique sous la crudité d'une lourde interprétation sans fantaisie et sans gaieté.

Je suis bien certain que, malgré toutes les précautions craintives et la chatterie diplomatique d'Hennique, sa pièce, qui va être représentée après celle-ci, n'échappera pas à un même sort, l'enterrement de première classe.

2 *mars* 1890. — Je suis toujours fort perplexe autour de ces *Revenants*. Je redoute des longueurs pour un public aussi vite impatient que celui du Théâtre-Libre. Hier soir, à l'issue de la répétition, rue Blanche, j'ai prié Mendès, Céard et Ancey de rester après le départ des

autres, pour en écouter la lecture et me donner un conseil.

Je leur dis que, à mon avis, il y a là dedans quelque chose d'énorme, que je ne voudrais pas compromettre par une maladresse de présentation. Des coupures sont peut-être nécessaires ; il me semble que ce travail devrait être fait par un homme de lettres, un auteur dramatique de chez nous, qui prendrait la responsabilité et aussi, qui sait, l'honneur d'une pareille découverte. Je ne veux pas tripoter moi-même une œuvre de cette importance. Après la lecture, ils sont, tous les trois, saisis par l'accent nouveau et la force de ce drame. Dans ce petit silence qui suit, je sollicite leur avis sincère.

Mendès, qui parle le premier, et dont l'impression est pour moi d'une importance capitale, se renverse dans son fauteuil avec son geste habituel de rejeter ses cheveux en arrière, en me disant : « Cher ami, cette pièce est impossible chez nous. »

Céard, non moins net, opine : « Oui, c'est très beau, mais ce n'est pas clair pour nos cervelles de Latins. Je voudrais un prologue, où l'on verrait le père d'Oswald et la mère de Régine surpris par Mme Alwing jeune. C'est, en somme, mettre en action le récit que la femme du chambellan fait au pasteur. Après cette exposition, le public français entrerait dans le drame avec toute la sécurité nécessaire. »

Ancey, lui, me dit simplement : « C'est magnifique, il ne faut pas toucher à ça. Si tu as peur des longueurs, et il y en a en effet, peut-être à cause de la traduction, fais toi-même les coupures dans le bavardage qui peut gêner tes comédiens. »

En somme, tous les trois sont frappés différemment, selon leur tempérament ou leur mentalité, mais je sens qu'aucun d'eux ne se soucie d'assumer la responsabilité d'une mise au point.

3 mars 1890. — Dans son feuilleton de *la Nation,* le bon Adrien Bernheim exécute sévèrement la pièce d'Ancey à l'Odéon; toute la presse du reste est de son avis, et Sarcey, qui pourtant faisait jusqu'ici grand cas de l'auteur de *l'Ecole des veufs* et des *Inséparables,* dit que la pièce est tombée lourdement. Il n'est pas plus tendre pour l'adaptation des *Frères Zemganno,* pourtant une pièce neuve, pas brutale, mettant, pour la première fois au théâtre, du pittoresque moderne, selon l'expression de Goncourt, avec le monde des acrobates et du cirque.

5 mars 1890. — On a donné aux Variétés *Monsieur Betsy,* la pièce de Paul Alexis et d'Oscar Méténier que j'avais refusée parce que ces deux auteurs n'ont plus rien à faire au Théâtre-Libre, qui doit rester réservé aux nouveaux. Enfin, je l'avoue, cette fantaisie me paraît beaucoup plus près du vaudeville que de la comédie, et aux Variétés, Réjane, Dupuis et Baron ont joué la pièce dans le ton nécessaire. En tout cas, en une semaine, voici le Théâtre-Libre à l'Odéon avec *Grand'Mère,* aux Variétés avec *Monsieur Betsy;* quelques critiques, en le constatant, commencent à s'inquiéter.

Albert Wolff, qui sent ce danger, fonce encore

une fois sur nous. Son Courrier de Paris est dédié à « un jeune homme » auquel il dit : « Tu sais que nous t'attendons et quand tu viendras nous te ferons un succès tel que le carnaval dramatique dont nous souffrons depuis quelque temps prendra fin aussitôt. » Et après trois colonnes où il déploie sa verve contre nous, il ajoute : « Ce jeune homme qui nous débarrassera de tout cela ne peut pas être loin. Nous le porterons en triomphe. »

Mais, moi aussi, je le cherche celui-là, et je rirai bien si, comme j'en reste persuadé, il sort de chez nous.

6 *mars* 1890. — M. René Doumic, seul de toute la presse, semble avoir démêlé les qualités de *Grand'Mère* et il dit qu'Ancey ne sort pas diminué de l'aventure.

Ça y est bien ! *Amour,* d'Hennique, s'effondre ce soir à l'Odéon, Porel poursuit ses représailles, bien qu'Hennique ait tout fait pour l'amadouer.

7 *mars* 1890. — Comme on annonce la réception de *Catherine,* d'Henri Lavedan, à la Comédie-Française, je tiens à bien faire souligner que cet auteur aussi a fait ses débuts au Théâtre-Libre, il n'y a pas très longtemps.

8 *mars* 1890. — Apparition du nouveau livre de Zola, *la Bête humaine,* celui auquel il travaillait pendant les répétitions de *Madeleine.*

9 *mars* 1890. — Une phrase que l'on trouve depuis quelque temps même chez nos adversaires :

« Evidemment, le Théâtre-Libre ne nous a pas donné de bien belles pièces, mais il est incontestable qu'il nous a fait trouver mauvaises la plupart de celles qu'on a jouées ailleurs. »

11 *mars* 1890. — La censure vient d'interdire un *Mahomet,* de M. Henri de Bornier, qui allait être mis en répétition à la Comédie-Française. Tant mieux, la censure ne commettra jamais assez de méfaits et de maladresses, et c'est pain bénit lorsque cela tombe sur le dos d'un officiel.

12 *mars* 1890. — Eugène Brieux, dont nous allons donner la première pièce, *Ménages d'artistes,* est un garçon mince, aux traits fins, avec des yeux bleus métalliques, une barbe et des moustaches en pointe. Il habite Rouen et vient de retrouver au Théâtre-Libre un camarade de classe, Gaston Salandri, avec lequel, jadis, il perpétra sa première comédie : *la Vieille Fille,* qui fut soumise à Sarcey. Lorsque le critique eut lu, il les regarda en face, d'un air sévère, en leur disant : « C'est sérieux, ça? » et tous deux faillirent en pleurer de chagrin. Envoyé à Rouen pour les élections de 1885, Brieux y est resté comme rédacteur en chef du *Nouvelliste ;* il s'est fait une situation importante et a fait jouer au théâtre de la ville un drame et un opéra-comique.

13 *mars* 1890. — Dans une lettre publique, Alexis et Méténier relèvent vivement Albert Wolff qui avait traité le Théâtre-Libre de repaire, et Hennique écrit à Magnard, demandant si, à

propos d'*Amour*, Sarcey a le droit de dire d'une pièce qu'elle ne fera point d'argent. Nous sommes bien décidés, rue Blanche, à ne plus rien laisser passer ; j'ai idée que nous avions tort jusqu'à présent de laisser le champ libre à ceux qui ont l'oreille du public et travaillent contre nous sans riposte possible. Et Zola vient à la rescousse en écrivant à Bauer :

Paris, 10 mars 90.

MON CHER BAUER,

Mon vieil ami Hennique m'arrive fort ému d'un article de Sarcey sur son drame, et il désire vous intéresser à sa querelle. La thèse qu'il soutient dans une réponse dont il vous donnera connaissance, m'a préoccupé souvent moi-même ; et je crois, comme lui, que certains critiques font un très louche métier en étant si durs aux jeunes écrivains de talent, et en leur barrant tout succès par l'abus de l'autorité qu'ils ont sur le public. Au point de vue de la question simplement commerciale, ils sont abominables ; car imaginez un jeune auteur qui attend la recette du soir pour manger ; si vous dites au public : « N'entre pas », vous faites là une besogne de bien vilain homme.

La question est intéressante. Voyez donc s'il ne serait pas profitable de la traiter avec votre bonne passion habituelle.

Cordialement à vous.   Emile ZOLA.

15 mars 1890. — Je voudrais surtout trouver le moyen de confronter le texte original, norvégien, des *Revenants,* avec la traduction que j'ai entre les mains. Darzens, à qui j'en parle, me dit : « J'ai un ami fort lettré, qui a été courtier en bois du Nord pour une maison du Havre et qui a longtemps habité le pays. Si tu veux, je vais lui demander de me faire une traduction mot à mot avec le texte original. Charge-moi du travail, je te réponds de tout. » Il est donc convenu qu'il va faire le nécessaire.

15 *mars* 1890. — Amiens s'en mêle ; on vient d'y fonder un Théâtre-Libre.

17 *mars* 1890. — On annonce que le Théâtre-Libre de Londres vient de jouer *les Revenants,* d'Ibsen. Toute la presse anglaise blâme la pièce comme immorale et d'une obscénité révoltante. Le *Times* parle « du monde lugubre et malodorant d'Ibsen ».

18 *mars* 1890. — Les répétitions du *Maître,* de Jean Jullien, marchent bien. Si ces paysans ne dégoûtent pas mon public, ce sera un grand succès ; c'est la première étude au théâtre, depuis George Sand, de vrais hommes de la terre, en chair et en os.

18 *mars* 1890. — Un peintre amené chez nous par Jean Jullien a fait un tableau, *Une lecture au Théâtre-Libre,* qu'il me montre et que je trouve bien curieux. J'aurais envie de l'acheter, mais, hélas ! je n'ai pas le sou.

20 *mars* 1890. — Dans son feuilleton du *Soleil,* M. Claveau dit qu'il y a beau jour que le naturalisme du Théâtre-Libre, avec ses airs conquérants, est déjà en pleine déchéance.

20 *mars* 1890. — Ajalbert me dit qu'il vient d'obtenir de Goncourt l'autorisation de tirer une pièce de *la Fille Elisa* et, comme nous l'annon-

çons dans la presse, on se met à protester et à demander si cela est bien nécessaire.

22 *mars* 1890. — Il y a dans cette pièce, *Ménage d'artistes*, jouée hier chez nous et qui est le début d'Eugène Brieux, beaucoup de déclamation et de lieux communs, mais une extraordinaire scène de rupture au troisième acte, entre Sylviac et moi, a produit, comme je m'y attendais, un effet sensationnel par un dialogue d'une vérité, d'un accent, d'un mouvement qui ont fait comprendre pourquoi j'avais joué une pièce en apparence beaucoup moins tendue et audacieuse que celles que nous avons coutume de donner. Brieux, venu à Paris pour quelques répétitions et pour sa première, a regagné Rouen tout à fait heureux.

22 *mars* 1890. — De la pièce de Brieux, Sarcey dit que c'est une chose très puérile qui est tombée, et, en général, la presse est sévère. Jules Lemaître lui, pense qu'il faut attendre l'auteur à une seconde épreuve. Adrien Bernheim dit, dans *la Nation*, que ce sont des bavardages sans conséquence et sans portée.

23 *mars* 1890. — *Le Maître,* de Jean Jullien, une forte et sobre étude de paysans, donnée le même soir que *Ménage d'artistes,* a été un franc succès constaté à peu près par toute la presse. Janvier et Luce Colas ont été de premier ordre. Ce qui me fait rire, c'est que la critique, si fort en garde en ce moment contre les formules réalistes, ne s'est pas aperçue que jamais nous n'avons

donné une œuvre plus réellement révolutionnaire que celle-ci. La pièce de Jean Jullien .enterre les fades paysanneries de George Sand.

23 mars 1890. — On vient de reprendre *Germinie Lacerteux* à l'Odéon. Il ne reste plus rien des orages de la première ; la pièce a été écoutée avec intérêt par un public qui s'est tenu tranquille. Sarcey a beau répéter dans son feuilleton que son opinion n'a pas varié, que c'est la prétention dans la médiocrité, il est obligé de reconnaître que le public, nombreux, n'a pas paru partager ses répugnances.

24 mars 1890. — Janvier, qui vient de triompher dans *le Maître,* n'a que vingt ans ; il est encore employé dans une Compagnie d'assurances, et, même avec le succès qui vient de l'accueillir, il hésite encore à se lancer tout à fait au théâtre. Son camarade Arquillière qui, lui aussi, a été fort applaudi dans *le Maître,* n'a que vingt ans aussi, il est toujours peintre en bâtiments, comme il y a trois ans, lorsque je l'accueillis à Montparnasse.

24 mars 1890. — Le Théâtre-Libre de Berlin vient de donner *les Corbeaux,* d'Henry Becque.

27 mars 1890. — Auguste Germain, le secrétaire de Bauer, a fait passer dans la presse une lettre annonçant que, puisque je n'ai pas joué dans les délais convenus sa pièce de *la Paix de la maison,* il la retire de chez nous. Bon débarras ;

au fond, je n'avais reçu l'ouvrage que sous la pression de son entourage, pour éviter des histoires que je voyais venir depuis longtemps. Bauer répond à son secrétaire dans *l'Echo de Paris*, et on essaie d'amorcer une campagne, car, de ce côté, on me guettait depuis longtemps.

30 mars 1890. — Comme je le prévoyais, l'affaire Germain se corse. Bauer l'a prise en main, et on a ouvert dans *l'Echo de Paris* une rubrique, sous le titre de « l'incident Antoine ». Comme j'ai essayé de répondre et que la lettre n'a pas été insérée, j'ai dû demander au tribunal un jugement pour obtenir la rectification nécessaire. Les articles qui se succèdent se terminent chaque jour d'un « à suivre » promettant pour le lendemain une nouvelle bordée. Tout ce que j'ai fait de mécontents, tous les gens auxquels j'ai refusé des pièces, tous les adversaires du Théâtre-Libre se groupent pour ce que l'on appelle, à *l'Echo de Paris,* « l'exécution de l'industriel du Théâtre-Libre ».

1er *avril* 1890. — Dans une lettre au *Gil Blas,* Céard explique pourquoi, après réflexion, il ne lui a pas semblé possible d'adapter *les Revenants* et la nécessité de laisser à l'œuvre sa psychologie essentiellement locale. La vérité, c'est que nous n'avons jamais pensé à porter la main sur la pièce d'Ibsen, qu'il n'a jamais été question que d'alléger un texte dont l'abondance nous faisait peut-être craindre quelques longueurs. Il est probable, du reste, que ceci provenait plutôt de la traduction, car, lorsque Darzens m'a apporté le texte original, j'ai été surpris de le trouver bien moins long que le manuscrit français. Il est possible qu'en cette langue norvégienne, comme dans l'allemand, un mot ne puisse être traduit chez nous que par quatre ou cinq.

1er avril 1890. — Dans un important article de *la Revue des Deux Mondes,* Brunetière examine longuement le mouvement dramatique actuel, reprochant à Ancey, à Brieux, à Jullien, de prendre leurs études pour des œuvres. Il ne se montre pas entièrement hostile et semble convenir de l'utilité d'une réforme possible. Voilà un son de cloche extrêmement important.

2 *avril* 1890. — Je vais ce soir à l'une des réceptions habituelles des Charpentier. Assez curieux d'y rencontrer Bauer en public au moment où notre polémique bat son plein. Il n'est pas là. Zola met une insistance qui me touche à me témoigner publiquement une cordialité particulière. Il m'a dit à haute voix : « Eh bien, mon pauvre Antoine, en voilà des histoires ; allez, venez trinquer avec moi au buffet. » Daudet et Goncourt paraissent, eux aussi, désireux de marquer leur opinion sur cette affaire. Je quitte la rue de Grenelle avec Mendès ; nous redescendons à pied sur le boulevard ; il me parle beaucoup de Bauer ; je démêle qu'il n'est pas autrement fâché de me voir en lutte ouverte avec son éminent collaborateur de *l'Echo de Paris.*

On annonce qu'Albert Carré a reçu la pièce de Germain pour ses matinées de jeudi.

3 avril 1890. — La campagne violente de *l'Echo de Paris* fait long feu ; mon amie Séverine vient à la rescousse dans un grand article du *Gil Blas* et une réaction se dessine déjà. Fouquier et Magnard, avec, bien entendu, tous les ménagements imposés par la confraternité, prennent rondement ma défense.

5 avril 1890. — Comme nous parlions de Daudet, je ne sais plus qui contait l'autre soir que personne n'exerce comme lui une plus lucide et plus pitoyable bonté pour les détresses qui lui parviennent. Je ne parle pas de son entourage immédiat pour lequel il s'emploie sans cesse près des éditeurs ou des directeurs de journaux, mais des innombrables solliciteurs auxquels sa célébrité le désigne. Souvent il reçoit quelque pauvre hère, dans les yeux duquel il lit une demande de secours, qui reste par timidité dans la gorge du suppliant ; alors il a toujours dans son anti-chambre une coupe avec dedans un louis ou deux, que le pseudo-mendiant peut empocher avant de sortir, sans la gêne de la demande et du remer-ciement.

7 avril 1890. — Au concert Lamoureux, au Cirque d'Hiver, vendredi saint, on devait lire, avec le concours de Sarah Bernhardt, de Garnier et de Brémont, une *Passion,* en vers, d'Haraucourt, entre deux exécutions de *Parsifal* et de *Lohen-grin.* Le public, venu en foule pour entendre de la musique, a fini par s'impatienter de la durée de cette lecture et fait un bruit formidable ; le pauvre poète a inutilement essayé de calmer l'auditoire déchaîné et il a fallu interrompre la lecture.

10 *avril* 1890. — Jules Lemaître a fait jouer à l'Odéon une comédie en quatre actes, *Révoltée*, qui a beaucoup plu. Le critique des *Débats*, tout en faisant des réserves sur notre production, semble louvoyer et nous emprunter ce qu'il faut pour un succès d'opportunisme tout à fait amusant.

20 *avril* 1890. — Darzens m'a apporté aujourd'hui la traduction des *Revenants;* en la collationnant avec celle que j'ai entre les mains, nous découvrons en effet qu'il y a un monde entre les deux. Je jouerai donc celle de Darzens qui, du reste, s'est déjà mis en relations avec Ibsen qui veut bien m'écrire la lettre suivante :

MONSIEUR,

Je m'empresse de répondre à votre aimable lettre que j'ai eu l'honneur de recevoir aujourd'hui.

Depuis la fondation du Théâtre-Libre, j'ai suivi, avec la plus vive attention, l'activité de cette intéressante entreprise.

Aussi éprouvai-je une grande satisfaction lorsque j'appris, il y a deux ans, que vous aviez conçu le dessein de faire représenter ma pièce *les Revenants* sur cette scène dirigée par vous.

Comme la traduction qu'a faite M. Darzens et qu'il m'a envoyée me paraît tout à fait convenable et conforme à l'original, je ne vois pas d'inconvénient, malgré mes obligations avec M. de Prozor, à donner mon consentement que vous avez bien voulu me demander, à ce que la traduction de M. Darzens soit employée au Théâtre-Libre.

J'attends avec un grand intérêt le résultat de vos travaux. En vous remerciant du bienveillant accueil que vous avez fait à mon œuvre, je vous prie, etc.

Signé : Henrik IBSEN.

Et voici celle adressée à Darzens :

A Monsieur Rodolphe Darzens.

J'ai eu l'honneur de recevoir votre lettre et plus tard une épreuve de votre traduction de mon drame *les Revenants*. Pour toutes deux, je vous prie d'agréer mes sincères remerciements et aussi mes excuses de ce que je ne m'acquitte qu'aujourd'hui seulement de mon devoir envers vous.

Votre pleine possession de la langue norvégienne m'a surpris d'une manière agréable, et l'intérêt amical que vous témoignez à mon œuvre littéraire m'a causé une grande joie.

Le mot *Haandsrackning* n'a pas de double signification. Il implique l'idée d'une aide bienveillante dans le danger. Par ce mot, Oswald veut dire qu'en cas de besoin, il voudrait que quelqu'un consentît à lui donner le poison, s'il se trouvait hors d'état de le prendre lui-même.

Avec mon confraternel salut, j'ai l'honneur de signer

Votre tout dévoué,

Henrik IBSEN.

2 *mai* 1890. — Nous avons donné *Une Nouvelle Ecole,* de Louis Mullem, et *la Tante Léontine* avec *Jacques Bouchard,* début du neveu d'Albert Wolff.

La Tante Léontine a été un énorme succès. Ce comique féroce a passé dans le public dès les premières répliques et, au troisième acte, à une scène véritablement d'une drôlerie extraordinaire, tout en jouant, j'ai aperçu au balcon Sarcey s'effondrant littéralement avec un éclat de rire si bruyant que toute la salle l'a regardé et s'est mise elle-même à rire si longtemps que nous ne pouvions plus reprendre notre sang-froid en scène. Le critique du *Temps* fait de la pièce de Boniface et de Bodin un éloge enthousiaste, sans s'apercevoir que c'est peut-être là une des pièces les plus révolutionnaires que nous ayons données. Mais les deux auteurs ont eu l'art d'envelopper leur pilule dans un mouvement de vaudeville qui a fait tout passer. Pour le malheureux Pierre Wolff, par exemple, c'est une volée générale, et Doumic regrette qu'on n'ait pas reconduit ce fumiste comme il le méritait, avec des huées et des coups de sifflets.

3 *mai* 1890. — J'ai beaucoup trop de chance ; l'acte de Pierre Wolff, *Jacques Bouchard,* est certainement l'ouvrage le plus violent que nous ayons jamais joué. Bien qu'il n'y eût pas de rôle pour moi, j'ai voulu être en scène, pour regarder la tête d'Albert Wolff pendant cette représentation ; j'ai joué le personnage presque muet du marchand de vins occupé à rincer des verres derrière son comptoir. L'oncle furieux a quitté le théâtre dès le baisser du rideau. Pierre Wolff est maintenant l'un de nos familiers et nous devenons de si grands amis qu'il viendra passer les vacances prochaines avec nous en Bretagne. Ancey, qui l'aime beaucoup aussi, pense comme moi, qu'il dort au fond de ce garçon des qualités réelles de dialogue. Il a l'esprit de son oncle auquel il ressemble d'ailleurs étonnamment.

4 *mai* 1890. — Mullem, l'auteur d'*Une Nouvelle Ecole,* jouée à notre dernier spectacle, appartient à ce groupe de *la Justice* où, autour de Clemenceau, Pelletan, Geffroy, Millerand, Pichon, Charles Martel et d'autres, forment la rédaction la plus vraiment intéressante de Paris.

8 mai 1890. — Notre jeune débutant, Pierre Wolff, à qui on avait demandé un autographe, a répondu : « Lorsqu'on passe dans la rue et qu'on entend les mots : salope, rosse, nom de Dieu, etc., on ne se retourne même pas ; sur une scène, ces mots-là étonnent toujours le public : pourquoi ? »

13 mai 1890. — Dans son feuilleton d'hier, Sarcey revient sur *la Tante Léontine* que nous venons de donner et qui, décidément, l'a enthousiasmé. Il conte qu'Adolphe Brisson a fait sur la pièce, à la salle des Capucines, une conférence très applaudie, mais aussi qu'il a vu les auteurs, Maurice Boniface et Bodin, pour leur dire son intention de faire monter la pièce sur une scène du boulevard. Ce n'est pas connaître Boniface, qui a décliné l'offre, disant qu'il préfère de beaucoup laisser de côté cette première bataille gagnée, pour en livrer une autre, avec une nouvelle pièce. Sarcey se déclare tout ragaillardi, dit-il, de voir que la sève n'est pas tarie. Il parle d'Henri Lavedan, venant aussi de chez nous, et dont on va représenter bientôt une grande pièce au Français. Il cite encore Ancey, disant : « Ce ne sont pas les auteurs qui nous manquent. »

J'ai l'impression que l'horizon commence à se transformer autour de nous, mais rue Blanche, on se fait de grandes illusions en s'imaginant que les portes sont forcées ; à chaque succès un peu éclatant, elles semblent s'entre-bâiller ; mais à la moindre défaillance, on nous reconduit dehors. Cela durera, je le sens mieux que personne, des années et des années. Pour l'instant, tout est sourire autour de nous ; l'année semble s'achever sous les fleurs. Je ris sous cape, parce que la pièce de Descaves que je viens de recevoir sera une belle bataille.

20 mai 1890. — Pour préparer ma saison prochaine, j'ai fait imprimer une brochure rouge qui sera envoyée à nos abonnés et à la presse. J'ai pris l'habitude de tenir ceux qui nous aident au courant des affaires du Théâtre-Libre et de nos projets ultérieurs. Je ne suis pas sans me demander si l'heure ne serait pas venue de songer à aborder le grand public, dans une maison qui serait bien à nous, où nous ferions la démonstration des réformes dramatiques qui s'imposent. J'ai établi un projet de théâtre et les plans d'une salle, que, avec mon ami, l'architecte Grandpierre, intelligent et d'esprit moderne, nous avons sérieusement étudiés. Cette brochure fait un bruit de tous les diables ; au fond, elle répond à des besoins véritables, et déjà, avec leur légèreté charmante, les Parisiens me voient installé dans un théâtre des boulevards, sans même se demander où je trouverais l'argent nécessaire.

26 mai 1890. — *Les Revenants* sont prêts ; j'ai distribué la pièce à Arquillière, Janvier et Barny, gardant pour moi le personnage d'Oswald, qui est bien le plus beau rôle qu'un acteur puisse jouer. J'ai fait des coupures, mais en prenant soin de ne rien toucher d'essentiel.

28 mai 1890. — Ibsen a soixante-deux ans et doit connaître beaucoup le théâtre, car il fut, paraît-il, metteur en scène et directeur du théâtre norvégien de Christiania pendant cinq ans. Exilé volontaire de son pays, il ne séjourne guère plus de quatre à cinq années dans une ville. J'avais espéré, un instant, le faire venir à Paris pour la représentation de sa pièce, mais il faut y renoncer.

— Albert Wolff s'est ému de ce que j'aie publié dans ma brochure rouge la lettre qu'il m'avait adressée, lorsque à nos débuts je fis appel à sa bienveillance ; il a répondu par un très violent éreintement en tête du *Figaro*. Mendès me conseille beaucoup de riposter, mais je suis gêné d'entamer une polémique directe avec l'un des rédacteurs d'un journal qui me fut toujours si accueillant. J'ai été voir Magnard pour lui demander si ma réplique ne lui semblerait pas déplacée ; au contraire, Magnard, que l'affaire paraît beaucoup amuser, m'engage vivement à relever le gant.

29 *mai* 1890. — Je suis donc allé à Carnavalet chercher les vieux numéros du *Figaro* de 87 à 88, et, sûr de mon affaire, j'ai donné à Jules Huret, un reporter de *l'Echo de Paris,* que Mendès m'avait envoyé, une interview dont voici le passage principal :

Pourquoi voulez-vous que je réponde à M. Wolff, me dit M. Antoine, je ne lui en veux pas du tout. Il me flanque une tournée que j'ai méritée, je l'accepte, c'est bien simple ! Je comprends d'ailleurs qu'il ne soit pas content. J'ai prouvé, en effet, que cet homme qui a eu de l'esprit en 1860, a, il y a trois ans, manqué non seulement de flair — ce qui n'est pas un crime — mais encore de cette bonne et simple bienveillance qui doit être l'apanage des riches. Le Théâtre-Libre avait besoin, pour ouvrir, de 6.000 à 8.000 fr. ;

j'avais publié une petite brochure bleue où j'exposais mes vues et mes ambitions désintéressées ; je demandais à M. Wolff dix lignes de publicité dans une de ses chroniques pour attirer l'attention sur cette brochure ; je ne souhaitais qu'une chose, qu'on la lût. J'étais très jeune — et combien plus naïf ! — Je me figurais niaisement qu'il me suffirait de ces dix lignes signées Wolff pour que tout Paris accueillît mon projet. M. Wolff n'a pas voulu les écrire. Il a bien fait, sans doute, puisque j'ai réussi sans lui, et que j'ai pu, il y a un mois à peine, monter une pièce de son neveu M. Pierre Wolff. Mais j'ai bien le droit de rappeler qu'il a refusé de m'aider, et que, pour éviter un conflit d'attributions, il m'a renvoyé à Vitu et à Sarcey ! Il aurait bien pu, alors, pour demeurer logique, en gardant jusqu'aujourd'hui ce scrupule très légitime, ne pas me consacrer, à quatre reprises différentes, deux cent cinquante lignes d'injures, moitié pour mon compte, moitié à mon œuvre, que je ne lui demandais plus...

On finira par croire que M. Wolff porte bonheur à ceux qu'il délaisse et à ceux qu'il dénigre. Massenet ne va pas mal, Manet, dit-on, rentrera au Louvre, et Zola à l'Académie, n'en déplaise à son vieil adversaire. Le Théâtre-Libre ne peut que se montrer flatté, en somme, d'avoir sa place dans cette « galerie des éreintés de M. Wolff », la compagnie n'est pas pour me déplaire...

30 *mai* 1890. — Nous avons joué *les Revenants* hier soir. Je crois que l'effet a été profond chez quelques-uns ; pour la majorité de l'auditoire, l'ennui a succédé à l'étonnement ; cependant, aux dernières scènes, une angoisse véritable étreignit la salle. Je n'en puis parler que par ouï-dire, car, pour mon compte, j'ai subi un phénomène encore inconnu, la perte à peu près complète de ma personnalité ; à partir du second acte, je ne me souviens de rien, ni du public, ni de l'effet du spectacle, et le rideau tombé, je me suis retrouvé grelottant, énervé et incapable de me ressaisir pendant un bout de temps.

31 *mai* 1890. — Avant *les Revenants,* nous avions donné *la Pêche,* l'acte de Céard, un peu rêche, mais curieux ; une espèce de tableau à la Paul de Kock, du Henry Monnier poussé au tragique qui n'a pas beaucoup réussi.

1ᵉʳ *juin* 1890. — Après une inauguration fort brillante, les vastes arènes tauromachiques de la rue Pergolèse fermeront prochainement. C'est dommage ; malgré une assez vive opposition des adversaires de ces spectacles, le goût s'en était vite répandu et les courses réunissaient chaque dimanche des spectateurs nombreux et choisis. Rien n'était négligé par les organisateurs, les grands éleveurs espagnols de taureaux de combat. La rue Pergolèse aura vu défiler toutes les illustrations de l'arène : Frascuelo, Lagartijo, Cara-Ancha, Angel Pastor, Mazzantini et d'autres.

2 *juin* 1890. — Bien entendu Albert Wolff n'ayant pas manqué de riposter et de nier avoir écrit les choses que je citais, j'ai répondu aujourd'hui par la lettre suivante :

Monsieur le Directeur de « l'Echo de Paris »,

La lettre parue ce matin, dans laquelle M. Albert Wolff veut bien encore s'occuper du Théâtre-Libre, m'oblige évidemment, et par égard même pour *l'Echo de Paris,* à appuyer par des textes les allégations que j'ai formulées en présence de M. Jules Huret.

M. Albert Wolff a écrit ceci :

« Ma curiosité a glissé ces jours-ci dans une flaque de boue et de sang qui s'appelle *Thérèse Raquin.* Enthousiaste de crudité, il (M. Zola) a publié déjà *la Confession de Claude,* qui était l'idylle d'un étudiant et d'une prostituée :

il voit la femme comme M. Manet la peint, couleur de
boue avec des maquillages roses. Je ne sais si M. Zola a la
force d'écrire un livre fin, délicat, substantiel et décent ?
Il faut de la volonté, de l'esprit, des idées et du style pour
renoncer aux violences, mais je puis déjà indiquer à l'auteur de *Thérèse Raquin* une conversion... (*Figaro* du 23
janvier 1868.) »

Dans la suite de l'article, M. Albert Wolff proposait à
M. Emile Zola l'exemple de M. Jules Claretie qui venait
alors de publier un nouveau volume.

A propos de M. Massenet, ce que M. Albert Wolff
appelle une plaisanterie dans sa réponse, représente une
colonne entière du *Figaro* du 4 février 1868. Il y eut riposte de M. Massenet, alors débutant, et tout un incident
de presse qui se termina par une lettre de M. Théodore
Dubois dont je détache la conclusion (*Figaro* du 9 février
1868) :

« Le public qui vous lit dit en se frottant les mains :
« Ah ! ah ! ce Wolff est vraiment très drôle, mais il n'est
« nullement renseigné sur la valeur de l'œuvre, et vous,
« monsieur, vous jetez de gaieté de cœur le décourage-
« ment dans l'esprit d'un jeune compositeur qui peut
« avoir de l'esprit et de l'avenir. »

Au cours des travaux archéologiques que les circons-
tances m'imposaient pour retrouver les textes cités plus
haut, j'ai vu encore ceci :

« Cet homme-là doit tomber sous le ridicule, et si le ridicule tue encore en France, l'auteur des *Troyens* n'a plus
qu'à s'occuper d'un joli petit monument. » (*Nain-Jaune* du
7 novembre 1863.)

Et encore, lors du *Vaisseau fantôme* de Wagner :

« Tout ceci ressemble furieusement au *Compositeur Toqué*, une des plus délicieuses folies d'Hervé. » (*Figaro* du
4 février 1868.)

Enfin, le 19 avril 1868 pour saluer l'apparition d'un
volume de nouvelles :

« *Les Soirées de Médan* ne valent pas une ligne de critique. Sauf la nouvelle de Zola, qui ouvre le volume, c'est
de la dernière médiocrité. »

Il y a dans ce volume, *Boule-de-Suif*, de M. de Maupassant.

Je n'avais donc rien avancé d'inexact à votre rédacteur, M. Jules Huret, et c'est ce que je devais prouver. Personne ne sera surpris que je m'interdise toute réflexion : mon métier n'est point d'écrire.

M. Albert Wolff ne peut douter de mon profond respect pour ses cheveux blancs et, s'il l'ignorait, je lui en renouvelle ici publiquement l'expression.

Je le prie encore de recevoir, avec toutes mes excuses pour ce regrettable incident, l'assurance que je serai son très déférent justiciable toutes les fois qu'il voudra bien s'occuper, à mon sujet, de littérature et d'art dramatique.

Veuillez, monsieur le directeur, etc.

A. ANTOINE.

2 juin 1890. — Je me préoccupe tout de suite, après le retentissement, décidément considérable, des *Revenants,* malgré l'incompréhension du public et les plaisanteries hostiles de Sarcey, de frapper un second coup avec une autre œuvre d'Ibsen. J'ai entre les mains *le Canard sauvage,* que Lindenlaub, un rédacteur du *Temps,* et Armand Ephraïm m'ont apporté ; cela me paraît révéler une autre face du génie du maître : à la grandeur pathétique des *Revenants* s'ajoute une vie pittoresque, une étrangeté particulière. Nous aurons, avec Grand et la petite Meuris, deux interprètes uniques pour les personnages de Grégers et d'Hedwige.

4 juin 1890. — Ajalbert et moi, nous invitons M. de Goncourt à déjeuner chez Lathuille pour lui lire l'adaptation de *la Fille Elisa,* qui lui plaît tout à fait. Après qu'Ajalbert aura fait quelques petits remaniements indiqués par le maître, il est convenu que l'on aura une seconde lecture chez Daudet.

5 *juin* 1890. — Au Théâtre-Libre de Berlin, pour une pièce d'un nouvel auteur, Gerhardt Hauptmann, deux des plus grands acteurs de l'Allemagne, Kainz et Reicher, ont accepté de venir jouer deux des rôles. Voyez-vous chez nous Mounet-Sully et Coquelin aîné créant une pièce d'un jeune au Théâtre-Libre ?

8 *juin* 1890. — L'algarade avec Albert Wolff m'a fait le plus grand bien, parce que l'on s'aperçoit que je suis de taille à me défendre. Dans beaucoup de feuilles, Albert Wolff prend une tournée terrible ; le vieux polémiste, qui est d'ailleurs un excellent homme, ne doit pas en être revenu encore, et son neveu Pierre, l'un des familiers du Théâtre-Libre, fort gêné entre ses amis et un oncle qu'il adore, nous laisse voir tout le désarroi du bonhomme habitué depuis longtemps à terroriser Paris.

14 *juin* 1890. — Eh bien ! une jolie bagarre hier soir, et certes fort imprévue. Nous avons joué, pour notre dernier spectacle, *Myrane,* une brillante fantaisie de Bergerat, qui avait amusé la salle, et nous devions terminer par un acte de Lucien Descaves et de Georges Darien, *les Chapons.* C'est une histoire où deux bons bourgeois remâchent des épisodes de la guerre, et je ne sais pourquoi, le public a pris les mots ironiques à rebours et s'est mis à faire un tapage qui a vite dégénéré en un tumulte indescriptible. Lorsque, par les vitres de la fenêtre, les pointes des casques prussiens apparurent, défilant devant la maison, ces inoffensifs accessoires ont mis la salle en

rage ; je suis resté trente-cinq minutes submergé dans les huées et les clameurs, avant de pouvoir nommer les auteurs. Ç'a été vraiment un bien curieux spectacle ; des gens hurlaient, montés sur leurs fauteuils, tandis que les amis de la maison applaudissaient furieusement ; j'en ai aperçu deux enjambant le balcon et se laissant tomber de tout leur poids dans l'orchestre sur un adversaire. A la sortie, une demi-heure après, on s'invectivait encore sur le boulevard de Strasbourg. Notre ami Henry Lapauze était aphone à force d'avoir crié.

20 juin 1890. — Paul de Cassagnac, dans *l'Autorité,* sous le titre de *la Pièce infâme,* publie une effroyable tartine contre Descaves. Mais, ce qui est le plus singulier, c'est que cet article, sous le même titre, est reproduit dans plus de trente journaux de province. D'autres feuilles, du reste, sont à l'unisson : *le Théâtre trop libre, Faux Artistes, Insultes à la Patrie, Sursum corda,* tout le vocabulaire y passe.

30 juin 1890. — Voici une troisième année qui s'achève. Elle me paraît d'un grand intérêt, et, à la montée autour de nous, je sens que décidément une école nouvelle se groupe et coordonne son action. *Le Père Lebonnard* n'aura été qu'une amusette sensationnelle ; *l'Ecole des veufs,* d'Ancey, a une portée considérable, surtout après *le Maître,* de Jean Jullien, qui formait une opposition si complète, démontrant les multiples aspects du mouvement nouveau. La comédie de Brieux, *Ménages d'artistes,* semble promettre beaucoup. Nous avons encore eu *la Tante Léon-tine,* d'une observation aiguë et d'une vie enveloppée dans le plus adroit métier, et d'un comique de premier ordre. Voici donc vraiment des jeunes. Le point culminant de la saison aura été cette pièce d'Ibsen, qui, en dépit des malentendus et des hostilités, apporte quelque chose d'encore inconnu. Le bruit des *Chapons* a bien été exploité le plus possible par nos adversaires, mais au fond, c'est de la vie et de la bataille, et une maison comme celle-ci ne peut vivre que dans une atmosphère passionnée.

20 juillet 1890. — Avec Ancey, qui en avait pour le moins autant envie que moi, après une course jusqu'à Brest, nous nous sommes fixés sur la côte à Brignogan. Notre ami Pierre Wolff est venu nous rejoindre et nous passons des heures admirables à nous promener et à travailler tous pour la saison prochaine. Pierre Wolff nous lit ses deux actes, *Leurs filles,* qui me paraissent curieux et vivants.

25 juillet 1890. — Contestation entre le comte Prozor, Armand Ephraïm et Lindenlaub, au sujet du *Canard sauvage.* Le comte Prozor se prétend possesseur d'une autorisation exclusive ; fort heureusement, je m'étais précautionné près du maître norvégien, qui ne pouvait refuser une seconde pièce au théâtre qui l'avait joué en France pour la première fois.

Août 1890. — Un article du *Figaro,* ce matin, me donne des nouvelles de trois comédiens improvisés qui participèrent à la première représentation du Théâtre-Libre. Il s'agit de membres de la Société de la Butte, trois révolutionnaires devenus célèbres par la suite, S.-H. Malato, Pauzader et Guy Prolo.

1er septembre 1890. — Nous avons en caisse 17 fr. 50 pour commencer la saison. Le déficit total de 1889-1890 est de 12.778 francs.

15 septembre 1890. — Rentrés à Paris, nous commençons à répéter cinq actes d'Henry Fèvre, *l'Honneur,* pour ouvrir en octobre.

17 septembre 1890. — Le Théâtre-Français reprend *Jean Baudry,* de Vacquerie, où Got est incomparable. Voilà une pièce qui, malgré son auteur romantique, n'est pas loin de ce que nous cherchons. Je n'ai pas résisté au plaisir d'aller y réentendre le grand comédien, notre maître à tous dans la comédie moderne.

1er octobre 1890. — Reçu cette lettre des Beaux-Arts, qui, au fond, me fait plaisir, parce qu'elle aide à tuer la légende de la pornographie au Théâtre-Libre :

MONSIEUR LE DIRECTEUR,

J'ai l'honneur de vous faire savoir que, par arrêté en date de ce jour, je viens de vous allouer une indemnité de cinq cents francs, représentant l'abonnement de quatre fauteuils, dont deux pour le ministère et deux pour les Beaux-Arts.

Je suis heureux de constater par cette marque d'intérêt les services que vous rendez à l'art dramatique.

Pour le ministre,
le directeur des Beaux-Arts :

LARROUMET.

15 *octobre* 1890. — Arquillière, que l'envie d'entrer au Conservatoire tenaille, je ne sais pas pourquoi, me supplie de faire pour lui une démarche auprès de Dumas fils dont l'influence est prépondérante. Je m'en vais donc jusque chez le maître, près duquel les gens du Théâtre-Libre ne doivent pas être en odeur de sainteté. Il faut bien avouer que nos habituelles diatribes contre les trois tenants de l'art dramatique et la récente histoire de leurs interviews à propos de *la Puissance des Ténèbres* ne sont pas pour nous attirer leurs plus vives sympathies.

Avenue de Villiers, du vestibule en bas où j'attends qu'un valet de chambre porte mon nom, j'entends des éclats de voix et la silhouette de Dumas se penche sur la rampe : « Montez donc, montez donc, mon cher Antoine, je suis trop heureux de voir un artiste de votre valeur et un homme de votre intelligence. » Il continue mon panégyrique à un visiteur inconnu de moi, qui est là, et me voici tout démonté d'une affabilité si chaude et si imprévue.

J'expose donc ma requête, à chaque instant interrompu par les protestations les plus louangeuses et les plus cordiales, et je quitte Dumas certain que l'affaire d'Arquillière est faite.

Bien entendu, il est refusé à l'examen trois jours après.

16 octobre 1890. — On m'envoie de Berlin des renseignements sur le Théâtre-Libre de là-bas, la *Frei-Buhne*, fondée par un correspondant d'une feuille allemande qui vit le Théâtre-Libre à Paris. La curiosité et le mouvement autour de cette entreprise sont intenses là-bas. La troupe n'est point composée, comme chez nous, de simples amateurs, les plus grandes célébrités de la scène allemande tiennent à honneur de seconder la jeune maison ; il y a déjà plus de sept cents abonnés et on a mis à leur disposition le Lessing Theater, qui est comme l'Odéon de chez nous.

20 octobre 1890. — J'ai eu du mal à distribuer l'ingénue de *l'Honneur*, d'Henry Fèvre, une étude bourgeoise d'une férocité implacable, mais pleine de talent et de force. Fèvre fut le collaborateur du pauvre Louis Després pour *Autour d'un clocher*, un livre poursuivi, qui mena Després en prison, où en dépit des protestations des gens de lettres il fut maintenu au régime du droit commun malgré sa tuberculose, et expira sous les verrous.

L'ingénue de Fèvre, séduite par un bourgeois, ami de son père, est réduite à l'avortement pour cacher le scandale. Cette situation effraie toutes les actrices ; Mlle Théven a eu le courage d'accepter le rôle.

24 octobre 1890. — A la Porte-Saint-Martin, hier soir, répétition de *Cléopâtre*, une pièce habilement découpée par Emile Moreau dans le chef-d'œuvre shakespearien. Salle très belle. Un succès dû surtout à une très somptueuse mise en scène de Duquesnel, et au jeu de Sarah qui a une entrée, enveloppée dans des tapis que l'on déroule, avec un tel éclat de jeunesse que la salle lui fait une ovation.

31 *octobre* 1890. — *L'Honneur* a passé sans accroc, grâce à l'équilibre et à la force tranquille de l'œuvre. La presse ne fait pas mauvaise figure ; on a compris tout de même qu'il n'y avait là aucune intention de scandale. C'est avec des œuvres hardies, comme celles-ci, que nous finirons par éveiller dans le public une véritable réaction contre les fadeurs et les mensonges du théâtre romanesque. Lemaître dit dans son feuilleton que la pièce est d'un mérite réel et qu'elle soulève des questions de morale importantes.

1ᵉʳ *novembre* 1890. — Un bel article de Séverine sur Louise France, une des figures les plus curieuses du Théâtre-Libre. L'actrice a tout connu du théâtre et de ses misères, tour à tour excentrique de beuglant, rôdant à l'étranger, depuis l'Egypte jusqu'à Bruxelles, puis, sur le tard, trop tard, arrivant chez nous, où dans *Lucie Pellegrin, Rolande, la Tante Léontine,* la vieille servante de *l'Honneur,* elle a fait des créations acclamées.

2 *novembre* 1890. — Quel dommage que Porel, avec son grand talent de metteur en scène historique, s'acharne à faire adapter Shakespeare ; cette présentation de *Roméo et Juliette* est admirable ; s'il nous avait donné le chef-d'œuvre intégralement, quel spectacle nous aurions eu !

6 *novembre* 1890. — Hier soir, en arrivant chez Pousset, je trouve à la table de Mendès Georges Courteline, encore employé, je crois, à l'Instruction publique ou aux Cultes, mais déjà célèbre par ses contes et ses nouvelles d'une verve et d'une gaieté extraordinaires. Je le vois depuis quelque temps assez timide et silencieux derrière Mendès qui a pour lui une admiration visible et je le détermine à faire quelque chose, ne fût-ce qu'un acte, pour le Théâtre-Libre où j'ai la conviction que son comique puissant serait une note bien heureuse dans la disette où nous sommes d'auteurs vraiment gais.

8 *novembre* 1890. — Cette petite note court la presse, reproduite par toutes les feuilles qui ont bien voulu l'accueillir :

On annonce que le ministère des Beaux-Arts a pris quatre fauteuils en abonnement au Théâtre-Libre. Antoine sanctifié par les Beaux-Arts, l'avortement qualifié de bel art, les souteneurs honorés par le ministère, ohé, Alphonse, mince de rigolade !

8 *novembre* 1890. — Il y a maintenant deux Théâtres-Libres à Berlin ; une scission s'est produite et la *scène libre* est maintenant concurrencée par la *scène allemande*.

12 *novembre* 1890. — Reprise de *la Parisienne* au Théâtre-Français. Il n'y a pas que nous autres du Théâtre-Libre qui ayons pensé que l'interprétation déplorable de cette maîtresse pièce, sur notre premier théâtre, a été pour beaucoup dans

le peu d'effet de la représentation. Henry Fouquier lui-même le constate dans son feuilleton.

13 novembre 1890. — Scholl nous a lu ce soir son petit acte, *l'Amant de sa femme,* que nous jouerons prochainement ; je n'aime guère cette pièce qui est du vieux théâtre, mais le nom du célèbre chroniqueur, un homme charmant, du reste, sera précieux, neutralisant, pour une fois, tous ses vieux camarades de la presse.

14 novembre 1890. — En constatant la déception que Becque vient de rencontrer au Théâtre-Français, avec sa *Parisienne,* Pessard, lui aussi, tout inféodé qu'il soit aux vieilles formules, se plaint de l'interprétation et il ajoute :

Ce que j'ai bien vu, par exemple, c'est que les interprètes de *la Parisienne,* lorsqu'ils causent entre eux, s'adressent au public, et que le dos de M. Antoine m'enlève moins mes illusions scéniques que ces visages racontant leurs petites affaires aux messieurs assis aux fauteuils d'orchestre.

Décidément, nous marchons.

15 novembre 1890. — Becque me disait ces jours-ci, à propos de *la Parisienne* et des reproches que toute la presse fait à M. Prud'hon, qu'à l'origine, lorsqu'il soumit la pièce au comité de lecture, il avait en vue Coquelin aîné pour le personnage de Lafont. Il me dit ensuite avoir pensé à Dupuis, celui des Variétés. C'est extraordinaire comme un auteur dramatique de cette envergure peut se tromper sur ses interprétations. Je m'efforce de lui prouver que Lafont est un personnage qui ne doit pas être comique, mais faire seulement sourire, et je lui cite Vois, qui le créa à la Renaissance, et qui, jusqu'à présent, n'y a pas été remplacé. Mais je ne parviens pas à convaincre Becque ; attardé au théâtre brillant de Dumas, il rêve, pour ses bonshommes si humains et parfois si douloureux comme l'amant de sa Clotilde, des acteurs en dehors, habiles à flatter le goût du public pour le théâtre aimable et léger.

17 *novembre* **1890.** — Sarcey défendant, bien entendu, l'interprétation de *la Parisienne* de la Comédie-Française, dit :

L'échec de Becque, un échec incontestable, — et ceux qui n'ont pas voulu en convenir n'ont qu'à attendre la suite, qui les forcera bien à changer de langage, — l'échec de Becque laisse intacte l'estime que nous avons pour son talent et la grande situation qu'il occupe dans les lettres. Mais le système a reçu un rude coup dont il aura quelque peine à se remettre. Ces messieurs, au moins jusqu'à nouvel ordre, auront mauvaise grâce à prétendre que c'est nous qui, nous mettant entre leurs œuvres et le public, l'empêchons de les admirer. Nous avons poussé de toutes nos forces à ce que l'on jouât la *Grand'mère,* d'Ancey, *le Maître,* de Jean Jullien, *la Parisienne,* de Becque, et voyez les résultats.

Et ailleurs :

La représentation enfin a eu lieu. Il serait inutile de le dissimuler, *la Parisienne* a été ce que nous appelons, dans notre argot, un four noir.

20 *novembre* **1890.** — Aurélien Scholl, dont nous répétons en ce moment l'acte *l'Amant de* *sa femme,* est vraiment l'un des hommes les plus spirituels de Paris. Il a gardé une pointe d'accent bordelais, qui donne à sa jolie voix quelque chose de chantant, d'un charme extrême. Ce grand vieillard élégant est resté svelte par de continuels et journaliers exercices d'escrime dont il raffole. Il a fait école avec son monocle célèbre ; son prestige est si grand sur le boulevard que toute une génération s'évertue à ce carreau dans l'œil.

22 novembre 1890. — M. Jules Schaumberger, rédacteur en chef d'une revue de là-bas, vient de fonder à Munich un Théâtre-Libre.

23 novembre 1890. — Dîner ce soir chez Daudet, avec Ajalbert, pour la lecture de *la Fille Elisa ;* il n'y a là que Goncourt, Mme Daudet et son mari.

Ajalbert lit la pièce, qui est un peu sommaire, mais pittoresque et vraiment dramatique. Comme la question se pose de savoir si la plaidoirie de l'avocat, tenant tout le second acte, et dont la durée sera de trois quarts d'heure, pourra être supportée par le public, il y a une incertitude générale ; Daudet seul déclare être sûr que la chose n'est vraiment pas possible.

24 novembre 1890. — J'ai, ce soir, les honneurs du feuilleton de Sarcey. J'avais gardé sur le cœur cet échec de *la Parisienne* à la Comédie-Française et je n'ai pas pu me tenir de tenter non point de convaincre Sarcey, mais de soumettre aux réflexions du public les causes que je crois démêler de l'échec répété, non seulement de *la Parisienne,* pourtant une œuvre hors de toute discussion, mais encore de la pièce d'Ancey à l'Odéon, *Grand'mère,* et aussi de cette reprise, assez saugrenue d'ailleurs, du *Maître* au théâtre des Nouveautés. Je note, avant qu'elle ne soit dispersée aux quatre vents, la partie principale de mon plaidoyer.

N'êtes-vous point frappé de cette coïncidence, trois pièces, *la Parisienne, Grand'mère, le Maître,* toutes les trois venant du même côté, conçues dans l'esprit de renouveau qui tourmente l'école nouvelle, échouant toutes les trois, dans trois théâtres différents, et, de l'avis commun, rencontrant une interprétation insuffisante avec, pourtant, des comédiens qui appartiennent, pour la plupart, à l'élite des artistes parisiens ?

Comment expliquer cette triple coïncidence et n'est-il pas intéressant d'en rechercher les causes ? Notez, bien entendu, que je ne me permets aucune appréciation littéraire ; ce n'est pas mon affaire : je parle simplement *métier.* Eh bien, je pense qu'il y a ici une grosse question technique à élucider, qui devrait intéresser tous les auteurs de demain et, peut-être aussi, les comédiens intelligents et avisés, soucieux de leur art et du mouvement théâtral actuel. Donc *Grand'mère* a été un four, *le Maître* a été un four, et *la Parisienne* est, dites-vous, un four.

Pour les trois pièces, la presse s'est généralement accordée à trouver l'interprétation médiocre. En ce qui concerne *le Maître* et *la Parisienne,* on avait l'interprétation primitive comme point de comparaison. Pour *Grand'mère,* ce point d'appui manquant, on a, un peu plus que de raison, fait payer les pots cassés à Ancey.

Eh bien ! la raison toute simple de cette triple aventure où des comédiens, excellents d'habitude, ont été jugés médiocres un soir (et pour cette fois seulement), c'est qu'aucune des trois œuvres n'a été mise en scène et jouée dans son vrai sens.

C'est que ce théâtre nouveau (ou renouvelé) exigerait des interprètes nouveaux ou renouvelés ; c'est qu'on ne doit pas jouer des œuvres observées (ou prétendues telles, si vous voulez) comme on interprète le répertoire, ou comme on réalise les comédies fantaisistes ; c'est qu'il faut, pour pénétrer dans la peau de ces personnages modernes, lâcher tout l'ancien bagage ; c'est qu'une œuvre *vraie* veut être jouée *vrai*, de même qu'une pièce classique veut surtout être *dite*, puisque le personnage n'est, le plus souvent, qu'une abstraction, qu'une synthèse, sans vie matérielle ; c'est que les personnages de *la Parisienne* ou de *Grand'mère* sont des gens *comme nous*, vivant non dans de vastes salles, à dimensions de cathédrales, mais dans des intérieurs comme les nôtres, au coin de leur feu, sous la lampe, autour d'une table et pas du tout, ainsi que dans l'ancien répertoire, devant la boîte du souffleur ; c'est qu'ils ont des voix comme *les nôtres*, que leur langage est celui de notre vie journalière, avec ses élisions, ses tours familiers, et non la rhétorique et le style noble de nos classiques.

Quand Mlle Reichenberg attaque la première scène de *la Parisienne* avec sa voix d'*actrice*, et que M. Prud'hon lui répond avec le timbre de Dorante, ils disent immédiatement *faux* la prose de Becque, et ils l'ont fait, l'autre soir, durant trois heures, sans se lasser. La caractéristique de ce nouveau théâtre est, n'est-ce pas ? *l'inconscience* des personnages, toujours, comme nous faisons des bêtises et des énormités, sans nous en apercevoir. La plupart de nos comédiens, dès qu'ils sont en scène, sont portés à substituer leur propre personnalité au bonhomme qu'ils devraient faire vivre ; au lieu d'entrer dans leur personnage, c'est leur personnage qui entre en eux. Ainsi, l'autre soir, nous avons eu Mlle Reichenberg et non Clotilde ; MM. Prud'hon, Le Bargy et de Féraudy, mais pas du tout des hommes de Becque.

Et ce salon !... Avez-vous jamais rencontré chez les bourgeois parisiens un salon semblable ? Est-ce là la demeure d'un chef de bureau ?... demeure sans le moindre recoin où l'on sente, comme chez n'importe lequel de nous tous, l'endroit préféré où l'on bavarde, le fauteuil où l'on paresse, la besogne faite ?

Je sais l'objection : le décor est secondaire. Oui, peut-être, dans le répertoire, et encore. Mais pourquoi ne pas le réaliser, ce décor, puisqu'on le peut avec du soin et que cela ne nuirait en rien à l'œuvre, même si j'avais tort, pourvu qu'on reste dans la juste mesure ? Dans les œuvres modernes, écrites dans un mouvement de vérité et de naturalisme où la théorie des milieux et de l'influence des choses extérieures a pris une si large place, le décor n'est-il pas le complément indispensable de l'œuvre ? Ne doit-il pas prendre, au théâtre, la même importance que la description tient dans un roman ? N'est-il pas une sorte d'exposition du sujet ? Certes, on ne fera jamais complètement vrai, puisqu'il y a au théâtre, nul ne songe à le nier, un minimum de conventions, mais pourquoi ne pas s'efforcer de réduire ce minimum ?

Les dimensions de la scène ou de la salle importent peu. Si le cadre est trop vaste, pourquoi ne pas adopter des plantations plus en avant, moins larges ? Et, quant à la diction, ne sait-on pas que l'acoustique de la salle du Français est merveilleuse ? La plupart des autres théâtres, moins grands de moitié, sont moins bien partagés. Raison de plus, en tout cas, pour ne pas employer ces décors immenses où, lorsqu'il s'agit d'œuvres intimes, la voix se perd. A l'Odéon, on a joué *Grand'mère* dans un salon monumental ; le même qui avait, du reste, complètement étouffé un acte de *Renée Mauperin !*

Qu'est-ce que vous voulez qu'une œuvre toute de vie et d'intimité devienne dans une atmosphère faussée ?

Les mouvements sont, à mon avis, aussi mal compris que les décors. On ne *règle* pas les allées et venues des comédiens sur le texte ou dans le sens de la scène, mais selon la commodité ou le caprice des acteurs, qui jouent chacun pour leur compte, sans se soucier des autres. Et cette rampe les hypnotise : tout le monde tâche d'avancer le plus possible dans la salle. On m'a cité un théâtre où, du temps du gaz, ils brûlaient tous, aux becs grands ouverts, le bas de leurs pantalons.

Mlle Reichenberg, l'autre jour, monologuait debout, en brodant, comme les bonnes femmes tricotent au pas de leur porte. Pas une fois Clotilde et Lafont ne se sont adressés franchement l'un à l'autre. Mais, à la ville, au bout de deux phrases, vous diriez à votre interlocuteur : « Regardez-moi donc, sacrebleu ! c'est à vous que je parle ! » et vous auriez raison.

La vérité est qu'à ce théâtre nouveau, il va falloir des

interprètes nouveaux. C'est une vérité élémentaire que je rabâche partout.

Voyez encore l'exemple du *Maître*. Cette tentative, aux Nouveautés, était aussi baroque que possible. Je l'ai dit aux fils Brasseur. L'expérience était faite dans les plus mauvaises conditions. *Le Maître* était la dernière pièce de chez nous qu'il fallait songer à acclimater dans ce milieu élégant et boulevardier. Jean Jullien, trop pressé, a fait là une fausse manœuvre dont il peut mesurer à présent les conséquences. Il a amoindri le très gros succès d'art qu'il venait de remporter sans profit pécuniaire appréciable; il a eu encore le désagrément de fournir à nos adversaires des arguments contre les théories qu'il soutient et contre les camarades qui luttent à côté de lui.

Mais, enfin, la chose décidée, il s'est appliqué à demander à ses interprètes nouveaux les mouvements notés chez nous. On a peint un décor semblable; on a poussé la bonne volonté et la conscience jusqu'à se procurer les mêmes meubles et les mêmes accessoires. Et pourtant ce n'était pas cela, tout le monde l'a dit en s'en étonnant. C'est que les comédiens du boulevard n'avaient pas dans les jambes ces mouvements dont je parlais tout à l'heure. Une passade faite par Janvier, par exemple, n'est plus la même quand elle est exécutée par Decori : c'est que Decori, avec toute son expérience, a dans les jambes, j'y insiste, tout le métier courant, excellent ailleurs, mais nuisible ici, et cela ne saurait s'en aller tout de suite. Il est gêné, lui qui sait son métier, et Janvier, qui ne le sait pas, était à son aise, il va simplement où on lui dit d'aller, avec son train vivant de tous les jours. L'autre a une marche spéciale, « une marche de théâtre » dont il aurait cent fois plus de peine à se défaire qu'il n'en a pu avoir à l'apprendre.

Dernièrement, j'ai, à la prière des auteurs, fait répéter par la troupe des Menus-Plaisirs, *Deux Tourtereaux* et une pièce qui sera jouée dans quelques semaines. Pour l'acte de Ginisty et Guérin, j'ai tenté d'indiquer aux deux très gentils camarades qui reprenaient les rôles, les mouvements, l'allure réglée chez nous avec France. Eh bien ! j'ai dû y renoncer pour ne pas chagriner deux braves gens qui suaient sang et eau sans résultat. Pour l'autre pièce, ç'a été encore pis. J'ai tout lâché au bout d'une répétition. Je ne pouvais les décider à aller simplement à une table ou à s'asseoir dans un fauteuil sans regarder dans la salle et sans prendre une allure particulière. Il n'y a rien à faire, et pourtant, sans aucun doute, ces artistes savent leur métier. Ils font tous les soirs, comme les interprètes de *la Parisienne,* des choses bien plus difficiles dans d'autres pièces, mais ils ont perdu la simplicité et le don d'agir tout bonnement, *comme s'ils n'étaient pas regardés.*

Obtenir d'un comédien qu'il parle longtemps assis est impossible; dès qu'il commence un couplet un peu long, irrésistiblement il dit au metteur en scène : « Je me lève, n'est-ce pas ? » C'est que pour eux, rompus à l'ancienne formule, aux Desgenais phraseurs, la scène est une tribune, et non un endroit *clos* où il se passe quelque chose. Je me souviens qu'à une conférence chez Ballande, en 1873, vous citiez cette anecdote d'un acteur du Palais-Royal, Arnal ou Ravel, je crois, qui, ayant son chapeau à accrocher, se promenait obstinément devant la rampe, cherchant avec conviction un clou sur ce quatrième mur. Cela m'avait beaucoup frappé et vous m'aviez paru fort approuver la chose. Voilà comment on corrompt la jeunesse sans s'en douter ! .

Je m'arrête. Mais je vous en supplie, portez votre attention de ce côté, et observez. Vous serez frappé du désaccord profond qui s'ébauche entre les œuvres à tendances nouvelles et les interprètes qu'elles rencontrent. Il y a là un point important, et une curieuse face du mouvement théâtral actuel. Pour moi, je suis profondément heureux, car l'évolution se dessine. Et je ne songerais guère à prendre la parole, si ce n'était devenu une espèce de sport de « tomber » avec bienveillance, il est vrai, mais enfin de « tomber » le Théâtre-Libre, chaque fois qu'une œuvre sortie de chez lui court ailleurs des aventures diverses. Il ne faut pas s'y tromper, on va collectionner encore des fours, recevoir des volées, mais le branle est donné. Il y a tout un travail souterrain et vous savez que le public y mord déjà. On avait dit autrefois que notre modeste maison était affaire de mode, et qu'elle disparaîtrait un beau soir comme elle était venue. Or, vous savez que notre public grandit chaque année, que, par conséquent, le terrain s'élargit de plus en plus. On y viendra, aux nouvelles idées, j'en ai le ferme espoir; mais, fichtre, il ne faut pas s'emballer, et croire naïvement conquérir, du coup, à la fois le succès littéraire, les grosses recettes, et l'engouement de la foule. Il passera encore beaucoup de pièces sur les affiches auparavant et nous en sommes à peine aux premiers tâtonnements.

Pour le moment, il faut se contenter de regarder en arrière et de mesurer le terrain fait depuis cinq ou six ans.

Votre dévoué,

A. ANTOINE.

Ce qui me surprend, c'est l'espèce de cordial consentement avec lequel Sarcey accepte ces observations et ces théories; et il faut noter chez cet homme singulier, à côté des partis pris les plus violents, cette bonne foi dans des choses techniques qui pourraient lui échapper. Il dit, et vraiment on pourrait le croire, que personne ne cherche la vérité d'un meilleur cœur que lui, et le voilà qui, à la suite de ma lettre, fortifie encore mon plaidoyer en citant deux anecdotes de comédiennes résistant à leurs auteurs.

26 *novembre* 1890. — Les Marseillais viennent de créer eux aussi, un théâtre libre, à l'instar de Paris. On me parle d'une pièce en un acte jouée à la soirée d'inauguration, dont l'auteur est un jeune homme de la ville, Emile Fabre, intitulée : *le Devoir conjugal,* sur lequel, paraît-il, il serait intéressant d'avoir l'œil.

27 *novembre* 1890. — Ce soir, en bavardant avec Pierre Véber, nous nous attardons devant sa porte, rue Richelieu; il me conte son idée d'une pièce, encore plus norvégienne que celles dont on parle tant. Le scénario serait d'une malice bien amusante. Il y mettrait tout : le pasteur, la jeune fille qui va prendre le bateau, les brouil-

lards et les sapins, la femme étrange et incomprise, etc., et il me propose d'annoncer cette pièce comme d'un auteur scandinave encore inconnu, en me pariant que tout le monde la prendra au sérieux. L'idée est drôle et je le crois fort capable de tenir la gageure; mais il y aurait un peu d'irrévérence pour le Théâtre-Libre à se prêter à une mystification, dont, hélas! la réussite serait complète, si j'en juge par la façon dont on parle à tort et à travers d'Ibsen et de son œuvre.

30 novembre 1890. — C'est l'acte de Scholl, *l'Amant de sa femme,* qui était l'attrait principal de notre dernier spectacle. Scholl, redouté de ses confrères, a été traité par eux tout à fait cordialement. Les trois actes de Biollay, *Monsieur Bute,* une assez sombre histoire de bourreau, n'ont pas causé grande sensation.

1er décembre 1890. — A notre dernier spectacle, nous avons joué un acte de Julien Sermet. Cette *Belle Opération* met en scène, de la façon la plus amusante, une douzaine de chirurgiens, depuis le petit praticien de quartier jusqu'au professeur de Faculté; tous ces gens s'empressent autour d'une malade. Sur une consultation suprême, présidée par un professeur, on se résout à opérer, et passés dans la chambre de la patiente, les hommes de l'art reviennent bientôt en hochant la tête; l'opération n'a pas réussi, la cliente est morte. Malgré ce sujet macabre, rien n'est plus ironiquement féroce que ce tableau. Il a amusé les uns et exaspéré les autres. Mais, ce qui est le plus drôle, c'est la colère de Zola, son indignation furibonde devant cette petite pièce. Lui, pourtant, devrait être le premier à s'amuser de ce réalisme violent.

1er *décembre* 1890. — Il y a à *la Nation* un inspecteur des Beaux-Arts, Adrien Bernheim, excellent garçon, mais qui a le tort d'emboîter régulièrement le pas à Sarcey, et de crier volontiers « tue », quand l'autre dit « assomme ». Je sais bien que Bernheim, à l'exemple de son illustre confrère du *Temps,* se tient pour l'un des paladins de la tradition classique, et tout cela est de fort bonne guerre. Mais, à la suite de la lettre que j'ai adressée à Sarcey, Bernheim, moins tolérant que son chef de file, me tombe dessus, faisant pour le moment cause commune avec Bauer, en me prédisant la fin prochaine du Théâtre-Libre.

4 *décembre* 1890. — Le bruit court que Porel songerait à abandonner l'Odéon pour l'Opéra. On me tâte au point de vue d'une candidature sur la rive gauche. Mais pour l'instant, je n'en ai guère envie, je crois que nous avons encore trop de besogne à faire.

15 *décembre* 1890. — Descaves, qui venait de publier *Sous-Offs,* est poursuivi. J'allais précisément donner bientôt une pièce de lui, un acte sur l'armée, *l'Envers du galon,* que nous avions même un peu répétée et qu'il va falloir sans doute ajourner.

15 décembre 1890. — Christian, l'acteur des Variétés, vient de mourir ; c'était un des plus amusants comiques que j'aie vus. On pouvait l'entendre plusieurs fois, dans un même rôle, car chaque soir, il improvisait, rappelant tout à fait les anciens farceurs de nos tréteaux de la *Comedia del Arte*.

15 décembre 1890. — Dans *la Vie parisienne*, le rédacteur dramatique, qui est Saint-Cère, est dur pour les interprètes de *la Parisienne*, aux Français : il dit : « M. Becque, qui en a appelé du jugement de la Renaissance au jugement des Français, en appellera peut-être encore une fois au Théâtre-Libre. » Hélas, je n'ai pas de théâtre régulier, et il ne saurait être question de reprise chez nous, mais si jamais je deviens directeur de théâtre pour tout de bon, je suis bien sûr d'avoir un jour raison, avec le chef-d'œuvre de Becque.

16 décembre 1890. — Becque s'est fâché tout rouge contre l'article de Sarcey sur la reprise de *la Parisienne ;* il parle même de faire un procès au critique du *Temps,* et on annonce qu'il aurait déjà choisi Mᵉ Tézénas comme avocat.

16 décembre 1890. — Voici encore un Théâtre-Libre à Londres, organisé par un des artistes les plus distingués de là-bas, Beer Boom Tree. Il y a des représentations hebdomadaires, des soirées du lundi, qui amènent des discussions de presse pour et contre les innovations théâtrales de la jeune école anglaise. Mais le milieu ne me semble guère favorable à un mouvement littéraire. Les scènes anglaises vivent d'ouvrages sans consistance, ingénieux et simples à la fois, suffisants pour un public curieux seulement de distractions superficielles. Puis, le cant anglais, la sévère censure exercée sur toute la production dramatique, avec la rigueur protestante, ont tari depuis des siècles la sève du grand arbre shakespearien.

17 décembre 1890. — L'Odéon a donné une adaptation de *Shylock,* par Haraucourt, dans une bien belle mise en scène. Mon pauvre ami Mévisto, qui avait été engagé pour créer Shylock, a été remplacé au dernier moment par Albert Lambert. Toujours la guerre au couteau pour tout ce qui vient du Théâtre-Libre, auteurs ou artistes.

19 décembre 1890. — Ce qu'il y a d'irritant, c'est que, s'il nous est relativement possible de batailler dans la presse parisienne, les grands journaux de province, les feuilles régionales, si importantes devant l'opinion publique, sont aux mains de nos adversaires et nous portent des coups que nous ignorons.

Ainsi, ce matin *la Gironde* parle des « becquistes » qui sévissent au Théâtre-Libre, et cette attaque, qui serait parée ici de suite, se déploie là-bas, sans riposte possible, devant l'énorme public de toute une région.

20 décembre 1890. — C'était à prévoir, après l'éreintement de Sarcey et l'assassinat de la générale, *la Parisienne* ne fait pas le sou à la Comédie-Française. Nous sentons tous, autour de

Becque, combien le coup est rude pour ses affaires d'argent, que les droits d'une reprise, importante comme celle-là, auraient un peu arrangées. Et, pour l'en distraire, nous imaginons de lui offrir un dîner pour lequel nous ne sommes qu'une douzaine triés sur le volet. Au Café américain, entouré de Geffroy, Ajalbert, Rosny, Ancey, Wolff, Lecomte et d'autres, Becque, que cette manifestation touche profondément, redevient, dans l'admiration affectueuse qui l'entoure, le maître spirituel et profond que nous tenons pour le vrai rénovateur du théâtre contemporain.

22 *décembre* 1890. — M. Halgan, sénateur de la Vendée, est monté à la tribune du Sénat, tantôt, pour s'étonner que le directeur des Beaux-Arts, M. Larroumet, ait cru devoir subventionner le Théâtre-Libre en prenant un abonnement officiel.

Il parle des ordures jouées chez nous, et c'est un large mouvement d'indignation. Larroumet, directeur des Beaux-Arts, à la tribune, courbe un peu le dos sous la rafale, mais déclare, tout de même, qu'à côté d'une pièce fâcheuse, *les Chapons,* et plusieurs autres, il importe de remarquer que *l'Institution dramatique* dont il s'agit en a joué beaucoup de très intéressantes, dont l'action s'est déjà fait sentir.

Ce serait assez brave, si le directeur des Beaux-Arts, gâtant tout par une petite supercherie, ne déclarait que, d'ailleurs, la subvention accordée est une façon, pour l'administration, de se ménager une surveillance nécessaire sur ce qui se passe dans la maison.

Une intervention sage et mesurée du ministre
Bourgeois clôt le débat, en invoquant l'intérêt
des « jeunes auteurs » qui trouvent dans « cette
maison » des occasions de faire connaître leur
talent.

23 *décembre* 1890. — On s'est fort agité autour
de la distribution de *la Fille Elisa*. M. de Goncourt a désiré Janvier pour le rôle du petit soldat Tanchon ; il y sera du reste excellent, mais
j'avais aussi pensé à Gémier. Pour la fille Elisa,
j'ai été un moment embêté : le général Turr, ambassadeur d'Autriche, avait fortement recommandé à M. de Goncourt une actrice hongroise, célèbre, paraît-il, là-bas, qui voulait s'essayer à
Paris. Elle venait répéter la pièce dans des robes
somptueuses, mais avec un accent impossible. Il
est probable qu'elle a du talent dans son idiome
natal, cependant j'ai tout simplement donné Elisa
à Nau, qui répétait un petit rôle à côté, et qui
sera tout à fait le personnage.

23 *décembre* 1890. — Ce matin, j'ai couru chez
Coppée, dont on vient d'interdire un acte en
vers, *le Pater,* parce que l'action se déroule sous
la Commune pendant les journées de mai 71.

Coppée habite, rue Oudinot, un pavillon au
fond d'un jardinet de curé, et je le trouve au coin
du feu, devant un bol de tisane. Il est souffrant ;
pendant que sa sœur Annette va et vient autour
de nous dans le petit cabinet de travail, un peu
inquiète que je ne fatigue son malade, je lui demande sa pièce pour chez nous. Je connais depuis
longtemps Coppée, dès la première heure un ha-

bitué de Montparnasse, et qui vient parfois bavarder rue Blanche. Ma requête le surprend et l'émeut, mais la chose est délicate, il veut réfléchir ; pourtant j'espère qu'il se décidera, oette escarmouche réveille son humeur de gamin de Paris.

23 *décembre* 1890. — Il y a conflit avec Koning, qui, bien que le Théâtre-Libre ait, depuis longtemps, retenu la date du 26 décembre pour passer avec *Elisa,* annonce pour le même jour *l'Obstacle,* de Daudet. Malgré mes courtoises réclamations, Koning mettait un malin plaisir à ne pas céder. C'est Daudet qui, dans une gentille lettre, le prie de laisser la place par déférence pour son grand ami Goncourt.

25 *décembre* 1890. — Tantôt, comme nous étions à plusieurs réunis rue Blanche, en train de parler de l'affaire Descaves, l'idée nous vient d'organiser une protestation contre ces poursuites. Darzens, toujours actif, Hennique, généreux et emballé, rédigent immédiatement le texte ; nous prenons des fiacres tous, car il faut que dans les quarante-huit heures nous ayons recueilli toutes les signatures des écrivains célèbres, sans aucun souci d'école. Pour commencer, Darzens galope jusqu'à l'avenue Trudaine, et une heure après il nous rapporte triomphalement une première signature, celle de Georges Ohnet. Ce geste d'un homme de lettres si loin de ce que nous aimons est d'une élégance émouvante.

26 *décembre* 1890. — Première de *la Fille Elisa* hier soir.

Décidément, Daudet s'est trompé. Bien qu'on n'ait fait que de très légères coupures, la plaidoirie du second acte passe tout entière. J'ai senti en la disant qu'elle était plutôt trop courte, et j'ai dit à Ajalbert mon regret de n'avoir pas maintenu le texte complet.

La soirée avait mal commencé avec *Conte de Noël,* deux pittoresques tableaux dont le jeune auteur avait tenté une fusion du réalisme et du mysticisme. On sifflait ferme lorsque M. de Goncourt, qui s'était attardé à dîner, arrivait sur la scène au baisser du rideau ; il est devenu tout pâle pensant à la pauvre *Fille Elisa* qui allait suivre. Mais sa pièce a tout à fait bien marché et l'acte de la cour d'assises a enlevé la salle. Vif succès de mise en scène.

Ce matin, la presse est fort bonne. Le plus dur est notre ami Pessard, qui, tout en déclarant avoir abandonné le théâtre après le premier acte d'une pièce que, dit-il, il se sent incapable de raconter, se livre à un éreintement formidable.

27 *décembre* 1890. — Auguste Liner, auteur de ce *Conte de Noël,* si violemment bousculé, est encore sous les drapeaux, caporal dans un régiment d'infanterie à Vincennes. Par ce temps de poursuites et d'interdictions, je crains que le bruit fait autour de sa pièce ne lui occasionne quelques ennuis.

27 *décembre* 1890. — Descaves, que l'on poursuit pour *Sous-Offs,* a été un modèle de troupier ; il nous montre son feuillet de punitions : en cinq

ans de service, quatre jours de salle de police et vingt jours de consigne.

28 *décembre* 1890. — Le débat du Sénat occupe la presse. Tous les journaux réactionnaires, *l'Autorité* en tête, parlent des « étranges théories » du ministre. Les adversaires des théâtres subventionnés ne perdent point l'occasion d'entrer en campagne, et prient le directeur des Beaux-Arts (*le Temps* du 25 décembre) d'user de son autorité sur les théâtres subventionnés, afin de n'être pas réduit à constater que *Monsieur Antoine, seul, a quelque esprit d'initiative;* on en arrive à demander à quoi servent les grosses subventions données aux théâtres d'Etat, puisque, avec 500 francs, le Théâtre-Libre fait leur besogne. Voilà qui va encore me faire quelques amis, et Dieu sait pourtant si *j'y* suis pour quelque chose.

29 *décembre* 1890. — *L'Obstacle,* de Daudet, au Gymnase, a une belle presse, mais la pièce reste, quand même, au second plan de l'actualité, à cause du retentissement d'*Elisa;* j'en suis désolé, c'est une contrariété pour des gens envers lesquels ma reconnaissance est très sincère. Cependant cette coïncidence des deux spectacles n'a pas été provoquée par moi; je sens qu'il va y avoir par suite un refroidissement que Goncourt aggravera à son insu; il doit parler, devant ses amis résignés, du succès de sa pièce, sans même soupçonner le petit agacement qu'il provoque autour de lui.

30 *décembre* 1890. — Notre protestation au sujet de Descaves se couvre des signatures les plus illustres. Emile Zola, Alphonse Daudet, Edmond de Goncourt, Jean Richepin, Henry Becque, Mendès, Léon Cladel, Clovis Hugues, etc.

30 *décembre* 1890. — L'affaire du *Pater* interdit par la censure a soulevé un bruit énorme. Coppée m'avait enfin donné gentiment la pièce, lorsque je suis appelé au *Figaro,* chez Magnard. J'apprends un joli tour de notre ami Koning qui offre de la monter chez lui au Gymnase, et Coppée, sentant bien qu'il désobligerait *le Figaro* en refusant, tâche de trouver une combinaison qui satisferait tout le monde ; je suis furieux, sans le laisser voir, car *le Pater* ne m'intéresse plus ainsi ; ce qui était avantageux pour nous, c'était de le représenter devant nos spectateurs habituels ; dans ces conditions, je laisse tomber l'affaire. Je jouerai la pièce en Belgique à notre prochain voyage, avec mes camarades qui l'avaient déjà répétée ; Magnard, toujours bienveillant, comprend que je ne veuille pas travailler avec Koning qui nous a tant combattus.

30 *décembre* 1890. — Ajalbert, qui n'a pas digéré le compte rendu d'Hector Pessard sur *la Fille Elisa,* proteste, dans une lettre publique, contre ce critique éreintant une pièce qu'il déclare ne pas avoir vue, ayant quitté, de dégoût, a-t-il dit, le théâtre, après le premier acte. Pessard est vice-président du Cercle de la Critique ; et il est probable que l'incident va faire

du bruit, car voici une fois de plus le fameux droit du critique remis en discussion.

30 *décembre* 1890. — Devant l'affluence des abonnements, je dois entrevoir sérieusement la nécessité de créer une troisième série.

31 *décembre* 1890. — Pessard, répondant à Ajalbert, dans *le Gaulois,* avoue qu'en effet, il a quitté le Théâtre-Libre après le premier acte de *la Fille Elisa,* parce que, dit-il, il n'avait jamais été convenu avec la direction du *Gaulois* qu'il serait condamné à endurer le mal de mer au delà d'une certaine limite.

31 *décembre* 1890. — Toute cette histoire du *Pater* est assez mauvaise pour la censure ; aux Beaux-Arts, devant le bruit et la sensation produite par les poursuites contre Descaves, on s'inquiète et on redoute, je le sais, un gros mouvement d'opinion.

31 *décembre* 1890. — Dans la période de 87 à 90, la Comédie-Française, l'Odéon, le Gymnase et le Vaudeville ont représenté, à eux quatre, 164 actes inédits. Dans le même temps, le Théâtre-Libre en a joué 125 à lui seul.

1891

1891. — J'avais grand désir de voir le procès
de Pel, un homme extraordinaire, paraît-il, qui a
fait cuire sa bonne dans un poêle. Ajalbert m'a
conseillé de demander une place au défenseur,
Henri Robert, dont on commence à remarquer le
talent. A la cour d'assises, tantôt, un garde lui
ayant fait passer ma carte, le jeune maître, fort
aimablement, se dérange lui-même, trop heureux, dit-il, d'être agréable à son confrère de *la
Fille Elisa*. A l'audience, il plaide avec une éloquence, une autorité vraiment admirables.

1891. — Jean Jullien, tout à fait en froid avec
la rue Blanche, prend le feuilleton dramatique
de *Paris,* où Bauer l'a fait entrer.

1891. — Je garderai le regret de n'avoir pas
réussi à entraîner, dans ces batailles du naturalisme au théâtre, les deux romanciers de Médan
qui, le maître mis à part, étaient incontesta-
blement les deux personnalités supérieures du
groupe. Huysmans n'a jamais voulu venir vers

la scène, c'est à peine si, de temps en temps, il assiste chez nous aux pièces de quelque camarade.

Le succès de son nouveau livre *Là-bas* est vraiment très gros ; déjà on le sent préoccupé de s'évader des formules réalistes, mais l'art et l'originalité d'une telle œuvre demeurent tout de même assez à part, à une époque où le roman moderne flamboie d'une telle puissance de vie et d'observation. Les meilleures pages de *Là-bas* sont encore celles où l'analyse et la méthode de Zola laissent leur empreinte.

Maupassant, de son côté, tout à fait dans la gloire, trop sollicité, « vaut » trop pour venir dans mon petit théâtre donner une copie qui lui est payée si cher la ligne. Céard a bien souvent voulu s'entremettre près de lui, et il me dit qu'il faut y renoncer ; c'est grand dommage, car l'auteur de *Boule-de-Suif* aurait exercé à la scène une action magnifique pour ce renouvellement que nous poursuivons.

3 *janvier* 1891. — Voici un article du bon Pessard dans *la Petite Gironde* qui nous éreinte copieusement ; cet excellent homme parle de Marivaux d'égoût et de Musset de cloaque ; comme sa situation est considérable dans les grands organes provinciaux, il faut subir cette agression sans aucune possibilité de riposter.

5 *janvier* 1891. — La prise de possession du rôle de Tartuffe par Got a soulevé un nouveau débat. On reproche surtout au maître d'avoir tiré le personnage hors des conventions pour le

jeter en pleine vie. J'y suis allé, bien entendu ; c'est la plus belle leçon de théâtre qu'il soit possible de prendre, mais, en notre beau pays, il n'est pas facile de bousculer la routine, même quand on est le doyen de la Comédie-Française.

5 janvier 1891. — Mirbeau tombe sur Pessard, ce matin, dans sa série de *Monologues tristes*, de *l'Echo de Paris*, de la façon la plus féroce et la plus drôle. Quel maître écrivain dans l'engueulade et quelle langue magnifique, malgré ses injustices et ses grossissements presque maladifs !

6 janvier 1891. — Dans l'après-midi de tantôt, je vois arriver M. de Goncourt rue Blanche, avec, sous le bras, un assez volumineux rouleau qu'il déploie. C'est une magnifique épreuve de l'eau-forte de Bracquemond, son portrait, avec, au-dessous, une très belle dédicace qui me fait rougir de plaisir. Et en s'en allant, il m'invite cérémonieusement à aller déjeuner chez lui à Auteuil.

8 janvier 1891. — Je crois bien qu'Octave Feuillet, que l'on enterre ces jours-ci, s'en va au bon moment. Depuis la guerre, l'énorme situation de l'auteur de *Monsieur de Camors* déclinait visiblement, et, à part *le Village*, qui est un chef-d'œuvre, parce que tout entier dans la vie, il ne restera pas grand'chose de tant d'histoires romanesques qui enchantaient les belles dames de l'Empire ; *le Roman d'un jeune homme pauvre* ne tient déjà plus debout lorsqu'on le reprend.

8 janvier 1891. — Le Chat-Noir vient de donner une nouvelle pièce d'ombres dessinée par Rivière, *Phryné*, de Maurice Donnay, qui a été aux nues presque autant que la fameuse *Marche à l'étoile* et *l'Epopée*, de Caran d'Ache. La vogue de l'établissement de Salis est inimaginable. Et c'est du reste un coin unique, qui est tout simplement en train de révolutionner la chanson et beaucoup d'autres choses.

9 janvier 1891. — M. de Goncourt donne son Journal au rez-de-chaussée de *l'Echo de Paris ;* c'est Mendès qui a décidé les directeurs à demander cette publication au maître. Bien que M. de Goncourt ait pris le soin, je le sais, de réserver tout ce qui, dans ses *Souvenirs,* était susceptible de soulever des récriminations, le bruit est tout de même énorme.

13 janvier 1891. — Une revue anglaise consacre un article de reportage au Pousset du faubourg Montmartre, dont il donne un tableau assez juste. Le journaliste étranger fait défiler dans la célèbre brasserie Gandillot et Becque, Mendès, dont il cite des choses cruelles sur Banville que je n'ai jamais entendues pour ma part, Ponchon, Richepin, Armand Silvestre, Capus, Grosclaude, Montjoyeux, Darzens, Bonnetain, Mirbeau, Scholl, Debussy et des actrices, dans un tohu-bohu, plein d'inutiles petites rosseries.

15 janvier 1891. — On a joué hier au théâtre d'Application une comédie en quatre actes de Léon Gandillot, le Benjamin de Sarcey, que l'au-

8 janvier 1891. — Le Chat-Noir vient de donner une nouvelle pièce d'ombres dessinée par Rivière, *Phryné,* de Maurice Donnay, qui a été aux nues presque autant que la fameuse *Marche à l'étoile* et *l'Epopée,* de Caran d'Ache. La vogue de l'établissement de Salis est inimaginable. Et c'est du reste un coin unique, qui est tout simplement en train de révolutionner la chanson et beaucoup d'autres choses.

9 janvier 1891. — M. de Goncourt donne son Journal au rez-de-chaussée de *l'Echo de Paris;* c'est Mendès qui a décidé les directeurs à demander cette publication au maître. Bien que M. de Goncourt ait pris le soin, je le sais, de réserver tout ce qui, dans ses *Souvenirs,* était susceptible de soulever des récriminations, le bruit est tout de même énorme.

13 janvier 1891. — Une revue anglaise consacre un article de reportage au Pousset du faubourg Montmartre, dont il donne un tableau assez juste. Le journaliste étranger fait défiler dans la célèbre brasserie Gandillot et Becque, Mendès, dont il cite des choses cruelles sur Banville que je n'ai jamais entendues pour ma part, Ponchon, Richepin, Armand Silvestre, Capus, Grosclaude, Montjoyeux, Darzens, Bonnetain, Mirbeau, Scholl, Debussy et des actrices, dans un tohu-bohu, plein d'inutiles petites rosseries.

15 janvier 1891. — On a joué hier au théâtre d'Application une comédie en quatre actes de Léon Gandillot, le Benjamin de Sarcey, que l'au-

Duquesnel me fait prier de monter chez lui, et m'annonce qu'il vient d'être avisé de l'interdiction pure et simple de *la Fille Elisa*. Il va falloir rembourser une dizaine de mille francs de location qui étaient déjà venus, et dont nous avions tous bien besoin.

En attendant, nous voici obligés d'assurer les représentations annoncées avec des pièces moins neuves qui ne nous permettent plus d'espérer le gros succès d'argent que nous touchions presque.

20 janvier 1891. — M. de Goncourt a cherché la manière la plus élégante de me remercier de notre grand effort d'*Elisa ;* il a eu cette jolie idée de me faire lui-même les honneurs de sa collection, à l'heure actuelle le plus beau musée des choses d'Extrême-Orient et du dix-huitième siècle qu'il soit possible de voir. Puis, il me fait déjeuner en tête à tête avec lui, dans sa belle salle à manger toute resplendissante de ses tapisseries de Boucher. Sur la table, le repas est servi avec des argenteries et des cristaux d'époque. C'est vraiment d'une élégance de grand seigneur et de grand artiste, et ce qui me touche le plus, c'est que le maître a compris que je sentirais tout l'honneur qu'il me fait. Lui-même ne déjeune jamais seul dans cette salle, il ne l'ouvre guère que pour les hôtes de marque comme la princesse Mathilde ou des amis très chers comme les Daudet.

21 janvier 1891. — Bauer, ce matin, prisonnier de l'attitude qu'il a adoptée depuis deux années envers les maréchaux, obligé de rentrer sa mau-

vaise humeur contre le Théâtre-Libre, prend
parti contre la censure. L'incident, qui grossit,
pourrait avoir des développements que ne pré-
voyait pas la rue de Valois, car Millerand annonce qu'il portera la question à la tribune de
la Chambre; l'on sent poindre tout un mouvement sur la question de la liberté du théâtre.

Goncourt résigné, mais toujours un peu effa-
rouché par les polémiques violentes, ne paraît
pas décidé à se jeter personnellement dans la
mêlée. Séverine, comme toujours, fonce coura-
geusement; un jeune homme, Pierre Baudin,
qui a, je crois, de l'influence dans le quartier des
Écoles, publie dans *la Cité* un article virulent,
mettant sous les yeux du public les inepties
légendaires de la censure, tolérante au café-
concert, et réservant ses sévérités pour les œuvres
littéraires.

24 *janvier* 1891. — Nous raccordons, sur le
théâtre de la Porte-Saint-Martin, *la Mort du duc
d'Enghien;* comme je demande au garçon d'accessoires un fouet de chasse qu'il avait l'habitude
de me prêter, celui de Paulin Ménier dans *le
Courrier de Lyon,* le pauvre garçon, tout gêné,
me dit que le grand acteur, indigné qu'un objet
lui appartenant puisse être touché par le fondateur du Théâtre-Libre, lui a formellement interdit de le mettre à ma disposition.

24 *janvier* 1891. — Le Théâtre-Libre a eu
tantôt encore les honneurs de la tribune à la
Chambre, avec la question *Elisa.*

Le député de la Seine, Millerand, prenait la

défense intelligente et énergique de l'œuvre d'A-
jalbert, disant qu'il avait assisté chez nous à la
répétition générale, et qu'il ne s'y était produit
aucune manifestation ; qu'on aurait pu admettre,
pour des représentations publiques, la demande
de quelques modifications du dialogue des filles
au premier acte, mais que la censure ne les a
même pas exigées, et que le motif de l'interdiction est simplement libellé : contexture générale.
Et comme l'orateur donne lecture de quelques
fragments, il se déclare chez nos vertueux parlementaires un accès de pudeur comique.

Après avoir cité Sarcey, Faguet, Jules Lemaître, La Pommeraye, Edmond Lepelletier,
Henry Fouquier, qui, dans leurs comptes rendus
plus ou moins élogieux, n'ont même pas songé
à soulever la question de bienséance, Millerand
affirme que l'œuvre, loin d'être immorale, est un
généreux cri de pitié, un acte d'accusation contre
la société que l'on peut estimer violent, mais
d'une portée supérieure.

La salle, continuant à se montrer gênée d'entendre traiter à la tribune cette terrible question
de la prostitution, l'orateur fait observer que
l'un des ministres, M. Yves Guyot, a écrit, lui
aussi, un livre tout entier sur cette plaie sociale.
Il termine en demandant si, alors que la censure
admet et tolère les obscénités du café-concert, il
est admissible qu'un grand écrivain comme Goncourt, un des maîtres de la littérature de l'heure
présente, puisse subir un semblable outrage.

M. Bourgeois, le ministre, doit monter lui-
même à la tribune ; il est obligé, dit-il, de défendre la censure, tout en avouant regretter cer-

tains jours son existence. Sans entrer dans le débat, il essaie de dégager la responsabilité de ses inspecteurs de théâtre, qui ne parviennent pas, il le reconnaît, à assainir suffisamment le café-concert et certains spectacles publics. Il recommence la lecture de certains passages de la pièce, de façon à renouveler dans la Chambre les mouvements de réprobation qu'il a pu noter pendant le discours de Millerand, et, lorsqu'il a rassemblé facilement l'auditoire, et obtenu même une interruption approbative de Paul Déroulède et du comte de Maillé, il appelle M. Millerand son ami, et termine en annonçant qu'il serait heureux de lever l'interdiction si les auteurs consentaient à transformer leur pièce.

Le Figaro, dans son compte rendu, dit que la Chambre s'est amusée, pendant une heure, de ce débat dépourvu de sanctions; mais les curieux de littérature qui liront plus tard le récit de la séance dans *l'Officiel,* y relèveront des interruptions, des mouvements singulièrement significatifs de la mentalité et de la culture d'une Chambre française, en l'an de grâce 1891.

27 *janvier* 1891. — Voici maintenant l'affaire de *Thermidor,* qui ne nous intéresserait que relativement si le débat annoncé à la Chambre n'était, au fond, la suite de la campagne esquissée contre la censure à propos d'*Elisa.* On trouve, avec assez de raison, que l'interdiction de la pièce de Sardou, quelles que soient ses tendances, achève de démontrer l'inutilité de la censure; il est plaisant de voir *le Gaulois,* si heureux il y a quelques jours de l'interdiction d'une pièce de

l'adversaire de son collaborateur Pessard, crier « Bravo, Sardou », et entrer en guerre contre la rue de Valois.

Pour rester logique, sur l'interdiction de *Thermidor*, je suis obligé de mettre publiquement le Théâtre-Libre à la disposition de Sardou, pour jouer sa pièce, s'il le juge utile. A vrai dire, le geste est un peu platonique, mais je suis tout prêt à m'exécuter, malgré les innombrables difficultés de l'entreprise, si l'auteur me prenait au mot.

27 *janvier* 1891. — Francis Magnard fait faire dans *le Figaro* un dessin sur *la Fille Elisa,* qui est une charge contre la censure. Le symptôme est assez grave de ce grand journal littéraire et modéré prenant enfin nettement parti contre la rue de Valois, ses bureaux et sa malfaisante routine.

1er *février* 1891. — Une plaisante « soirée parisienne », de Toché, imagine ce matin, dans *le Gaulois,* qu'à la suite de la démarche que j'ai faite près de Sardou pour *Thermidor,* Claretie vient d'écrire une lettre semblable à Ajalbert, pour mettre la Comédie-Française à la disposition de sa *Fille Elisa.*

1er *février* 1891. — Un joli dessin de Forain dans *le Courrier français :* la censure personnifiée par une horrible vieille, armée des ciseaux classiques, disant à Elisa : « Va d'abord te faire habiller chez Georges Ohnet, après nous verrons. »

1er *février* 1891. — Au milieu de ce gros tumulte, nos représentations à la Porte-Saint-Martin se sont paisiblement déroulées, avec des recettes honorables qui dépassent couramment 2.000 francs. Nous avons donné : *la Mort du duc d'Enghien, la Tante Léontine* et *l'École des veufs.* La presse s'est montrée bienveillante pour cet essai, qui aura eu le grand avantage d'aguerrir notre troupe et de nous mettre enfin en contact avec le grand public; des ouvrages que nos principaux critiques avaient déclarés, lors de leur apparition, incapables de tenir aux vraies chandelles, ont intéressé les spectateurs, et nous venons de prouver que notre répertoire n'est pas inaccessible à la foule.

9 *février* 1891. — Sarcey, qui est venu voir nos spectacles publics de la Porte-Saint-Martin, nous fait des compliments et reconnaît le talent des comédiens, mais il conteste assez l'attitude du public pour qu'Ancey éprouve le besoin de protester dans *le Figaro,* en disant :

Certes, il y aura un éternel malentendu entre nous, les jeunes, et M. Sarcey; il s'amuse follement à des inepties qui nous font pleurer, il se pâme de rire, et il nage dans la joie; nous ne lui demandons que des conseils, il nous en donne, nous nous gardons bien de les suivre. M. Sarcey mérite notre respect pour son grand âge, nous lui dénions à notre égard toute compétence littéraire.

16 *février* 1891. — En ce moment, nous répétons, pour le prochain spectacle, la première pièce d'un nouveau camarade, Georges Lecomte, un grand jeune homme aimable et disert, avec lequel

je taille volontiers de longues bavettes, car il est d'une chaleur éloquente qui contraste un peu avec le milieu blagueur du Théâtre-Libre.

20 *février* 1891. — Il y a quelque temps, Mirbeau, dans un retentissant article du *Figaro,* me mettait en demeure de monter *la Princesse Maleine,* de Maeterlinck; j'avais hésité, d'abord parce que l'auteur lui-même déclare avoir écrit la chose pour un théâtre de marionnettes, puis parce que je n'ai vraiment pas sous la main les éléments nécessaires, en costumes, décors ou acteurs. On cherche ces jours-ci à exploiter la chose contre nous, à Bruxelles, prétendant que c'est tout le groupe naturaliste du Théâtre-Libre qui m'aurait détourné de cette tentative. La vérité, c'est que je ne pense pas que cela soit dans le sens de la maison et que je m'embarquerais dans une aventure où nous ne pourrions que trahir l'auteur.

20 *février* 1891. — J'ai eu la curiosité, devant l'allégation assez perfide qui a couru la presse, au sujet des résultats matériels de nos soirées à la Porte-Saint-Martin, de relever les recettes correspondantes des autres théâtres. Or, tandis que nous faisions une moyenne générale de 1.648 fr. dans ce théâtre désemparé par le départ de Sarah Bernhardt, l'Odéon encaissait 943 francs, Mme Mongodin, au Vaudeville, 1.900 francs, le Gymnase 1.682 francs, le Palais-Royal 1.900 francs, les Variétés 3.000 francs, avec *Ma Cousine,* le Châtelet 1.461 francs, les Nouveautés 982 francs, et les Menus-Plaisirs 238 francs. Alors ?

26 *février* 1891. — On publie ce soir la liste des personnalités qui seront convoquées devant la commission de la censure élue à la Chambre et dont M. Dujardin-Beaumetz est le secrétaire général. On entendra Alexandre Dumas, Meilhac, Vacquerie, Sardou, Goncourt, Zola, Banville, Bergerat, Ancey, Bisson, Camille Doucet, Claretie, Carré, et j'ai la surprise de voir mon nom terminer la liste.

1ᵉʳ *mars* 1891. — Bien entendu, on a ouvert des enquêtes dans la presse à propos de la censure et des travaux de la commission nommée par la Chambre pour examiner l'opportunité d'une modification de la loi. Zola dit qu'il est pour la liberté la plus absolue et la plus entière, mais il pense que la consultation décidée par les parlementaires n'est qu'une simple formalité, que rien ne sera changé. Sardou, échaudé par l'affaire de *Thermidor,* jette feu et flamme. Carré dit que, comme auteur, il demande qu'elle subsiste. En général, il y a beaucoup de scepticisme au sujet du résultat possible.

2 *mars* 1891. — *La Meule,* de Georges Lecomte, que nous avons donnée, n'a pas mal réussi ; c'est un assez joli début. Surtout les deux premiers actes étaient bien partis ; cela s'est ralenti sur la fin, mais l'auteur a une bonne presse ; Sarcey et Lemaître croient en son avenir.

Un lever de rideau, un acte de Ginisty, *Jeune premier,* a beaucoup plu ; c'est une anecdote où l'on a voulu reconnaître Delaunay, dont je m'étais amusé à copier la tête.

3 *mars* 1891. — Nous voici encore à Bruxelles, où nous sommes venus jouer *la Fille Elisa*. Tant de déplacements sont bien fatigants et entravent nos travaux de Paris, mais chaque mois le même dilemme se pose : chercher un peu d'argent au dehors pour donner le spectacle suivant.

3 *mars* 1891. — Voici que le Théâtre-Libre pénètre jusqu'au Théâtre-Impérial de Pétersbourg, où l'on a représenté *la Tante Léontine,* avec un très grand succès. Par exemple, je serais bien surpris que les comédiens de là-bas, Hittemans, Andrieu et Mlle Thomassin, aient pu donner le mouvement particulier d'un dialogue si différent de celui des œuvres qu'ils ont l'habitude de jouer.

6 *mars* 1891. — Notre succès à Bruxelles est très réel ; nous trouvons ici un public qui prend tout simplement la pièce que nous lui apportons, sans subir le contre-coup des agitations littéraires que ces œuvres soulèvent chez nous. Je redoutais fort Fréderikx, le critique de *l'Indépendance belge* qui a, comme talent, comme autorité, une situation analogue à celle de Sarcey ; il n'est pas tendre d'habitude et l'on m'avait prévenu que nous aurions à essuyer son feu. Il n'est certes pas sans faire des réserves, mais il nous encourage et son attitude est pour beaucoup dans le grand succès d'argent que nous rencontrons ici, vraiment le bienvenu, car la situation matérielle se tend de plus en plus à Paris. D'abord les abonnements ne peuvent plus progresser, tandis que les dépenses augmentent incessamment ; le déficit

se creuse ; je sens bien, sans rien dire à personne, que nous allons à un trou où le Théâtre-Libre tombera quelque jour. C'est terrible, parce que je ne puis pas laisser voir cette détresse, qui serait immédiatement exploitée contre ce que nous faisons. C'est pourquoi ces représentations, que l'on me reproche à Paris, sont une question de vie ou de mort pour le Théâtre-Libre.

6 *mars* 1891. — On vient de jouer au Gymnase une adaptation de *Musotte*, la célèbre nouvelle de Maupassant, par M. Jacques Normand. La presse dit que c'est de l'excellent Théâtre-Libre, habilement dosé à l'usage des gens du monde, et le succès est très grand. J'ai été voir le spectacle ; il ne reste là dedans du chef-d'œuvre qu'une sensiblerie assez plate. Mais, tout de même, cette sage-femme, l'audace de la situation, acceptées ainsi par le public le plus bourgeois, c'est une conquête, la foule glisse inconsciemment vers un renouvellement que nous aurons préparé et qui, un jour, bouleversera tout.

14 *mars* 1891. — La mort de Théodore de Banville nous met en deuil. Le Théâtre-Libre lui doit beaucoup, car son *Baiser,* qu'il voulut bien écrire pour nous, fut l'un des grands succès qui fondèrent la maison.

Un mot de lui : « J'écris en vers avec la même facilité qu'à mon tailleur. » Il s'en va, chevalier de la Légion d'honneur depuis 1858 ; on ne gâte pas les poètes chez Marianne, comme dirait Bergerat.

25 *avril* 1891. — La première d'*Amoureuse*, à l'Odéon. Voici enfin une pièce considérable, telle que, certainement, depuis *les Corbeaux,* on n'en avait vu de semblable.

Je suis fier de la signature de cette œuvre, un des noms du Théâtre-Libre, et d'avoir réouvert jadis le chemin de la scène à Porto-Riche avec *la Chance de Françoise.* L'interprétation, au second Théâtre-Français, est merveilleuse, avec Réjane, l'artiste la plus complète de ce temps-ci. Elle vit ce personnage si vibrant, avec une intensité et une virtuosité magistrales. Le troisième acte reste faible ; on sent que l'auteur n'y a pas dit son dernier mot. Mais la grande scène du second se déploie avec l'audace, la sûreté et l'ampleur des maîtres.

28 *avril* 1891. — A l'Odéon, l'*Amoureuse,* de M. Georges de Porto-Riche, reçue par Porel, les yeux fermés, s'était d'abord appelé *l'Ennemie* et Pessard dit, tout en faisant de vifs compliments, qu'en somme il a plutôt eu l'impression d'un spectacle dans un fauteuil que celle d'une pièce de théâtre. Vitu proclame qu'il n'insistera pas sur les côtés choquants de cette singulière aventure, mais, assez prudent, il n'éreinte pas. Pour nous, par son accent neuf et vigoureux, *Amoureuse* est une pièce considérable, une pièce pas encore vue ; l'audace et la franchise du second acte sonnent magnifiquement la vérité à côté des marionnettes de Dumas fils.

28 *avril* 1891. — Fort heureusement pour nous, dans la lutte toute littéraire avec Porel qui

vient d'abattre une carte triomphale avec *Amoureuse,* j'étais prêt à la riposte en donnant *le Canard Sauvage* que nous venons de jouer. La représentation a été curieuse ; un public hostile, gouailleur, a fini par être emporté complètement par un admirable cinquième acte. On a bien imité les cris du canard et chahuté quelque peu, mais la presse est d'un ton qui en dit long.

28 avril 1891. — Pierre Véron, dans son compte rendu, dit que M. de Porto-Riche, en écrivant *Amoureuse,* a laissé définitivement le romantisme pour sacrifier à l'antoinisme. Je ne suis pas médiocrement fier de cette boutade, mais je pense plutôt qu'il faut rattacher *Amoureuse* à la grande lignée de Becque.

5 mai 1891. — Le feuilleton de Sarcey sur *le Canard sauvage* est lamentable ; la coupure m'en arrive ce matin, que je veux conserver. J'entends bien que « notre oncle » n'a pas résisté au plaisir de se ranger du côté de ceux qui blaguaient dans l'obscurité de la salle ; cela ne l'a pas empêché de parler de la pièce comme quelqu'un qui, au fond, a tout compris, mais qui ne veut pas en convenir. Cependant il y a dans ses plaisanteries quelque chose de si déplaisant envers une pareille œuvre qu'il faut en garder trace :

Ah ! ce *Canard sauvage,* personne, au grand jamais, non personne, ni vous qui avez écouté la pièce, ni Lindenlaub et Ephraïm qui l'ont traduite exactement, ni l'auteur qui l'a écrite, ni Shakespeare qui l'a inspirée, ni Dieu, ni diable, non personne ne saura ce que c'est que le canard sauvage, ni ce qu'il fait dans la pièce, ni ce qu'il signifie, ni à quoi il rime. Mais, canard à part, vers la fin du troisième acte, on commence à comprendre la pièce, et on l'a presque comprise par un effort rétrospectif, vers la fin du cinquième ; toujours canard à part, bien entendu. Oh ! je ne me flatte pas d'avoir compris le canard ; ne comptez pas sur moi pour vous l'expliquer. J'ai déjà vu sur ce canard un certain nombre d'exégèses, elles ne m'ont pas satisfait ; les uns l'ont accommodé aux olives, les autres à la rouennaise, les autres aux ronds d'orange ; moi, je n'ai point de sauce particulière à vous proposer. Je n'oserais pas confesser que je ne sais pas encore ce qu'a voulu dire Ibsen, s'il n'était pas convenu que je suis un être dépourvu de toute intelligence. Je ne puis donc pas, par cet aveu, aggraver l'opinion que professent sur moi les amateurs du *Canard sauvage.*

11 *mai* **1891.** — Dans son feuilleton des *Débats,* Jules Lemaître, qui parle avec une compréhension admirative de l'œuvre du grand Norvégien, se donne le malin plaisir d'expliquer à Sarcey le symbole du *Canard sauvage* et termine en disant : « Voilà tout, qu'y a-t-il de si obscur et de si étrange ? »

19 *mai* **1891.** — Adrien Bernheim, un enragé séide de Sarcey, me conseille d'aller voir *Grisélidis,* à la Comédie-Française, et d'y prendre une bonne leçon de mise en scène ; je trouve admirable cette affirmation désespérée d'enthousiasme pour ce bric-à-brac moyenâgeux en protestation contre nos tentatives.

22 *mai* **1891.** — Jean Jullien vient de faire recevoir par Porel une pièce nouvelle, *la Mer.* On éprouve le besoin d'en informer le public par une note désagréable rappelant que l'auteur de *la Sérénade,* du *Maître* et de *l'Echéance* a été, comme tant d'autres, obligé de renoncer à ses relations premières avec le Théâtre-Libre.

24 mai 1891. — Je reçois une convocation pour me rendre mercredi prochain devant la commission de la censure dramatique qui fonctionne au Palais-Bourbon. Got, Carré, Albin Valabrègue et Georges Ancey sont également invités pour ce jour-là.

28 mai 1891. — Nous avons donné *Nell Horn,* cinq actes que Rosny avait tirés de son beau livre. La représentation a été curieuse, accidentée mais mauvaise, et la presse reflète cette impression. Voilà un résultat qui ne correspond guère à l'immense effort que j'avais fait. Au troisième acte, un meeting dans un square de Londres, j'avais accumulé près de cinq cents figurants avec leurs bannières et trois musiques. Je ne sais pourquoi cet énorme déploiement de mise en scène a mis la salle en fureur, et, comme le bruit sur le théâtre était intense et que les spectateurs sentaient que leurs plaisanteries et leurs quolibets ne nous parvenaient même pas dans le brouhaha, faute de mieux, ils ont repris en chœur le cantique de l'armée du Salut. Perdu au milieu des figurants, j'ai été pris d'une telle rage que, sur un signal donné par le sifflet à roulette dont j'étais pourvu, trois cents figurants ont déchaîné sur la scène une tempête si drue et si prolongée que les spectateurs, fatigués et stupéfaits, en sont redevenus silencieux.

Je garde la conviction que *Nell Horn* était un spectacle d'une originalité rare. Le pauvre Rosny n'est pas disposé, après cette déconvenue, à revenir de sitôt au théâtre, et voilà un de nos plus grands écrivains éloigné, peut-être à jamais, de la scène.

28 *mai* 1891. — Il faut noter cette gentillesse d'une feuille de chou parce qu'elle est significative du ton que certains emploient avec nous :

Au moment de mettre sous presse et où il est trop tard pour remanier mon article, on m'apprend que le Théâtre-Libre a cessé d'exister et que son directeur, ne sachant plus que faire de sa couenne, et ne voulant pourtant pas abandonner son art libre, vient d'accepter la même fonction dans une maison hospitalière du boulevard de la Chapelle, 22 ou 106, on n'a pas pu m'affirmer le numéro, des plus gros, paraît-il.

29 *mai* 1891. — J'ai eu 1.500 francs de figuration pour *Nell Horn.*

31 *mai* 1891. — J'ai longuement parlé de la censure devant la commission parlementaire. J'ai cru discerner que la majorité était acquise à la suppression. L'un des plus ardents et des plus tenaces m'a semblé être M. Dujardin-Beaumetz, dont les yeux brillaient visiblement de plaisir et d'approbation à chacune de mes charges à fond ; en somme, je réclamais pour le théâtre la liberté dont jouissent toutes les autres productions de l'art français, et Ancey, qui fut entendu en même temps que moi, sur un ton plus modéré, a soutenu les mêmes arguments, ajoutant ce trait amusant qu'un censeur lui avait demandé la suppression de cette phrase de *l'Ecole des veufs :* « Je

viens de voir le curé de Notre-Dame-de-Lorette »,
parce que cette paroisse était la sienne.

1er *juin* 1891. — La déposition de M. de Goncourt devant la commission d'enquête de la censure.

« En effet, l'intérêt du public est passé successivement des Agamemnon et des rois de l'anti-
quité aux marquis des xviie et xviiie siècles, puis
des marquis aux bourgeois du xixe siècle et ils
entendent, les censeurs, qu'on s'arrête à ce « personnage noble » de l'heure présente.

« Ils ne se doutent pas, ces messieurs, qu'il y
a cent cinquante ans, au moment où Marivaux
publiait le roman de *Marianne,* ils ne se doutent
pas qu'on lui jetait à la tête que les aventures
de la noblesse pouvaient seules intéresser le public, et Marivaux était obligé d'écrire une préface
où il proclamait l'intérêt qu'il trouvait dans ce
que l'opinion publique dénommait l'ignoble des
aventures bourgeoises, affirmant que les gens
qui étaient un peu philosophes, et non dupes des
distinctions sociales, ne seraient pas fâchés d'apprendre ce qu'était la femme chez une grosse
marchande de toile.

« Eh bien, à cent cinquante ans de là — ici, je
parle pour moi — il est peut-être permis à un
esprit philosophe, dans le genre de Marivaux, de
descendre à une bonne à tout faire, à une basse
prostituée. »

1er *juin* 1891. — Il vient de se fonder un
Théâtre-Libre à Copenhague qui a inauguré ses
représentations par la *Thérèse Raquin* de Zola,

sous la présidence du ministre de l'Instruction publique. Nous sommes loin de Paris.

2 *juin* 1891. — On sait maintenant l'opinion exprimée par les personnalités entendues sur la censure. Vacquerie a prononcé un éloquent plaidoyer en faveur de la liberté complète du théâtre, Goncourt et Zola également. Par contre, Alexandre Dumas fils a déclaré que la censure était bonne, très bonne, que les vrais auteurs ne s'en plaignaient pas. Henry Meilhac aussi, bien entendu, de même que Camille Doucet.

9 *juin* 1891. — *Les Fourches caudines* que nous venons de jouer sont d'un très aimable garçon, Maurice Le Corbeiller, courriériste dramatique aux *Débats,* qui a déjà donné à la Comédie-Française un à-propos en vers fort goûté.

10 *juin* 1891. — Nous avons donné hier soir *Leurs Filles,* de Pierre Wolff. Le critique du *Figaro* n'avait pas digéré ses débuts dans *Jacques Bouchard.* Il nous boudait depuis et s'était même un instant brouillé avec son neveu. Puis la polémique où j'eus la chance d'asséner sur sa rude poigne un coup de trique retentissant n'avait pas arrangé les choses. Enfin, nous appartenons à un clan contre lequel il a toujours nourri une véritable exaspération, et ses prises de bec avec Zola sont restées célèbres. Sa curiosité au sujet de la nouvelle pièce de Pierre Wolff était pourtant fort grande ; de plus, il avait à en rendre compte comme critique dramatique. Aussi, pendant la représentation, où je n'avais qu'un tout petit

rôle, je guettais malicieusement son impression ;
à mesure que le succès devenait énorme, la stu-
péfaction et le désarroi s'y mélangeaient avec
une émotion assez touchante. Lorsque, le rideau
tombé, j'eus jeté le nom de son neveu, dans un
emballement de la salle, Albert Wolff passa sur
la scène et dit à Pierre de le guider jusque chez
moi. Comme nous ne sommes que des locataires
passagers, je suis installé dans une petite pièce
sans mobilier, et lorsque l'auteur introduisit son
oncle, je ne pus que lui montrer une vieille malle
pour s'asseoir. Le bonhomme me regardait, fort
ému, hochant la tête suivant un tic qui lui est
familier, et je me démaquillais devant ma glace
quand il pria son neveu de nous laisser seuls. Il
y eut un long silence que je n'osais point rompre,
et, ma foi, j'étais assez ému aussi ; après m'avoir
longuement dévisagé, il a fini par me dire :
« Vous êtes un garçon d'esprit et je ne suis
qu'une vieille bête, vous avez pris une belle revanche. Je vous remercie pour mon neveu et
pour moi. » J'avoue que j'ai été fort touché et
que cette réconciliation m'a fait plaisir. Du reste
la presse, ce matin, dit que *Leurs Filles* est un
chef-d'œuvre, qu'Henriot est Mme Dorval, et déjà
Koning, qui est un ami d'Albert Wolff, parle de
commander une pièce à l'auteur pour le Gymnase.

11 *juin* 1891. — Le procès que j'avais intenté
à Bauer, qui devait venir à l'audience aujour-
d'hui, est remis au 29 juillet. Bien des amis se
sont entremis pour me faire retirer ma plainte.
Mais en ai-je le droit ? A l'heure où je traîne der-

rière mes talons un parti de mécontents, il faut prouver que je n'ai rien à cacher et que je ne redoute pas l'étalage au grand jour de ma vie et de mon travail. Ce n'est pas que Bauer n'ait aussi bien des ennemis acharnés, car des collaborateurs de son journal, des rivaux illustres, me conseillent sournoisement de tenir bon.

21 *juin* 1891. — Courteline, dans une amusante fantaisie, gouaille ceux qui nous ont reproché, après la représentation de son *Lidoire*, d'avoir joué cette histoire dans un décor exact et il termine ironiquement :

La pièce se passe, n'est-ce pas, dans un régiment de hussards ? Alors le décor est tout indiqué : à gauche, au premier plan, un arbre derrière un buffet ; puis, la statue en pierre de l'empereur du Brésil. A droite, en piles, les œuvres de M. Paul Perret, et au fond, l'incendie du palais de Justice de Rouen, éclairant de lueurs rougeâtres le geste désespéré des naufragés de la *Méduse.* Vous nous embêtez, mon cher, avec vos décors exacts.

C'est une réponse bien spirituelle aux attaques qui se multiplient depuis quelque temps contre la mise en scène réaliste.

25 *juin* 1891. — Ma fin de saison est dure ; le mois dernier, j'avais écrit un mot à Derenbourg pour lui demander de m'avancer 6.000 à 7.000 fr. afin de faire face à mon dernier spectacle et gagner l'été. Hier, dans *le Gil Blas,* je trouve une copie de cette lettre, ce qui m'est bien désagréable car elle rend publique une situation financière qui doit réjouir nos ennemis. Du reste, cela n'a été fait évidemment que pour me gêner,

au moment où j'organise les abonnements de la saison qui va venir.

1ᵉʳ *juillet* 1891. — Marcel Prévost, désormais au premier rang des romanciers nouveaux, avec *la Confession d'un amant,* a gentiment accueilli ma demande d'une pièce pour la saison prochaine. Je trouve, en effet, qu'il serait d'un intérêt véritable d'attirer vers le Théâtre-Libre l'un des écrivains qui s'annonce comme un maître de demain. Nous convenons ensemble qu'il me donnera un acte tiré d'un épisode du *Scorpion.*

4 *juillet* 1891. — Tous ces incidents de la censure et les investigations des commissions parlementaires du côté des Beaux-Arts devaient aboutir à une sanction. Larroumet quitte la direction de la rue de Valois et, sans connaître encore son successeur, j'ai le sentiment que c'est une grosse perte. Dans les nombreux conflits de ces dernières années, Larroumet m'a toujours traité avec infiniment de bienveillance, et au cours des visites que je lui faisais, je démêlais, sous la prudence du haut fonctionnaire, une vraie bienveillance pour la jeune génération dramatique.

6 *juillet* 1891. — Nous avons donné ce soir le dernier spectacle de la saison, trois pièces en un acte, une paysannerie de Sutter-Laumann, une fantaisie assez drôle, *le Pendu,* d'Eugène Bourgeois, et une tout à fait jolie chose de Louis Mullem, *Dans le rêve.* La presse n'est pas méchante, mais j'ai besoin de me rassembler et de reprendre des forces à Camaret.

8 juillet 1891. — En ces temps de liquidation de fin de saison, où je tripote des papiers, dans le désarroi d'une situation pécuniaire extrêmement grave, je relève les chiffres des abonnements des trois dernières années : 26.000 pour 1889, 42.700 pour 1890, 53.600 pour 1891, qui seraient assez rassurants si, en même temps, je ne voyais démesurément s'accroître les charges et les frais du Théâtre-Libre.

12 juillet 1891. — Carvalho annonce pour l'hiver prochain *Cavalleria rusticana*, un opéra de Mascagni, ayant fait le tour du monde, et qui n'est autre que la *Chevalerie rustique*, de Verga, autrefois si copieusement emboîtée chez nous.

15 juillet 1891. — Dans son dernier compte rendu du spectacle du Théâtre-Libre, Auguste Vitu terminait par ces mots charmants :

J'allais oublier de dire que l'administration du Théâtre-Libre a fait distribuer une jolie collection de dessins obscènes en guise de programme. La fête était complète.

Or, ces dessins étaient de Willette, de Forain, et ils nous avaient été donnés par *le Courrier français*. C'est toujours, pour la province et l'étranger, la légende de la pornographie systématiquement répandue.

20 juillet 1891. — L'an dernier, avec Ancey, dans une de nos excursions de Douarnenez à Brest, en passant au large de la pointe des Pois, à la sortie du goulet de Brest, nous avions guigné des falaises rocheuses, des plages désertes qui nous paraissaient magnifiques. Cette saison, en quittant Paris, nous avons, sans nous arrêter à Douarnenez, fait le tour de la baie, et abordé cette fameuse pointe à l'extrémité de laquelle un village de pêcheurs, Camaret, nous a enthousiasmés. Nous y voici pour passer l'été, Ancey dans la lande où il a trouvé une petite maison, et moi, dans un vieux fort en ruines au bout d'une jetée, à l'entrée du port, où je me suis installé, tant bien que mal, et que la commune me loue 25 francs par an.

30 *juillet* 1891. — L'affluence des manuscrits est telle que je n'en ai pas loin de cinq cents entassés dans ma petite chambre du fortin de Camaret. J'ai attaqué le tas, et hier soir, comme je travaillais assez avant dans la nuit, je suis tombé sur trois actes, *l'Envers d'une sainte*, d'un M. Charles Watterneau, qui m'ont donné un coup de fièvre et empêché de dormir le reste de la nuit. J'ai écrit à ce monsieur pour lui dire mon impression et que, bien entendu, sa pièce était retenue pour l'année prochaine.

2 *août* 1891. — J'ai décidément de la chance cette année. Voici un nouveau manuscrit, *l'Amour brode*, d'un M. de Weindel, qui me donne son adresse à Vienne (Autriche), une œuvre remarquable, une espèce de *Jeu de l'amour et du hasard*, mordant et tragique, annonçant un vrai auteur dramatique.

Camaret, 5 août 1891. — A l'instant où j'achevais une lettre pour l'auteur de *l'Amour brode*,

lui demandant s'il avait autre chose à me faire
lire, il m'en arrive une de M. François de Curel,
83, rue de Grenelle, à Paris, ironique et joyeuse,
qui m'annonce que, puisque je désire lire autre
chose, j'ai en ce moment chez moi trois manuscrits de lui, signés de noms différents et que le
troisième s'appelle *la Figurante*. J'ai justement
lu cette pièce hier soir, et elle m'avait paru fort
remarquable ; sans m'offusquer du stratagème,
je lui réponds que, bien entendu, je jouerai
l'hiver prochain, pour commencer, celle de ses
trois œuvres qu'il choisira, mais qu'à mon avis
l'Envers d'une sainte me paraît la plus importante et la plus sûre pour des débuts éclatants au
Théâtre-Libre.

12 *août* 1891. — Ce matin, dans *la Dépêche de
Brest,* je vois que l'enterrement d'Auguste Vitu a
lieu aujourd'hui. C'était un homme de talent qui
nous a beaucoup combattus, mais il était de son
temps. J'ai télégraphié à Paris pour qu'on mette
sur son cercueil la couronne du Théâtre-Libre.

3 *septembre* 1891. — Je vais tout de suite chez
M. de Curel en arrivant à Paris. Nous n'avons
pas tardé à nous mettre d'accord sur le choix de
l'Envers d'une sainte, et je lui dis ne pas être inquiet de ses deux autres ouvrages qui seront
joués par la suite, chez moi ou ailleurs. Il me conte
avoir employé ce petit artifice pour déposer ses
manuscrits, un peu par défiance de notre milieu
qu'il s'imaginait petite chapelle et étroitement
réaliste. Il a tant promené ses pièces dans les
théâtres sans aucun résultat, qu'il n'avait entre-

pris cette dernière démarche que par acquit de
conscience, sans aucune illusion sur les résultats.

10 septembre 1891. — Nous avons commencé à
répéter *le père Goriot.*

28 septembre 1891. — Le bon Maurice Lefèvre,
qui est un ami, avait ouvert dans *le Figaro* à ce
commencement de la saison, une importante enquête sur le mouvement dramatique. J'ai écopé
tout le long de sept grands articles, mais il m'a-
vait réservé le dernier.

On m'a demandé pourquoi la même question revenait
sans cesse au sujet du Théâtre-Libre, et un de mes corres-
pondants m'a fait l'honneur de terminer sa lettre en me
priant de lui donner l'explication de ce mystère.
Elle est bien simple, je me suis servi du Théâtre-Libre
comme d'une pierre de touche. Le Théâtre-Libre a été,
depuis sa fondation, l'objet de grandes discussions ; les uns
ont applaudi à ses tentatives, les autres les ont combattues
à outrance. Il compte autant de dévoués amis que de réso-
lus adversaires ; il apparaît à ceux-ci comme une sorte de
perdition, et à ceux-là comme une sorte de Montsalvat où
se conserve pieusement le Saint-Graal dramatique dont
M. Antoine ne serait autre que le Parsifal.
Les modérés le secondèrent comme un atelier dans
lequel s'ébauchent des esquisses intéressantes, comme un
laboratoire où se manipulent des préparations chimiques
destinées dans des temps plus ou moins longs à faire
éclater les vieilles formules. En résumé, et c'est là l'essentiel, il n'est ignoré de quiconque s'intéresse aux choses
du théâtre. Il n'était donc pas possible de trouver un meilleur terrain de discussions, qui permît mieux à ces entretiens de conserver une unité indispensable à la clarté de la
controverse. C'est au nom du Théâtre-Libre que les affa-
més du progrès sont partis en guerre, c'est contre les tendances et l'esthétique du Théâtre-Libre que les conserva-
teurs des antiques traditions ont pris les armes.

Il est donc juste, après avoir provoqué les confidences des combattants de l'armée régulière, d'entendre la voix de ce franc-tireur. Parmi les conversations rapportées ici même, il en est qui sont de véritables réquisitoires prononcés contre lui.

Maintenant, c'est au tour de la défense, la parole est à l'accusé.

Je note quelques fragments de mon interview qui montrent très exactement son état d'âme en ce commencement de saison.

— Vous montez *le père Goriot ;* toucher à Balzac, c'est grave.

— C'est, en effet, assez aventureux, et nous allons peut-être à un four de belle taille. Mais la réputation littéraire du Théâtre-Libre est faite de ces fours-là. Ce qui m'a séduit, c'est que c'est du nouveau au fond, ça n'a jamais été fait, et puis, il est possible que, dans le gâchis actuel, l'arrivée à la scène des grandes figures de *la Comédie humaine* aide à dégager quelques-uns des éléments de l'inconnu vers lequel s'achemine le théâtre. Tant pis si nous échouons, mais notre rôle est de *chercher*. En marchant en éclaireur, au risque de tomber de temps en temps dans les broussailles, nous évitons à ceux qui viennent derrière de se casser le cou. La besogne du Théâtre-Libre, je crois bien, sera féconde, *non point tant par les œuvres produites que par les courants qu'il peut déterminer.*

— Voilà une définition qui répond à bien des objections... Continuons. Quelle part réservez-vous dans votre programme au théâtre étranger ?

— Je consacrerai une soirée à un auteur étranger, comme tous les ans. Je ne puis, ni ne veux revenir sur Ibsen et Tolstoï. En montant *Nora* et *Hedda Gabler,* les grands théâtres vont suivre l'exemple donné chez nous avec *les Revenants* et *le Canard sauvage.* J'ai cherché ailleurs et je crois avoir trouvé en Espagne.

— Bien que vous entendiez rester sur la plus stricte réserve, ne voulez-vous point répondre à quelques attaques dont le Théâtre-Libre a été l'objet ?

— Mon cher ami, je suis rentré depuis quelques jours de villégiature et vous me plongez du coup en pleine bataille. Je vous sais un gré infini de ménager au Théâtre-Libre un

petit coin de votre intéressante enquête. Il me paraît en
effet que c'est lui qui en a fait les plus gros frais.

J'ai lu avec beaucoup d'intérêt les entretiens que vous
avez rapportés, et je ne pouvais, avant l'ouverture de la
saison, trouver de meilleur éperon que ces éreintements de
certains de mes confrères pour tout de bon : il y a six
mois, je n'aurais pas résisté à la démangeaison de riposter.
Bah ! Pourquoi ? Je suis à cette heure lassé des polémiques
qui ne prouvent rien. Paris, d'une logique et d'une justice
certaines, donne toujours raison au travail. C'est là tout le
secret de la vitalité du Théâtre-Libre. A quoi bon les paroles à côté ?

2 *octobre* 1891. — Porel a donné hier soir *la
Mer,* de Jean Jullien, qui est un succès, et Albert
Wolff, succédant à Vitu comme critique du *Figaro,* en dit beaucoup de bien. La représentation fut honorable, mais trop théâtre, malgré
les recherches de mise en scène de Porel. Il
commit l'imprudence de laisser la mer visible,
au lieu d'en suggérer le voisinage, et sur la
toile de fond, une vague dressée ne retomba
pas pendant les trois actes de la pièce.

19 *octobre* 1891. — Mounet-Sully, qui triomphe
de nouveau dans *OEdipe-roi* à la Comédie-Française, parle de s'en aller ; il se plaint de l'inaction
où on le laisse. Ce serait une folie ; malheureusement, l'exemple de Sarah est là, bien dangereux
pour tous les camarades qu'elle a laissés rue de
Richelieu.

20 *octobre* 1891. — Je suis furieux, un nommé
de Chirac, a donné ces jours-ci, rue Rochechouart, une représentation de trois ordures qui

a soulevé l'indignation du public et je sens qu'on est tout disposé à confondre notre effort avec ces saletés.

25 octobre 1891. — Mon pauvre *Père Goriot* n'a pas donné ce que j'en attendais, et, pourtant, je jure bien que jamais travail sur Balzac ne fut exécuté avec plus de conscience et de piété. D'abord on n'a pas compris du tout pourquoi j'ai fait appel à Balzac pour éclairer, s'il était possible, le mouvement actuel qui, à ce qu'il me semblait, avait quelque tendance à se perdre. Et, cependant, le Théâtre-Libre est sur un palier. Je sens bien arriver quelque chose, mais nous n'y sommes pas encore, et il faut tenir en attendant. La presse, sévère pour le pauvre Tabarant, est indulgente pour les artistes et pour la mise en scène. Il n'y a guère que Céard qui rosse un peu sur les décors et les meubles, sachant fort bien que là il m'est désagréable ; mais on rend justice à Grand qui a été un Rastignac merveilleux. Le malheur, c'est que tout cela m'a coûté les yeux de la tête, et que, dès ce commencement de saison, déjà si fort chargé par les reliquats anciens, j'entrevois une année plus lourde encore de soucis que les précédentes.

2 *novembre* 1891. — Ce qui me rassure un peu après la déception de *Goriot,* c'est que nous répétons en ce moment une œuvre qui, à mon avis, est un tournant de notre aventure. François de Curel apporte autre chose qui va, je crois, nous sortir de ce que Jules Lemaître et d'autres commencent à nommer le poncif du Théâtre-Libre.

19 *novembre* 1891. — Toujours la manie des adaptations de Shakespeare. La Comédie-Française donne à son tour une version en vers de *la Mégère apprivoisée,* qui réussit surtout grâce à Coquelin.

7 *décembre* 1891. — *La Rançon,* de Salandri, a passé sans encombre, mais aussi sans éclat. Maurice Vaucaire, un charmant et gentil poète que j'avais connu au Chat-Noir, s'est fait beaucoup applaudir avec *Un beau soir,* pour lequel Henri Rivière, fondateur du théâtre d'ombres de chez Salis, a fait un merveilleux décor, de conception entièrement nouvelle. Mais dans le spectacle, ce qui me passionnait surtout, c'était la pièce de début de Marcel Prévost, *l'Abbé Pierre,* un épisode de son célèbre *Scorpion,* traité avec une audace terrible et un tact merveilleux. Il s'agit de la confession d'une mère par son fils.

Cela fut exécuté avec une si grande discrétion qu'il n'y a pas eu de résistances. Au fond, la critique est inquiète de voir l'un des maîtres romanciers de demain chercher une voie vers le théâtre, et l'on fait tout pour l'en détourner.

17 *décembre* 1891. — Hier, la neuvième chambre, présidée par M. de Boislisle, a renvoyé Bauer des fins de la plainte que j'avais formée contre lui. Le tribunal, tout en constatant que l'article de Bauer contenait des invectives dépassant le droit de la critique, a pensé que les déclarations de Mᵉ Strauss, son défenseur, rendant pleinement hommage à ma vie privée, et que ma violente riposte, dont on a fait donner lecture à

l'audience, constituaient une réparation suffisante. Au fond, c'est bien jugé; c'était déjà une vieille histoire sans grand intérêt.

19 *décembre* 1891. — Carré vient d'engager Grand au Vaudeville; une grosse perte pour nous, mais en même temps la preuve des services que nous avons rendus aux théâtres parisiens, en leur trouvant des auteurs et des artistes nouveaux.

20 *décembre* 1891. — Mon affaire avec Bauer fait du bruit. Céard, insistant sur le mécompte qui m'est infligé, m'éreinte copieusement, déclarant que le Théâtre-Libre est mort et que je dois faire place à un autre. Sarcey, lui, essaie de nous départager, et il ne cache pas à Bauer que, s'il est enchanté de voir le jugement consacrer les droits de la critique, il ne l'excuse point de s'être emporté à mon endroit à des boutades inutiles.

20 *décembre* 1891. — On a nommé un juge d'instruction pour informer contre ce polisson de Chirac, qui causa tout dernièrement à son théâtre réaliste un abominable scandale; c'est un fou, mais aussi un imbécile, qui, avec ses excentricités habilement exploitées contre nous, a peut-être retardé pour quelques années notre contact avec le grand public.

21 *décembre* 1891. — Nous donnons *la Dupe,* avec un joli acte en vers, *Son petit cœur,* de Marsolleau. La pièce d'Ancey fait sensation, car elle

est de main de maître, et Becque la tient, comme moi, pour une espèce de chef-d'œuvre. Fouquier la trouve remarquable, et pense que cette soirée soulève au fond des discussions capitales pour l'évolution théâtrale. Bauer, naturellement, trouve que c'est un vaudeville.

22 *décembre* 1891. — La commission des auteurs me fait la mauvaise surprise de me convoquer ; on aurait l'intention de me traiter sur le pied des autres théâtres, ce qui, pour moi, serait une terrible aggravation de charges. Mais tous ces messieurs, Sardou, Halévy et d'autres, auxquels je ne cache rien de ma situation pécuniaire presque désespérée, stupéfaits en face de la réalité, se montrent des plus bienveillants. On exploitait déjà ce petit débat ; je sens de jour en jour l'hostilité s'accroître. J'ai mécontenté tant de gens en refusant des pièces, on a tant de fois prédit la mort du Théâtre-Libre, que notre vitalité a amassé des haines qui me causent une lassitude dont je ne laisse rien voir, tout en me demandant ce que j'ai bien pu faire à tous ces gens-là.

26 *décembre* 1891. — Albert Wolff est mort. Indépendamment de la peine que je vois à notre pauvre Pierre Wolf, j'en éprouve un vif chagrin, car, depuis notre réconciliation, le brave homme témoignait à notre petit coin un intérêt bien touchant. Comme ses derniers jours coïncidaient avec notre récent spectacle, son neveu me conte qu'il s'inquiétait du rédacteur qui serait chargé de le remplacer chez nous.

26 *décembre* 1891. — Le Théâtre d'Art, fondé par Paul Fort, prospère et prend de l'importance. Ce n'est pas moi qui m'en plaindrai. Ils vont donner le *Faust*, de Marlowe, et une *Salomé*, d'Oscar Wilde. Les deux scènes à côté complètent leur action pour le plus grand profit des jeunes.

27 *décembre* 1891. — M. Henry de Bornier a publié dans *la Patrie* un feuilleton dont le début est à noter :

Bergers, voici les loups ! Ils sont descendus depuis longtemps, et ils rôdent autour de vos parcs, de vos bergeries closes l'hiver ; mieux encore, ils sont entrés dans la bergerie classique appelée l'Odéon, et ils entreront avant peu, n'en doutez pas, dans la grande bergerie de la Comédie-Française, je ne vous en donne pas pour deux ans ; je vous dis que j'en ai vu sur la place du Théâtre-Français, des loups, des loups maigres et qui ont les dents longues. Je ne les blâme pas, les loups, ils sont dans leur fonction, mais ce sera un beau massacre, et M. Jules Claretie sera navré, et il ne pourra qu'assister à la grande scène du dernier acte. Et je sais bien ce qu'ils diront, les loups sortis du Théâtre-Libre, et dont M. Antoine fait l'éducation. Ils diront : « C'est notre tour, brebis, moutons, béliers, petits agneaux, de la bergerie Molière, nous allons vous saigner gaiement, car nous avons faim et soif, et le sang apaise la soif comme la faim. » Ils diront à M. Alexandre Dumas : « Tu nous ennuies avec ton *Demi-monde*, et toi aussi Pailleron, avec ton *Monde où l'on s'ennuie*, nous sommes du monde où l'on égorge et vous allez le voir. » Ils diront à MM. Ludovic Halévy et Meilhac : « Mes petits Parisiens, votre heure est venue, vous allez vous confesser à *l'Abbé Constantin.* » Quant à l'auteur de *la Fille de Roland*, bien entendu, ils n'en feront qu'une bouchée, et je crois les entendre : « Ah çà, petite pleurnicheuse, tu refuses donc d'épouser celui que tu aimes, parce qu'il fait des manières sous prétexte que son père a trahi la Patrie ? Tu vas bêler pour la dernière fois. »

Ainsi parleront et feront les loups que je vous annonce ;
et ils se baigneront dans notre sang avec le calme féroce
des loups qui accomplissent un devoir, et les capitaines de
louveterie seront désarmés, sinon complices.

29 *décembre* 1891. — On a enterré M. de La
Pommeraye, un bien excellent homme qui, certainement, s'en va sans avoir sur le cœur la plus
petite peccadille. D'idées singulièrement tradi-
tionnelles, il n'en était pas moins bienveillant
pour les jeunes gens.

1892

4 janvier 1892. — La commission de la censure
publie son rapport, un document considérable,
qui sera toujours à consulter sur la question;
elle conclut en proposant la suppression des cré-
dits pour les censeurs. On ferait un essai de trois
ans; quelle victoire si, comme tout permet de
l'espérer, le Parlement ratifie!

10 *janvier* 1892. — En me promenant tantôt
avec Brieux, je sens qu'il s'impatiente, parce
que sa pièce *Bichette* qu'il a donnée à Carré ne
passe pas. Il me la raconte; tout de suite, je le
persuade qu'une histoire de paysans sera beaucoup plus à sa place au Théâtre-Libre, et je lui
offre de la monter tout de suite.

10 *janvier* 1892. — Chez Drouant, place Gail-
lon, tous les vendredis, des amis du Grenier et
de la rue de Bellechasse dînent ensemble; quand
je le puis, c'est pour moi un gros plaisir d'assister à ces réunions où je retrouve Ajalbert,
Geffroy, Hennique, Rosny, Descaves, et autres.

Comme, hier soir, sur les dix heures, on cherchait à finir la soirée, le nom de Bruant qui, en ce moment, fait fortune avec son cabaret du boulevard Rochechouart, était jeté par quelqu'un, Carrière dit son envie de le connaître, et nous grimpons vers Montmartre.

La boutique du chanteur est pleine d'un public assez élégant, respirant avec délices une fumée de corps de garde, sous les engueulades pittoresques du Patron. Comme, en entrant, je lui dis bonjour, il s'inquiète des gens que je lui amène et me demande leurs noms. Alors Bruant, apprenant que Carrière et les autres sont venus pour l'entendre chanter, met tout à coup ses autres clients à la porte, fait poser les volets de la boutique, et redevenu le garçon timide, discret et charmant que je connais, nous chante avec la plus belle et profonde sensibilité les cinq ou six choses qui ont fait sa réputation. Evidemment, avec son argot hasardeux mais si vivant, l'espèce d'encanaillement voulu de son allure, Bruant est un vrai et peut-être un grand poète.

Nous restons fort tard à vider des bocks, et cette vision du Bruant légendaire, engueuleur et voyou, redevenu, avec son feutre et sa chemise rouge, un simple et bel artiste, devant des camarades qui l'admirent, était trop saisissante pour n'être pas notée.

15 janvier 1892. — C'est vraiment infâme : une main savante a propagé en province, aussi bien qu'à Bruxelles, sous le titre, en grosses lettres, de « l'Affaire du Théâtre-Libre », que la condamnation de cet imbécile de Chirac à quinze mois de prison, qui ne sont pas certes volés, s'appliquait à nous.

25 *janvier* 1892. — Camille Pelletan, pour moi l'un des esprits les plus nourris et les plus clairvoyants du temps présent, dans un article de *la Dépêche de Toulouse,* dit que le Théâtre-Libre a joué des pièces très vives mais qu'aucune n'était obscène, et que, dans le meilleur sens du mot, les tentatives littéraires les plus intéressantes qui se soient faites à la scène, dans ces dernières années, ont été faites là. Voilà un éloge qui me touche, d'autant que cette déclaration, dans un grand journal provincial, est de nature à combattre la sournoise, l'immonde campagne faite contre nous dans tous les coins où je ne peux pas répondre.

2 *février* 1892. — Coup double hier soir avec *Bichette,* de Brieux, devenue *Blanchette,* qui a triomphé sur toute la ligne. Il y a eu quelque ralentissement au troisième acte, mais le succès demeure immense. Pour *l'Envers d'une sainte,* c'est autre chose : la salle a été stupide, emboîtant chaque fois qu'elle l'a pu, mais ce matin, il y a une presse qui fait, du coup, M. François de Curel célèbre. Je ne jouais pas dans *l'Envers d'une sainte,* et j'étais tellement énervé par l'attitude du public, que, sorti dans les couloirs, j'ai pincé un grand diable, l'un de nos abonnés, s'amusant à ouvrir les portes des loges pour chahuter. Je l'ai fait descendre au contrôle et on lui a remboursé sa cotisation séance tenante. Il était stupéfait. En tout cas, il n'y a pas eu de

doute sur la valeur de la pièce, tout le monde convient qu'elle sort des formules ordinaires. Le résultat est d'autant plus beau que cela a été joué assez faiblement ; c'est un théâtre tellement neuf, tout intérieur, qu'il est extrèmement difficile à interpréter. En revanche, *Blanchette* a été fort bien jouée, j'ose m'en flatter, et Gémier, notamment, dans le cantonnier, fut admirable. Cette soirée coupe l'herbe sous le pied aux adversaires du Théâtre-Libre et va me permettre de souffler.

5 *février* 1892. — Le succès de *Blanchette* a retenti jusqu'à Rouen. Aussi Brieux m'écrit que nous devrions aller jouer la pièce au Théâtre des Arts. C'est entrer dans une voie périlleuse. Déjà nos excursions à Bruxelles nous donnent bien du tintouin ; une fois engagés dans ce système de représentations publiques, nous risquons d'enlever à nos soirées une grande partie de leur caractère particulier.

8 *février* 1892. — Ce soir, rue Blanche, après la répétition, mon charmant ami Rzewuski arrive et me conte qu'il vient de perdre cent mille francs au baccara. « Alors, me dit-il, je viens ici chercher un peu d'équilibre et de santé, je vous emmène souper. » Fouquier, contraint de passer au journal pour son compte rendu de la pièce de Richepin, jouée ce soir, au Français, nous rejoint dans un cabinet chez Paillard. Le critique du *Figaro* dit, en arrivant, s'être montré très sévère pour Jean Richepin et pour sa pièce *Par le glaive,* qu'il appelle un peu férocement *Par le rasoir.*

Nous soupons jusqu'à trois heures dans l'éblouissante causerie de Fouquier, évadé longuement vers la Grèce; tout à coup, les deux incorrigibles joueurs échangent un regard et se demandent s'il n'y aurait pas lieu de repasser un peu au cercle avant de se coucher, pour voir la fin de la partie, et tous deux s'en vont vers le tripot avec une vague espérance de regagner en quelques minutes la petite fortune perdue ce soir-là par Rzewuski.

18 février 1892. — Il a bien fallu céder à Brieux, nous avons joué hier soir *Blanchette* à Rouen; je dois dire que le succès a été énorme malgré le grand cadre que je redoutais. Le Théâtre des Arts est une salle d'Opéra, j'avais peur que l'intimité et la vie de la pièce ne disparaissent dans ce Sahara. On a fait quatre mille francs de recette, ce qui est superbe, et ceci me donne confiance pour le Havre, où nous allons, demain, redonner la pièce. C'est du reste un peu d'argent, dont nous commencions à manquer encore une fois.

25 février 1892. — La presse de la pièce de Curel est tout à fait un événement :

L'Envers d'une sainte, j'aimerais mieux un autre titre, dit Jules Lemaître, me paraît être la pièce la plus originale et la plus intéressante que le Théâtre-Libre nous ait donnée depuis *les Résignés,* d'Henry Céard; cette pièce a des longueurs, des maladresses et des redites. Les mêmes choses y sont répétées plusieurs fois, et ne sont pas toutes à la place où il faudrait pour la clarté, l'intérêt et le mouvement du drame. Ce drame ressemble trop à un très remarquable roman dialogué. C'est égal, il est vraiment beau, et d'une qualité exquise ; si le texte était signé Ibsen...

René Doumic :

La pièce de M. de Curel est faite d'une série de conversations où les personnages se racontent et s'analysent. Ces conversations se répètent, et le tout y manque de vivacité ; ces réserves faites, il reste que *l'Envers d'une sainte* se recommande par les qualités les plus rares ; la conception très élevée, une belle curiosité des secrets de la vie intérieure, une hardiesse à mener jusqu'au bout l'étude d'un cas de psychologie, une vigueur d'analyse poussée à fond, et enfin ce don qui consiste à souffler la vie à un être d'imagination.

Sarcey :

C'est un cas de tératologie, porté au théâtre par un disciple d'Ibsen... Chez M. de Curel, comme chez Ibsen, tout va par sauts, par bonds, dans une nuit épaisse. Les initiés se récrient « oh ! que cette psychologie est profonde ! » mes amis, je n'y vois goutte. Tous ces gens-là me font l'effet de fantoches s'agitant dans l'ombre. Il n'y a qu'un mot, et je le prends dans la langue verte, pour qualifier *l'Envers d'une sainte :* c'est crevant. Je n'ose pas dire que c'est sans talent parce qu'il y a là dedans certaines qualités de style, sobre et ferme, qui marquent un écrivain, mais un écrivain dramatique, jamais.

8 *mars* 1892. — Nous avons joué hier soir *l'Etoile rouge,* d'Henry Fèvre, et *Seul,* deux actes de Guinon. J'ai rarement passé une soirée aussi pénible que celle-ci ; dans la pièce de Fèvre, j'avais un interminable rôle de vieux savant, demi-fou, qui mange sa fortune, met sa fille sur la paille par de coûteuses expériences, pour savoir ce qui se passe dans Mars. Copieusement

emboîté pendant deux actes, tout remplis de
conférences astronomiques, il m'a fallu tenir bon,
devant une salle déchaînée, décidée à me faire
taire. Fort heureusement, je savais bien mon
rôle, je leur ai impitoyablement versé sur la tête
tout ce que Fèvre avait pu recueillir de détails
sur *l'Etoile rouge*. Et comme j'abordais le troisième acte, complètement fourbu, avec l'angoisse
d'avoir à tenir encore une bonne demi-heure, j'ai
eu tout à coup la surprise d'un retournement
complet du public qui, pris par une situation
enfin dramatique, a couvert d'applaudissements
tout le dénouement de la pièce et moi-même.

Seul, comédie de Guinon, est une histoire
bourgeoise, cuisinée juste à point pour mon
public. Aussi, le succès a été très grand ; la
presse, ce matin, très sévère pour Henry Fèvre,
est pleine de bienveillance pour l'adroit dosage
de Guinon.

10 *mars* 1892. — Je ne sais pas pourquoi,
M. Albert Guinon, l'auteur de *Seul,* n'avait pas
osé m'apporter son manuscrit lui-même ; se défiant de la maison, que l'on représente volontiers
dans certains milieux comme fermée aux nouveaux, il crut bon de se servir, comme intermé-
diaire, du fondé de pouvoirs de la maison
Rothschild, avec lequel je suis en relations courantes, car c'est lui qui est chaque année chargé
de renouveler les abonnements. Avec beaucoup
de tact, ce personnage, une figure bien curieuse,
m'a fait comprendre que « ces messieurs » s'intéressaient beaucoup à l'auteur ; certes, cette
démarche ne pouvait être prépondérante sur mon

appréciation de la pièce, j'ai pris *Seul* parce que c'est une comédie intéressante qui semble annoncer un auteur dramatique.

12 mars 1892. — Ce soir, une dépêche de Ginisty m'a bien intrigué ; je joue au parc de Bruxelles ; il m'informe que Porel a démissionné à l'Odéon, que sa succession est ouverte et que, si je posais ma candidature, j'aurais les plus grandes chances. Au fond, je suis enchanté d'être absent ; je n'avais pas entrevu ce coup de théâtre, c'est le cas de le dire ; je ne me sens pas prêt, il me semble que j'ai encore des choses à faire au Théâtre-Libre. Je sais du reste que Henry Bauer sera candidat, et surtout Marck, le collaborateur de Porel.

18 mars 1892. — J'ai, en arrivant à Bruxelles pour nos représentations, une surprise bien inattendue. Après le grand succès de *Blanchette,* Brieux s'était montré très frappé du conseil de Sarcey estimant que le troisième acte devait être remanié dans un sens plus optimiste. Il m'en avait apporté une nouvelle version, plus adoucie, en me demandant de la faire répéter. Nous étions accablés de besogne par les spectacles en préparation, je n'ai pas trouvé le temps d'un travail aussi lourd.

Brieux a écrit à la presse belge une lettre que j'ai trouvée dans les journaux disant qu'il n'avoue plus de sa pièce que les deux premiers actes, et je fais une drôle de figure.

28 *mars* 1892. — C'est Marck, le directeur de la scène sous Porel, à l'Odéon, qui est nommé directeur avec le secrétaire général Desbeaux ; un excellent choix, très administratif ; l'audace des deux directeurs ne nous coupera pas l'herbe sous le pied.

30 *mars* 1892. — Tournée : Liège, Bruxelles, et jusqu'en Hollande, Amsterdam, Rotterdam et la Haye. Le succès est très vif. Je suis surpris de trouver dans ces publics du Nord cette curiosité, cette compréhension des œuvres pourtant nouvelles que nous leur apportons. Au fond, on nous traite avec infiniment plus d'égards qu'à Paris.

8 *avril* 1892. — Le discours de réception de Pierre Loti, hier, à l'Académie française, est une charge à fond contre le naturalisme, assez surprenante chez un écrivain tel que celui-ci, très détaché en apparence de nos querelles d'écoles.

19 *avril* 1892. — On joue au Casino de Paris une revue de Mendès et de Courteline, *les Joyeuses Commères de Paris,* dans laquelle j'ai failli être obligé de paraître. Mendès, toujours emballé, avait imaginé de fabriquer pour moi tout un tableau de sa revue. Mais, plein de bon sens, le poète a senti le danger que ces représentations feraient courir au Théâtre-Libre, et il me rend ma parole le plus joliment du monde, sans me garder rancune.

21 *avril* 1892. — Les matinées rivales du Vaudeville deviennent de moins en moins dangereuses ; celle qui clôture la saison par des pièces en un acte a dû être renforcée d'une reprise de l'une des plus gentilles pièces que nous avions déjà jouée au Théâtre-Libre : les *Deux Tourtereaux,* de Ginisty et de Guérin.

2 mai 1892. — La nouvelle pièce de Pierre Wolff, *les Maris de leurs filles,* en trois actes, a eu un très beau succès, et *Simone,* celle de Louis de Gramont, a également été fort bien accueillie.

7 mai 1892. — De passage à Bordeaux pour quatre ou cinq jours, il vient de m'arriver une aventure effroyable. Nous devions jouer le soir au Théâtre-Français. La location était fort belle et, pour passer la journée, j'avais eu l'imprudence de proposer à Schurmann, notre impresario, d'aller déjeuner à Arcachon ; un train devait nous ramener pour l'heure du spectacle. Je ne sais quelle fatalité m'ayant donné envie de faire un tour de bateau, au moment où nous songions à regagner la côte, un calme plat fait tomber la voile et nous laisse en panne. C'était la représentation du soir manquée ; calculant que des deux ou trois personnes qui étaient là, j'étais seul indispensable au lever du rideau, j'ai piqué tout habillé une tête dans la mer, nagé trois ou quatre kilomètres, traversé au galop toute la pointe et, ruisselant d'eau, en sautant la balustrade, j'ai grimpé dans un compartiment à la seconde où le train s'ébranlait.

Schurmann, qui m'avait vu partir avec quelque scepticisme, me rejoignait deux heures plus tard, comme le premier acte de *l'Ecole des veufs* s'achevait, devant une salle comble ; mais quelle leçon !

9 *mai* 1892. — C'est extraordinaire ; on trouve dans certaines grandes villes de province des gens plus avertis et beaucoup plus à la page que beaucoup de Parisiens. Il y a à *la Petite Gironde* un critique, Paul Berthelot, d'une pénétration et d'un allant extraordinaires ; comme à Nantes, au *Petit Phare,* Gustave Babin est le plus compréhensif et le plus hardi de nos défenseurs.

9 *juin* 1892. — Notre septième spectacle n'est pas palpitant. Encore une paysannerie, *la Fin du vieux temps,* qui a du caractère, mais après *le Maître,* c'est pâle. Comme l'auteur est Paul Bourde, qui occupe une grosse situation au *Temps,* la presse est bonne. Gémier a été admirable dans un vieux berger, et personne ne semble s'en être aperçu. On est habitué aux figures de Janvier et d'Arquillière ; le nouveau venu, trop discret, n'attire pas encore l'attention.

13 *juin* 1892. — Chez M. de Goncourt à Auteuil, hier, avec Ajalbert, nous avons eu la lecture de l'acte que le maître va donner, *A bas le progrès !* une jolie fantaisie, un peu vieillotte et rabâcheuse, mais quelle langue, et comme il est glorieux pour le Théâtre-Libre d'avoir ce grand nom sur ses programmes.

30 *juin* 1892. — Enfin, le dernier spectacle de la saison avec un acte de Michel Carré et Georges Loiseau, *Péché d'amour,* une *Mélie,* scène dans

la manière de Méténier, tirée par Georges Doc-
quois d'une nouvelle de Jean Reibrach. Nous
avions donné au milieu de la soirée trois tableaux
extrêmement curieux, *les Fenêtres,* de Jules Perrin et de Claude Couturier, un drame de remords,
bref, mystérieux et original, qui a fait sensation.
Gémier, dans un personnage de vitrier et dans
Mélie, commence à avoir la presse qu'il mérite.

1ᵉʳ *juillet* 1892. — L'inventaire de cette cinquième année est tout de même encourageant :
Jean Jullien a été joué à l'Odéon, Porto-Riche a
remporté avec *Amoureuse* le plus gros succès de
la saison, Méténier a donné aux Variétés *la Bonne
à tout faire,* Hennique est au Gymnase, Lavedan
a triomphé au Vaudeville avec son *Prince d'Au-
rec.* On peut dire que dans dix ans, les trois
quarts des noms que l'on lira sur les colonnes
Moris auront été inscrits sur nos programmes.
Tous ces auteurs quittent naturellement la maison, et le danger mortel de l'encombrement dis-
paraît. Nous avons joué cette année douze nouveaux sur dix-huit ; c'est du reste le secret de
quelques déceptions et de querelles pénibles,
mais on verra plus tard, j'espère bien, que c'est
moi qui avais raison.

Pour les artistes, voici Grand au Vaudeville,
Mayer tout à fait casé, Luce Colas chez Carré,
Damoye et Janvier à l'Odéon. Il faut les remplacer et c'est tant mieux, car pour les comédiens,
comme pour les auteurs, il ne faut pas piétiner.
Le nuage à l'horizon, c'est toujours l'argent ; mon
magasin de décors de la Villette, et les construc-
tions nécessaires pour chaque nouveau spectacle,

sont ruineux. Mais comme on a donné à nos essais de mise en scène une signification importante, il faut absolument continuer.

Ce sont nos tournées en Hollande, en Belgique, à Bordeaux, à Nantes, à Rouen, au Havre, qui comblent en partie le déficit.

5 juillet 1892. — J'ai filé à Camaret tout de suite, malgré bien des embêtements. Mes vacances seront écourtées. Pas d'argent, il faut, pour en gagner, que nous allions donner des représentations en Suisse et dans le Midi, au mois d'août.

6 juillet 1892. — J'ai déménagé de mon fort de Camaret, et loué en pleine lande, tout à fait du côté du large, une vieille grange isolée, pour laquelle on m'a fait un bail de dix ans, avec 120 francs de loyer par an, ce qui est bien dans mes moyens. Du reste, quelle splendeur dans ces dunes, avec, au loin, toute l'Iroise, des lieues de mer, depuis le Raz, le cap de la Chèvre jusqu'à Saint-Mathieu.

12 août 1892. — Un jeune homme que nous avons vu en passant à Marseille, Emile Fabre, m'adresse le manuscrit d'une pièce tout à fait intéressante et que je reçois pour le Théâtre-Libre.

15 août 1892. — Il faut absolument que je me retourne, car, même avec les abonnements pour la saison prochaine, je prévois une année très dure. Le déficit s'accroît, je dois songer à faire gagner de l'argent à mes camarades dont le dévouement, pour être merveilleux, n'est pas inlassable. Schürmann m'a proposé de faire entre le 20 août et le 1ᵉʳ octobre une grande tournée en France qui serait sûrement très fructueuse pour tout le monde, aussi j'ai accepté. Nous emporterons une vingtaine de pièces, et, de retour à Paris le 1ᵉʳ octobre, je pourrai entreprendre, sans souci pour quelque temps, la saison prochaine. Enfin, ce premier essai de notre répertoire près du véritable public devient peut-être nécessaire, aussi bien pour les auteurs que pour les interprètes.

20 août 1892. — Paulus, que l'on est allé interviewer, dit : « Antoine, entre nous, est un Chirac qui a peur », et ajoute : « Moi, quand je chante, je fais toujours face à la foule. » Il n'est du reste pas plus tendre pour la Comédie-Française, déclare que le classique est fatigant ; il consent pourtant à trouver du talent à Mounet-Sully et à Coquelin, et ce bavardage imprudent lui procure une assez jolie tournée dans les feuilles.

27 août 1892. — M. Paul Perret, l'ancien critique de *la Liberté,* est nommé lecteur au Théâtre-Français. C'est gai pour les jeunes, car nous n'avons pas eu d'adversaire plus implacable et plus agissant.

1ᵉʳ septembre 1892. — Continuant notre tournée, nous avons gagné Lyon, où nous séjournons du 1ᵉʳ au 7. Le mouvement de presse à notre arrivée est considérable, mais dans la journée d'hier

j'ai eu un mauvais son de cloche. Le secrétaire
général de la préfecture du Rhône, auquel Schurmann avait à demander un visa nécessaire,
croyait que j'étais ce Chirac, qui a fait scandale
à Paris avec des représentations dégoûtantes.

9 *septembre* 1892. — Avant de gagner Genève
où nous sommes attendus, nous voici à Marseille
où, comme à Lyon, le mouvement de presse est
très grand. Nous trouvons tout un milieu littéraire et artistique créé par l'impulsion intelligente d'un amateur fort lettré, Auguste Rondel,
féru de théâtre et dévoué à tous ceux qui y
touchent. Beaucoup de jeunes gens ici sont depuis longtemps des partisans enthousiastes du
Théâtre-Libre ; l'un d'eux, Emile Fabre, nous a
présentés au public dans un bel article de son
journal *le Bavard*.

21 *septembre* 1892. — *Le Juif polonais* à la
Comédie-Française. Got y est admirable, surtout
au second acte, dans la scène où il tisonne en
écoutant le brigadier de gendarmerie, mais, au
fond, la pièce ne réussit pas.

30 *septembre* 1892. — Nos soirées à Nantes au
Théâtre Graslin sont assez suivies, surtout par
l'élite. Plusieurs jeunes gens d'un Cercle, qui
m'avaient invité à souper, m'ont exprimé le regret que je n'aie pas affiché *l'Envers d'une sainte,*
de Curel. Je leur ai dit que la pièce était si particulière que j'avais redouté pour elle le public de
province. Le critique du *Phare de la Loire,* Gustave Babin, et son ami Guisth'au, un jeune avo-

cat nantais, sont si désolés, que je leur ai donné
pour eux seuls, dans la journée du lendemain,
une représentation de la pièce de Curel dont tous
les interprètes font partie de la tournée.

Octobre 1892. — Janvier est engagé à l'Odéon,
par les nouveaux directeurs, et débutera prochainement dans le rôle de Basile du *Barbier*.

1ᵉʳ *octobre* 1892. — J'ai pu, avec notre tournée
de cet été, distribuer 12.000 francs à mes camarades.

5 *octobre* 1892. — Nous voici définitivement
rentrés de notre tournée ; Schurmann, très gentil
et très agréable compagnon de voyage, ne se
plaint pas. Dans l'ensemble, cette épreuve devant des auditoires si différents, puisque nous
avons fait le tour de la France, révèle la force de
notre maison. Le public, d'abord méfiant, s'est
peu à peu laissé gagner par la nouveauté et la
variété d'un répertoire tranchant si fort sur ce
qu'il a l'habitude de voir. Ancey lui-même, si
implacable et si neuf, s'impose par sa facture
magistrale et le mouvement de son dialogue. *La
Tante Léontine*, avec son ironie noyée dans les
procédés d'un apparent vaudeville, amuse follement dans certaines grandes villes, et inquiète
les publics plus simples. L'étrange, c'est que
c'est Ibsen, avec ses *Revenants*, qui semble avoir
le plus secoué le public. *La Puissance des Ténèbres* étonne et révolte bientôt. Wolff porte
beaucoup, et Courteline avec son *Lidoire* a puis-

sûrement contribué à tuer la légende répandue que nous étions surtout des gens ennuyeux.

27 *octobre* 1892. — On a joué hier soir aux Variétés une revue d'Albert Millaud et de M. Clairville ; à l'acte des théâtres, j'étais mis sur la scène avec les plaisanteries d'usage sur le Théâtre-Libre. Le comédien chargé de me représenter avait deux masques, de sorte que lorsque le vieux Lassouche lui demandait à voir sa figure, l'acteur se retournait et la salle le voyait toujours de dos. Tout cela n'était pas méchant, mais Lassouche ayant ajouté un jeu de scène assez déplaisant, pour pousser dans la coulisse le personnage qui me représentait, avec une manifestation évidente du mépris dans lequel le vieil acteur et sa génération tiennent les artistes du Théâtre-Libre, le soir en soupant, j'ai prié Mendès et Labruyère d'aller demander des explications à l'un des auteurs. La chose s'est arrangée le plus galamment du monde ; on a décidé de supprimer un jeu de scène qui m'avait paru inacceptable.

30 *octobre* 1892. — Dans son feuilleton de *la Patrie,* Henri de Bornier donne un son de cloche bien encourageant :

Je l'ai souvent écrit ici même, les auteurs du Théâtre-Libre seront avant peu de temps les maîtres du théâtre. M. Brieux est entré à l'Odéon il y a deux mois ; hier, M. Pierre Wolff plantait le drapeau du naturalisme sur l'élégante forteresse du Gymnase ; demain peut-être, quelque audacieux soldat de M. Antoine démolira à coups de canon avec des obus à la mélinite notre fortification du Théâtre-Français.

Novembre 1892. — Après Ibsen, qui ne peut, malgré l'intérêt considérable de son œuvre, absorber indéfiniment les forces du Théâtre-Libre, j'ai beaucoup cherché, toujours à l'étranger, d'autres auteurs susceptibles de soulever l'intérêt et la curiosité de la jeunesse littéraire, et je donnerai bientôt une pièce curieuse : *Mademoiselle Julie*, de Strindberg, que je viens de distribuer à Nau et à Arquillière.

4 novembre 1892. — Nous avons joué hier trois actes de Gaston Salandri, *le Grappin*, qui ne valent pas sa première pièce, et une curieuse comédie de Maurice Biollay, *l'Affranchie*, servant de début à Abel Deval et à sa femme, Mme Marcelle Valdey, retour tous les deux de Russie. Salandri est un peu reconduit ; en ce moment, nos amis d'autrefois ont déserté la maison et il se trouve livré aux adversaires ; pourtant sa pièce est amusante et celle de Biollay pose des problèmes curieux sur l'hypnotisme. Dans l'ensemble, le résultat du spectacle n'est qu'honorable.

5 novembre 1892. — Dans son compte rendu du *Grappin* et de *l'Affranchie,* Fouquier dit une chose assez saisissante. Une tendance uniforme grandit dans les pièces du Théâtre-Libre et dans celles qui relèvent de l'école nouvelle. Cet art est particulièrement dirigé contre la famille telle qu'elle existe aujourd'hui, avec sa conception mystique du mariage et la conception utilitaire de l'hérédité.

6 *novembre* 1892. — Jean Jullien, qui éreinte tous ses anciens camarades du Théâtre-Libre dans son feuilleton de *Paris,* dit hier :

Antoine n'est guère suffisant dans cette pièce comme dans la suivante ; nous n'avons pas reconnu le comédien d'autrefois intéressant dans un rôle de rien, pourvu de naturel et sûr de son jeu.

6 *novembre* 1892. — Henry Céard vient à la rescousse :

M. Antoine, enragé de passer pour un homme du monde, au théâtre s'entend, dans le rôle d'un magistrat libidineux, justifie pleinement, dans son attitude gauche et sa malséante tenue, le mépris dont l'accable Mme Marthe Grand-pré. Cela dit pour les auteurs des deux pièces inscrites au programme d'hier soir, les procédés dont M. Antoine use à l'égard du directeur de ce journal, procédés qu'il n'est pas seul à subir dans la presse, nous autorisaient à garder le silence. Nous ne l'avons pas fait par estime supérieure pour une œuvre que nous regretterions de voir détruite par la faute de son impresario, et jugeant que les intérêts de la littérature et de l'art doivent être placés au-dessus des calculs d'un industriel et de l'outrecuidance d'un comédien.

Et Henry Bauer a naturellement appuyé :

M. Antoine s'était chargé de représenter l'irrésistible avocat à l'œil fascinateur, au verbe enchanteur, à l'élégance de Brummel, don Juan l'hypnotiseur enfin. Ai-je besoin d'ajouter que ni sa mine ni sa voix grêle ni son équipage n'y suffisent?

6 *novembre* 1892. — Porel a inauguré hier son Grand-Théâtre qui n'est autre que la salle de l'Eden aménagée avec beaucoup de soins, mais dont les dimensions, comme il est apparu à cette reprise de *Sapho,* se prêteront mal au répertoire

contemporain. Réjane a été admirable dans
Fanny, créée autrefois par Hading au Gymnase.
Rien de plus magnifique que le quatrième acte,
qu'elle a joué en grande comédienne.

12 *novembre* 1892. — Rollinat, de passage à
Paris, et avec lequel j'ai dîné chez des amis, nous
a tenus toute la soirée avec son piano. Il chante
d'une façon extrêmement impressionnante sa
Creuse, ses bêtes et ses paysages, en passant
par lui, les moindres choses prennent une allure
de mystère et de surnaturel extraordinaire. Il me
rappelle énormément Villiers de l'Isle-Adam,
avec son cabotinage génial et sa figure tour-
mentée.

20 *novembre* 1892. — Dans le *Paris* d'hier soir,
une interview de Céard est vraiment un ingénieux morceau dans l'aigreur, je dirais dans la
méchanceté, si la psychologie de l'écrivain m'é-
tait moins familière. L'auteur des *Résignés* satisfait ici un sourd mécontentement de lui-
même et de sa stérilité laborieuse qui faisait
dire à Becque avec son rire croassant : « Céard,
le raté du Théâtre-Libre ! » L'article de notre
ancien commensal de la rue Blanche est coupé
de voyants sous-titres, « le Boulanger de l'art
dramatique » ou « Grandeur et décadence de
M. Antoine », et je note cette défection sans
cause avouée, ajoutée aux campagnes agressives
de Bauer, comme des symptômes de la crise
inévitable dans l'évolution de toute tentative. Il
y a toujours, après la foncée du début, générale
et sincère, une bataille sournoise pour l'accapa-

rement brutal de la chose au profit des plus autoritaires et des plus violents.

Pour n'avoir point voulu livrer la direction de notre mouvement, il m'avait déjà fallu, avec Byl et Vidal, aussitôt après le premier spectacle, résister énergiquement, et, depuis, je n'ai jamais cessé d'être contraint à une tension de ma volonté pour rester le maître. Après les conseils plus adroits de Mendès, les critiques affectueusement empoisonnées de Jullien, il faut faire face à ceux-ci.

20 *novembre* 1892. — Un journaliste d'un rare talent, M. Henri de Weindel, a ouvert une vaste enquête sur la crise dramatique qui sévit, aux dires des directeurs. Je me suis amusé à recueillir les avis des intéressés. Koning, qui se trouve dans une fort mauvaise passe, n'est pas content et dit textuellement de nous :

Je sais bien, le Théâtre-Libre ! L'influence du Théâtre-Libre ! Qu'est-ce qu'il a donné ? *Le Baiser*, une ou deux autres pièces qui auraient été reçues à l'Odéon si on les y avait présentées, et c'est tout.

Carré :

Le Théâtre-Libre a rendu service au progrès dramatique, en détruisant un tas de vieilles ficelles qui avaient fait leur temps... Les anciens auteurs ne travaillent plus beaucoup et les nouveaux manquent encore de notoriété. C'est peut-être là une raison de la crise.

Sardou :

On a tellement dit que la crise théâtrale existait, qu'elle a fini par éclater, c'était fatal. C'est l'histoire des gens bien portants à qui on répète chaque jour qu'ils ont mauvaise mine, ils finissent par tomber malades. Les choses se sont passées de cette façon pour la crise et nous en avons une véritable.

Et comme M. de Weindel presse le maître pour savoir son opinion, celui-ci répond :

Je me tais, j'ai mon opinion là-dessus, mais ce n'est pas moi qui vous la dirai.

Dennery proclame :

Quelques jeunes gens ont essayé de nous mener dans de mauvais lieux, de nous faire voir des cuisinières en chaleur, ce n'est pas drôle, pas drôle du tout. Il en est deux ou trois qui ont débuté au Théâtre-Libre et qui ont l'air de prendre devant le grand public, mais ils auraient pu tout aussi bien débuter autre part que chez M. Antoine. Tous ceux qui ont du talent parmi les jeunes gens ont pu être égarés un moment, mais ils comprendront qu'ils font fausse route et reviendront au vieux genre, à l'inchangeable formule.

Henry Fouquier, parlant du Théâtre-Libre au cours de l'enquête, opine que :

C'est une révolution qui s'achèvera comme les autres. Il y a en présence des réactionnaires qui ne veulent rien concéder, et des révolutionnaires qui flanqueront tout en l'air. J'attends un Augier qui mette tout cela au point.

Doumic :

Cela ne va plus ; des plus grandes scènes aux plus petites, toutes sont en proie à d'inconcevables malaises. La formule d'hier est épuisée ; elle consistait, cette formule, à présenter la peinture des caractères à l'aide d'une action dramatique. On unissait, autant que faire se pouvait, Scribe à Balzac. Aujourd'hui, cette association nous paraît parfaitement hybride, les éléments ne se combinent plus. Mais, d'autre part, la formule nouvelle se cherche encore, les disciples réalistes de M. Becque ou les adeptes de la comédie psychologique n'ont encore donné que des essais très remarquables, cela va sans dire, mais des essais ; on hésite, on tâtonne, le public incertain est inquiet.

Becque :

On est fatigué, on veut du nouveau. Le nouveau est là, Antoine est venu qui a rendu un service considérable, on ne saurait le dire trop haut, à l'art dramatique en faisant une œuvre admirable. Les directeurs contestent les jeunes, mais ils les jouent. Wolff, Hennique, Porto-Riche et tous y passeront, on fera un pas de chaque côté, le public s'accoutumera, les auteurs mettront un peu d'eau dans leur vin et tout sera dit. Dans la pièce du petit Lavedan, nous, logiquement, nous aurions fait coucher la femme avec le juif, lui l'a évité ; c'est une transaction, le public lui en a tenu compte.

Georges Ohnet ne craint pas de déclarer :

La vérité ? c'est de la folie. Et si un romancier même disait la vérité, on pousserait des cris de paon ! Une pièce, il faut, pour être solide, que ce soit imaginé entièrement ; à présent on s'en moque. La vérité, c'est que tous ces galopins-là veulent être plus forts que nous. Ce sont ces essais que le Théâtre-Libre joue, faisant ainsi beaucoup de mal aux jeunes gens.

Meilhac :

Je pense qu'il ne jaillira rien de tout cela. Le Théâtre-Libre, qu'a-t-il présenté ? Des pièces injouables pour la plupart ; il y a des bonshommes, des caractères bien dessinés, mais ces bonshommes ne bougent pas, ces caractères demeurent sans action. Rien ne vit, c'est terne et sans gaieté. Et puis, il y manque ce qui fait le théâtre : le point de départ, la suite, et la conclusion.

Gandillot répond ou plutôt murmure, comme dit Weindel :

C'est de la fumisterie.

Coppée :

Ce qu'il faut considérer, ce sont les jeunes ; les vieux ne sont plus intéressants quoi qu'ils aient fait. Leur œuvre est finie, l'œuvre des jeunes commence. Pour ma part, je les considère fort et j'estime qu'Antoine a beaucoup servi la cause de l'art dramatique en permettant aux jeunes de se manifester. Je considère qu'il en est trois ou quatre de tout premier ordre : Georges Ancey, Jean Jullien, Pierre Wolff et, dans un ordre d'idées différent, Lavedan.

Et, comme de Weindel lui parle du Théâtre d'Art qui vient de se fonder, Coppée sourit en disant :

Non, ceux-là ne sont pas sérieux.

23 *novembre* 1892. — La Comédie-Française a donné hier soir un drame en trois actes de Louis Legendre, *Jean Darlot,* qui m'a bien amusé. Toute la presse est persuadée qu'en montant cette pièce, le Théâtre-Français a voulu prouver que le réalisme ne l'effrayait pas, et, en effet, nous avons eu Mme Bartet en marchande de journaux et Albert Lambert en ouvrier mécanicien. Mais ce sont des silhouettes populaires comme on se les imagine rue de Richelieu, et voilà un four énorme que personne ne songe à nous imputer. On s'était pourtant évertué à copier nos plantations et toute la minutie de nos mises en scène. Mais, au

fond, ce n'est pas ça. Sarcey dit que « tout cela est d'une médiocrité que rien ne rachète. »

26 *novembre* 1892. — Il fallait absolument que le corps du jeune duc de Chantemelle fût exposé bien en vue au dernier acte des *Fossiles,* de Curel. C'est, en effet, près du lit mortuaire que sa sœur, devant toute la famille assemblée, fait la lecture du testament, et la scène emprunte à ce voisinage toute sa grandeur tragique. La difficulté était que Camis, qui jouait le rôle, ne bougeât pas de tout l'acte, qui est fort long. On a donc moulé son masque, opération faite par notre ami le sculpteur Charpentier et qui est bien effrayante. Recouvrir toute la figure du patient avec du plâtre liquide et attendre qu'il sèche en ménageant sa respiration avec des pailles par les narines et par la bouche, c'était un peu angoissant, et notre camarade a supporté la chose avec une résignation de martyr.

29 *novembre* 1892. — Première des *Fossiles,* de M. de Curel ; l'œuvre fait sensation bien que médiocrement jouée, d'abord parce qu'elle exige des interprètes à la fois romantiques, réalistes, humains et simples. Mlle Berthe Bady, qui débutait, assez gauche, a pourtant lu d'une façon incomparable le beau testament de Robert. Cette jeune fille a une voix admirable, une sensibilité frémissante, qui ne dépasseront la rampe que lorsqu'elle aura appris son métier. Bien que trois actes de la pièce se déroulent dans le même salon, selon une indication neuve et originale de l'auteur, il a fallu établir trois décors parce que l'ap-

partement, comme tournant sur lui-même, offrait à chaque acte un aspect différent.

1er *décembre* 1892. — Une fameuse veine d'avoir placé dans le lit des *Fossiles* une effigie de Camis ; pendant le dernier entr'acte, la cheminée monumentale du décor est tombée, fendant son masque en plâtre. Si notre camarade s'était trouvé là, il était tué.

Curel me dit que Paul Perret, le lecteur du Théâtre-Français, lui a demandé une pièce ; il se pourrait fort bien que la Comédie-Française s'ouvrît devant lui, car elle a pris quelque chose dans la presse, lorsque l'on a su que *les Fossiles* avaient été refusés chez Molière où l'on s'acharnait vers le même temps sur *Jean Darlot*.

2 *décembre* 1892. — Willette avait créé un bien joli journal, *le Pierrot,* où il prodiguait ses merveilles ; le voici obligé d'en arrêter la publication. Hélas ! lui aussi, se débat sous les fatalités de l'argent et dans l'insouciance de ses contemporains pour ce petit-fils de Watteau et Lancret, qui sera la gloire des musées de l'avenir.

5 *décembre* 1892. — Courteline et Schwob ont eu la bizarre idée de présenter une pantomime à Jules Claretie, qui a refusé même de lire le manuscrit. La blague est assez drôle.

6 *décembre* 1892. — On annonce au Vaudeville la réception de *la Crise,* de Maurice Boniface, l'un des auteurs de *la Tante Léontine.*

Sarcey, dans son feuilleton d'hier soir, en réserve la plus grande partie aux *Fossiles*. Après une jolie volée de bois vert pour les interprètes, du reste méritée, il dit à François de Curel des choses assez encourageantes. Il l'appelle « un maître homme » et, en parlant de la pièce, qu'elle « le laisse encore incertain, non sur la qualité d'esprit de M. de Curel qui est de premier ordre, mais sur ses aptitudes au théâtre. Il n'a point encore trouvé sa forme ; mais rien ne dit qu'il ne la trouvera pas. Je jurerais, au contraire, que M. Hervieu, l'auteur de *les Paroles restent,* ne fera jamais de théâtre de sa vie. Pour M. François de Curel, je suis encore dans le doute. »

8 *décembre* 1892. — Curel, furieux du feuilleton de Sarcey sur *les Fossiles,* que, pour mon compte, je n'ai pas trouvé si dur, refuse absolument de se laisser conduire par moi chez le célèbre critique.

Depuis longtemps, j'ai coutume, sur son insistante invitation, d'aller quelquefois déjeuner chez lui le vendredi, qui est jour de réception, où il est aisé et agréable de bavarder avec le célèbre bonhomme, le plus bienveillant et le plus spirituel des hôtes. Il aime que je lui amène les jeunes gens qui viennent d'être joués; il les accueille le plus gentiment du monde, surtout s'il les a éreintés. J'insiste si vivement que Curel finit par me suivre et nous arrivons vers midi rue de Douai. Déjà une nombreuse assemblée dans la salle à manger. Sarcey, à qui j'ai fait passer nos noms, vient lui-même au-devant de nous; je démêle sur sa figure en accueillant Curel une curiosité très vive qui m'en dit long sur l'estime en laquelle il le tient. Curel, assez timide et un peu rechignant, est entraîné par le critique, qui l'assied à côté de lui pour déjeuner et se met en frais d'amabilité inusités. Tout de suite entre les deux hommes s'établit une sympathie débordante, au point que, tout à l'heure, au café, je les entendais échanger les plus grasses plaisanteries avec des rires de collégiens.

9 *décembre* 1892. — Luce Colas, engagée elle aussi par Carré au Vaudeville, y a débuté avec un très joli succès. J'en suis content pour elle, mais voilà bien des camarades partis et la troupe se désagrège de plus en plus.

10 *décembre* 1892. — Le *Cercle des Escholiers,* présidé par Georges Bourdon, a donné *la Dame de la mer,* d'Ibsen. C'est le quatrième ouvrage du grand Norvégien représenté à Paris, car, après *les Revenants* et *le Canard sauvage* chez nous, le Vaudeville avait monté *Hedda Gabler.* Désormais, il y a autour de l'œuvre du dramaturge scandinave un mouvement qui sera fécond et durable.

12 *décembre* 1892. — Schurmann nous a emmenés donner quelques représentations à Milan et à Turin. C'est un peu d'argent qui sera le bienvenu. Nous débutions hier au théâtre Manzoni avec *Blanchette* dont le succès est formidable, mais j'ai eu un petit froid dans le dos en parcourant ce matin les feuilles italiennes. Les critiques d'ici déclarent qu'ils ajourneront leur opinion

définitive sur nous, car, disent-ils, si excellents qu'Antoine et ses camarades puissent se montrer dans une comédie paysanne, nous ne pourrons les juger qu'après *les Revenants* d'Ibsen, qu'ils appellent là-bas *Spettri* et dans lesquels le rôle d'Oswald est le cheval de bataille de leur grand acteur Ermete Zacconi.

13 *décembre* 1892. — Nous avons joué *les Revenants* hier soir au Manzoni avec un succès vraiment très chaleureux, mais ce qui me rend le plus fier, c'est que, ce matin, la presse dit que l'on nous attendait avec curiosité après Zacconi, que c'est évidemment autre chose, mais que c'est aussi bien.

18 *décembre* 1892. — Nos représentations à Milan, au Manzoni, ont bien marché jusqu'à la fin ; à Turin, au Carignano, nous avons également tout à fait réussi, et comme la duchesse d'Aoste assistait régulièrement à toutes nos représentations, je l'avais fait prévenir que *la Fille Elisa* lui paraîtrait peut-être un peu osée ; mais la duchesse a répondu que le nom de M. de Goncourt et l'intérêt des spectacles qu'elle avait déjà applaudis l'incitaient à ne pas manquer cette soirée.

20 *décembre* 1892. — Distribué 5.000 francs de cachets à mes camarades.

20 *décembre* 1892. — Le Gymnase a joué hier soir une adaptation de *Charles Demailly* par Paul

Alexis et Oscar Méténier, qui n'a pas mal marché, mais il y avait dans la salle je ne sais quoi de figé et de résistant.

23 *décembre* 1892. — Un jeune professeur du Lycée de Chartres, M. Romain Coolus, m'a apporté un acte bien curieux, *le Ménage Brésil,* que je vais fourrer entre la pièce de Strindberg et l'acte inédit d'Edmond de Goncourt.

25 *décembre* 1892. — Il y a eu de grands froids avec la rue de Bellechasse : le succès de *la Fille Elisa* avait un peu enterré je ne sais quelle pièce de Daudet donnée au Gymnase presque le même jour, et je discernais très bien depuis quelque temps que, malgré l'intelligente et chaleureuse sympathie de Daudet, je n'étais plus accueilli volontiers.

Il y a encore mon dévouement de plus en plus accentué pour Zola, de sorte qu'il y a bien un an et demi que j'étais sans aucune relation, lorsque, subitement, je reçois de Daudet une invitation à dîner, comme autrefois ; ceci coïncide avec l'acte de Goncourt en préparation chez nous, et je savoure cette petite revanche d'un lâchage douloureux que je n'avais vraiment pas mérité, car j'adore Daudet.

Lorsque, la table desservie, nous passons, ce soir, dans le petit cabinet du maître, et qu'il m'appelle à mon tour, près du canapé sur lequel le cloue maintenant la maladie, il me dit : « Eh bien ! mon bon Antoine ! comment ça va-t-il ! » Je lui réponds assez ému, mais un peu reprocheur : « Toujours très bien, et ce qui m'étonne le plus, c'est de me revoir ici ! » Le beau visage, maintenant torturé et comme magnifié par le mal, devient un peu grave, et avec un regard qui me paie au centuple du petit chagrin que l'on m'a fait, il me dit, sans s'expliquer autrement, avec la ferme et tendre bonté dont il m'honore : « Mais oui ! mon pauvre Antoine ! mais vous savez, hélas ! nous sommes tous des putains ! »

1893

Janvier 1893. — Curel terminait une autre pièce pendant que nous répétions *les Fossiles*. Il l'a fait déposer au Théâtre-Français, — j'étais bien sûr du résultat. Après six mois de stage inutile, au mois de novembre dernier, Albert Carré la lui a demandée et *l'Invitée* a remporté hier soir un grand succès. Je ne suis pas très sûr que le public ait tout à fait compris cette étude assez ironique de la maternité, que Mme Pasca a jouée, *directement,* comme une pièce de son ancien répertoire, avec une émotion donnant le change à la salle sur l'âme de cette femme desséchée, misanthrope et égoïste. Vaille que vaille, si la bataille n'a pas été livrée sur le vrai terrain, la victoire n'en est pas moins importante, parce que, pour la première fois, l'un de chez nous, et peut-être le plus éminent, a conquis le public élégant du boulevard.

2 *janvier* 1893. — Becque habite, avenue de Villiers, un bel appartement, complètement vide. Dans la salle à manger, meublée uniquement de son buste par Rodin, surmontant le poêle en faïence, nous déjeunons sur une espèce de tré-

teau d'architecte en bois blanc, avec seulement les deux chaises indispensables.

C'est l'intérieur d'un vieux garçon solitaire, qui serre un peu le cœur, bien qu'en apparence cette paradoxale absence de meubles semble l'amuser beaucoup.

Il a fait monter d'un restaurant voisin une timbale de macaroni qui est vraiment quelque chose d'affreux à avaler. Il parle avec sa verve coutumière, sans même s'apercevoir de l'horrible chose qu'on nous a donnée; tout en l'écoutant, je ralentis beaucoup, prévoyant ce qui va arriver, et quand mon assiette est vide, comme je n'ose refuser, il m'oblige à reprendre de l'horrible plat.

13 *janvier* 1893. — Strindberg, pour sa tragédie de *Mademoiselle Julie* que nous allons jouer, avait écrit une assez longue préface pleine de choses curieuses; il m'a paru utile de la faire imprimer et distribuer à nos spectateurs. Ce sont d'intéressantes suggestions sur les décors plantés de biais, la suppression de la rampe, les éclairages du haut, évidemment d'influence allemande et que depuis longtemps j'avais recueillies à l'étranger.

15 *janvier* 1893. — Représentation générale de *Mademoiselle Julie,* du *Ménage Brésil* et de *A bas le Progrès.*

Mademoiselle Julie a causé, au fond, une énorme sensation. Tout a passionné le public, le sujet, le milieu, ce resserrement en un seul acte d'une heure et demie d'une action qui suffi-

rait à nourrir une grande pièce française. Certes,
il y a eu des ricanements, des protestations, mais,
en réalité, on s'est trouvé devant autre chose.
Le Ménage Brésil, le début de Coolus, n'a pas
donné une moindre impression de nouveauté ;
ce n'est pas qu'il dépasse Ancey en audace, il n'a
pas la langue directe, presque classique de *l'Ecole
des veufs,* mais son tour d'esprit est bien amusant. La fantaisie de M. de Goncourt, écoutée
avec une respectueuse curiosité, a paru terne
dans le voisinage de deux œuvres de cette saveur,
d'autant que le maître avait fait précéder son
acte d'une préface un peu belliqueuse contre la
littérature nordique.

En cette heure d'engouement de la France pour la littérature étrangère, cette idolâtrie des jeunes écrivains dramatiques pour le théâtre scandinave, dans cette disposition
des esprits contemporains à se montrer les domestiques
littéraires de Tolstoï et d'Ibsen, — d'écrivains dont je suis
loin de contester le mérite, mais dont les qualités me
semblent ne pouvoir être acclimatées sous le degré de la-
titude où nous vivons, — j'ai tenté de réagir et de faire
dans une pièce qui sera suivie d'autres, de faire autant
qu'il était en mon pouvoir, une œuvre dramatique ayant
les qualités françaises : la clarté, l'esprit, l'ironie, selon
l'expression de Tourgueneff, l'ironie blagueuse de cette
fin de siècle, et peut-être de cette fin du monde.

Oui, j'ai la conviction qu'il faut laisser le brouillard slave
aux cervelles russes et norvégiennes, et ne pas vouloir le
faire entrer de force dans nos lucides cervelles ; oui, je
crois qu'en sa maladive transplantation, ce brouillard n'est
appelé qu'à produire de maladroits plagiats.

Et, mon Dieu, s'il faut absolument à notre théâtre moderne un inspirateur, ce n'est ni à Tolstoï, ni à Ibsen que
la pensée française doit aller, mais bien à l'auteur des
comédies du *Barbier de Séville,* du *Mariage de Figaro,* à
l'auteur du drame d'*Eugénie,* à Beaumarchais.

Quelle curieuse chose ! Ce grand champion de la vie et de la vérité, ce révolutionnaire, parlant des Suédois et des Norvégiens avec la même incompréhension, le même parti pris que ses adversaires acharnés, Sarcey et Pessard !

17 janvier 1893. — La presse a été si estomaquée par le ton du *Ménage Brésil* que les critiques, et les plus sérieux, demandent si Coolus n'a pas voulu les mystifier ; même Henry Fouquier, d'habitude si pondéré et si clairvoyant, croit à une blague.

Gémier a été tout à fait remarquable de froide ironie et d'autorité dans *le Ménage Brésil,* et Arquillière extraordinaire dans le larbin de *Mademoiselle Julie.*

20 janvier 1893. — Dans *le Journal,* Fernand Vandérem publie une subtile et intéressante étude du *Ménage Brésil,* de Coolus ; lui seul paraît apercevoir l'audacieuse nouveauté de la pièce.

Dans une interview, ces jours-ci, Dumas fils, parlant de tout ce qui se passe, dit : « La ficelle, il n'y a encore que ça », et il ajoute, ce qui est faux : « C'est moi qui ai fait jouer *l'Evasion,* de Villiers de l'Isle-Adam, au Théâtre-Libre. »

Février 1893. — La vie est dure, nous sommes endettés et j'avance péniblement. Schurmann me propose encore une assez longue randonnée en Hollande dont la réussite certaine, me dit-il, me procurerait des ressources. Et j'accepte, malgré tous les inconvénients de ces voyages et les clabauderies qu'ils soulèvent. On dit que je ne cherche plus qu'à exploiter financièrement le Théâtre-Libre ; les imbéciles devant lesquels il me faut plastronner ne se doutent heureusement pas où j'en suis, sans cela, quels cris de joie !

5 *mars* 1893. — Mort de Taine, un des hommes auxquels je dois le plus.

15 *avril* 1893. — Nous aurons, dans notre prochain spectacle, *Boubouroche,* deux actes nouveaux de Courteline. Il m'a livré le premier assez rapidement et je l'ai fait répéter tout de suite ; mais je n'ai eu la grande scène du second que huit jours avant la représentation. Nous nous sommes chamaillés pendant tout ce temps-là ; il voulait faire créer *Boubouroche* par Arquillière, qui me semblait dur et surtout trop mince de silhouette pour ce gros bourgeois confiant et paisible ; après bien des péripéties, j'ai obtenu de l'auteur qu'il laissât répéter le rôle par Pons-Arlés, qui a tellement le physique du bonhomme que Courteline a enfin consenti.

29 *avril* 1893. — Hier soir, la pièce de Courteline a été un triomphe ; on a rarement vu une salle s'amuser comme ça. Céard, que cela ne rend pas de bonne humeur, écrit ce matin dans *l'Evénement,* que « *Boubouroche* est une simple plaisanterie qui n'eût pas été déplacée sur la scène d'un Déjazet quelconque ». Mais c'est l'enthousiasme par toute la presse et une espèce de réaction contre les duretés dont j'ai été accablé

ces mois derniers. Lemaître dit de *Boubouroche* que c'est une admirable farce, et tout le monde emboîte le pas.

10 mai 1893. — Nous travaillons ferme aux *Tisserands*, de Gerhard Hauptmann ; ce sera, je l'espère, l'un des plus beaux spectacles que nous aurons donnés. Mais quels frais ; sans un ami qui m'avance dix mille francs sur la saison prochaine, je ne pourrais pas donner la pièce.

Mai 1893. — *Les Tisserands* sont un immense succès. Il faut bien reconnaître qu'aucun auteur dramatique français n'est capable de peindre une fresque de cette ampleur et de cette puissance. La pièce, créée au Théâtre-Libre de Berlin, avait eu un retentissement énorme. Hauptmann, derrière lequel s'était rangée toute la jeune Allemagne littéraire, avait obtenu la levée de l'interdiction impériale. Ici, contrairement à ce que j'attendais, chez nous cette pièce de révolte a surtout retenti comme un cri de désespoir et de misère ; d'acte en acte, la salle secouée n'a pas cessé d'acclamer. C'est le chef-d'œuvre d'un théâtre social qui s'ébauche, et Jaurès, enthousiasmé, m'a fait dire qu'un tel spectacle faisait plus de besogne que toutes les campagnes et les discussions politiques.

Du reste, comme je sens fort bien que c'est l'un des derniers spectacles que je joue et que la fin de mon effort est à l'horizon, j'y ai consacré tout ce qui me restait de force, de ressources et d'énergie, et je peux dire que l'interprétation a été admirable. Gémier s'est révélé ce que je savais

depuis longtemps, un grand comédien dans le
père Baumert, et Arquillière a été splendide.
Tout le second acte avec le *Chant des tisserands*
qui sert de *leitmotiv* et gronde continuellement
à la cantonade, a fait un effet prodigieux. Au
quatrième, à l'envahissement de la maison du
fabricant, l'effet de terreur a été si intense que
tout l'orchestre s'est dressé debout. Le dernier
tableau, avec la mort du vieil Hilse dans la fusillade et les bruits de la foule, s'est achevé dans
les acclamations.

Bien que je sois à peu près décidé à quitter
la partie, et que personne ne s'en doute, j'ai eu
ce soir un amer regret de ce que nous aurions
pu faire encore. Ma seule énergie et mon courage ne suffisent plus pour tenir. J'ai jusqu'à
présent tout tiré de moi, et de mes amis auteurs
et acteurs, tout ce que nous avions dans le ventre,
mais de l'argent, je ne peux pas en fabriquer.
Enfin, j'ai menacé trop d'intérêts, inquiété trop
de gens en place pour espérer autre chose qu'une
satisfaction générale de me voir enfin m'effondrer.
Si je n'étais engagé pour avoir escompté la saison
prochaine, je terminerais tout après le dernier
spectacle que nous préparons.

1er *juillet* 1893. — La situation devient inex-
tricable. Nous n'avons fini la saison qu'en em-
pruntant sur l'année prochaine, et je ne sais
guère où nous en serons à la fin de celle qui
va commencer. A vrai dire, je sens bien aussi au
point de vue artistique, que nous arrivons au
bout du rouleau et que notre mouvement touche
à sa fin. Depuis deux ans, il m'a fallu appeler à

la rescousse le théâtre étranger, les curiosités
sensationnelles pour meubler les intervalles de
nos véritables manifestations, mais tout cela s'é-
puise. La saison n'a vraiment apporté que *Boubouroche* et l'immense retentissement des *Tisserands* n'est en somme qu'une répétition de Tolstoï
ou d'Ibsen. Le Théâtre-Libre, sur le plan où on
l'a placé, ne peut signifier quelque chose qu'en
s'alimentant de la production nationale ; or, les
auteurs sortis de chez nous sont ailleurs. Alors,
où est l'issue ? Dans un théâtre régulier ? Nous
perdrons vite toute originalité et le plus intéressant de notre action en assumant des risques
effroyables. Une clientèle viendra peut-être par
curiosité dans les premiers temps, mais il faudrait des années pour l'amadouer et la conquérir
vraiment.

4 *juillet* 1893. — En remontant ce soir l'avenue des Champs-Elysées, par une belle soirée
étoilée, Becque me récite des morceaux d'un acte
en vers qu'il vient d'achever, dit-il : l'aventure
d'un jeune poète symboliste introduit dans un
ménage de bourgeois, et, après chaque tirade,
son rire puissant sonne gaiement dans la nuit.

5 *juillet* 1893. — Il y a de sales bagarres depuis samedi soir dans le quartier Latin ; un
pauvre diable a été tué par un agent, au cours
d'un monôme d'étudiants conspuant le sénateur
Bérenger, et tout de suite cela est devenu une
véritable émeute, assez grave pour faire barrer
les ponts par la police.

Août 1893. — Camaret. Je me repose et prépare comme je puis la saison prochaine. Pas grand'chose en vue, si peu qu'un programme d'ensemble est à peu près impossible à publier. Je vais toujours commencer par un autre Scandinave, Bjornson Bjornstern, le rival d'Ibsen, qui a écrit une comédie sur l'argent, célèbre un peu partout. Puis je me prépare à filer en tournée dans les villes d'eaux et sur les plages pour ramasser un peu d'argent, si c'est possible.

15 août 1893. — Thorel a obtenu d'Hauptmann sa nouvelle pièce, *l'Assomption d'Hannele Mattern,* et nous irons voir la première à Berlin, cet hiver, au Théâtre-Impérial.

25 septembre 1893. — Nous rentrons de tournée à travers toute la France et tout le littoral. Fatigué, mais content de l'accueil de plus en plus sympathique du grand public qui me rassure pour l'avenir, quand je vais être obligé de devenir, pour gagner ma vie et payer les dettes du Théâtre-Libre, un comédien professionnel.

18 octobre 1893. — Tantôt, mêlé à la foule, j'ai aperçu au balcon du Cercle militaire, place de l'Opéra, l'amiral Avellan et son état-major courbés sous l'immense acclamation populaire montant vers eux.

25 octobre 1893. — Une salle navrante de bêtises n'a cessé, à la Comédie-Française, de huer la nouvelle œuvre de Curel, *l'Amour brode.*

Il est, du reste, bien téméraire de prétendre acclimater sur ces vieilles planches une œuvre d'esprit vraiment nouveau. Il faut avouer que la pièce est jouée avec une rare incompréhension. Le Bargy, fort emballé cependant sur l'auteur et sur l'œuvre, paraît avoir perdu pied au cours de la soirée, et les autres avaient l'air de noyés sous les protestations du public.

5 novembre 1893. — J'ai reçu de Mme de Loynes un petit mot me priant de passer chez elle. Bien que depuis plusieurs années elle soit abonnée au Théâtre-Libre et assiste avec des familiers de son salon à nos représentations, je la croyais hostile, surtout depuis l'affaire de *Germinie Lacerteux* où Jules Lemaître me tomba dessus si rudement.

J'arrive chez elle, avenue des Champs-Elysées, où je trouve le critique des *Débats* installé à l'autre coin de la cheminée. Mme de Loynes m'accueille fort gracieusement, et me demande si je serais disposé à monter tout de suite une pièce de son ami Maurice Barrès, qui désirerait la faire représenter chez moi, parce que son caractère politique l'exposerait ailleurs aux interventions de la censure. J'ai répondu oui, naturellement, et aussitôt on introduit Barrès qui attendait ma réponse. Barrès, autrefois l'un des passants de la rue Blanche, n'a point fait de théâtre, et je ne l'ai guère revu depuis chez Daudet. Enfin, les événements politiques de ces dernières années n'avaient point contribué à nous rapprocher ; mais c'est évidemment une aubaine d'avoir sa première pièce. Mme de Loynes paraît fort touchée de la façon dont je me rends à son désir.

10 *novembre* 1893. — Avant de prendre le train pour Berlin, nous avons donné hier *En faillite,* de Bjornson Bjornstern, un titre dont je puis seul goûter en secret la saveur dans l'état de mes affaires. C'est la tragédie la plus pathétique sur l'argent qui ait jamais été mise au théâtre. Le troisième acte, la grande scène du négociant et du syndic que nous jouons très bien, nous deux Gémier, produit un effet immense.

12-20 *novembre* 1893. — Nous voici à Berlin, pour *l'Assomption d'Hannele Mattern,* d'Hauptmann, que va donner le Shauspielhaus, théâtre impérial. Thorel, qui traduit la pièce pour nous, et mon régisseur Baston m'accompagnent. Jean Ajalbert s'est joint à nous.

Novembre 1893. — Nous avons été reçus d'une manière fort cordiale; Gérard Hauptmann et Sudermann, à l'heure actuelle les personnalités dramatiques les plus en vue de l'Allemagne, ont formé une sorte de comité organisé pour nous accueillir, mais nous avons prié de réduire tout cela au minimum.

Novembre 1893. — Bien entendu, j'ai couru les spectacles berlinois le plus possible. Partout la mise en scène réserve des surprises, surtout en matière d'éclairage et de plantations. Dès le jour de notre arrivée, nous eûmes au Lessing une magnifique représentation de la *Jeanne d'Arc* de Schiller, une matinée classique devant une salle uniquement composée de fillettes de douze à quinze ans, suivant ce drame avec la studieuse attention que tout le monde apporte ici au théâtre. Sur une petite scène des faubourgs, une représentation extrêmement curieuse des *Tisserands;* la pièce n'est pas jouée ici avec le grand souffle de colère et de révolte qu'elle avait chez nous; j'ai dit à Hauptmann qu'il serait bien surpris s'il la voyait à Paris.

Novembre 1893. — *L'Assomption d'Hannele Mattern* est un poème de toute beauté, dont la réalisation scénique est vraiment admirable. Le directeur du Shauspielhaus, le Jules Claretie d'ici, plein de courtoisie, m'a fait assister à une répétition de travail à dix heures du matin. J'ai pu observer une installation technique de la grande scène officielle dont aucun théâtre parisien ne peut donner l'idée, car tout cela est largement subventionné sur la cassette impériale.

Novembre 1893. — L'administrateur du Shauspielhaus me disait qu'assez souvent, pendant la répétition, on voit arriver l'empereur qui s'installe au balcon, recommandant de ne pas interrompre le travail. Il reste quelquefois longtemps et intervient volontiers pour donner son avis. Il suit de près l'administration de la scène impériale, très attentif au choix du répertoire qu'il préfère historique, ou du genre noble. Il s'occupe aussi beaucoup des artistes, très informé de la vie privée des comédiennes auxquelles un trop grand luxe est interdit et qui n'ont pas le droit d'user d'une voiture particulière.

Novembre 1893. — Première d'*Hannele Mattern;* la presse a été fort belle. La mise en scène est ingénieuse, mais nous ferons aussi bien et mieux sur quelques points. C'est l'interprétation surtout qui m'a paru supérieure. Il y avait dans la salle plus de trente directeurs des autres théâtres de la province allemande qui emportent la pièce pour la monter chez eux. La centralisation n'existe pas ici; des villes comme Dresde, Munich, Leipzig ou Hambourg sont des centres pourvus de scènes importantes, installées comme ne le sont pas nos scènes parisiennes les plus réputées.

Novembre 1893. — Avant de quitter Berlin, il m'a bien fallu accepter une sorte de banquet au *Friedrichof,* une immense salle où se trouvaient réunis les auteurs et les artistes dramatiques de Berlin, des romanciers, des peintres, un peu toute l'Allemagne artistique. Le Théâtre-Libre est fort en honneur ici, car les deux jeunes scènes allemandes qui rivalisent ont été fondées à la suite de notre création de Paris. J'étais fort gêné de cette démonstration, et, malgré l'évidente cordialité de nos hôtes, en réponse à la série des discours qui a commencé dès le potage, j'ai été d'un laconisme qui a paru surprendre. Dans la journée, un conseiller de l'ambassade de France était venu me trouver, un peu inquiet de cette cérémonie et redoutant une imprudence oratoire de ma part. Le fonctionnaire en question assistait d'ailleurs à la soirée pour en rendre compte à son ambassadeur,

2 *décembre* 1893. — Maintenant Mme de Loynes, qui m'a témoigné une amitié bien précieuse, m'invite assez souvent à ses dîners du vendredi, dont les douze ou quatorze convives sont toujours triés sur le volet. Je devine bien que l'aimable femme sait qu'elle me seconde puissamment en m'accueillant ainsi dans son salon, le plus fermé et le plus influent de Paris. Il y a là Lemaître, Roujon, Barrès, Magnard, Henri Houssaye, Arthur Meyer, Saint-Marceaux le statuaire, Alfred Capus, Abel Hermant et Calmettes, le secrétaire de la direction du *Figaro*. J'étais l'autre soir à table près d'un convive dont la maîtresse de la maison m'avait dit : « C'est un financier considérable, grand ami des artistes, qui sera pour vous de bon conseil dans vos affaires embrouillées. » C'est Vlasto qui est, je crois, gouverneur du Comptoir d'Escompte, un homme d'une rare élégance et d'une culture raffinée, avec lequel j'ai tout de suite sympathisé beaucoup.

Mme de Loynes mène la conversation en grande maîtresse de maison, d'une maison qu'ont traversée Renan, Emile de Girardin et toutes les célébrités du temps présent. Il y a chez elle une tendre et séduisante sollicitude pour chacun de ses amis dont elle suit les entreprises, les projets et les affaires, toujours de bon conseil, d'un dévouement actif et perspicace. Mme de Loynes reçoit presque tous les jours à cinq heures un petit groupe d'amis notoires; elle garde les déjeuners pour les choses tout à fait intimes; c'est là qu'elle me fait venir lorsque j'ai quelque chose qui l'intéresse à lui conter. C'est à ces déjeuners qu'elle voit les actrices, Bartet, Réjane, Sarah Bernhardt, et avec une diplomatie admirable, elle exerce de loin sur presque tous nos grands théâtres littéraires une influence éclairée en faveur de ses amis.

8 décembre 1893. — Pour la pièce de Barrès, *Une Journée parlementaire,* Magnard, Lemaître et l'auteur m'ont demandé de faire précéder les représentations habituelles du Théâtre-Libre d'une répétition privée réservée à leurs amis, ce qui laisse prévoir une chambrée extraordinaire.

9 décembre 1893. — Cette histoire de Barrès va me mettre probablement en froid avec Brieux. Au moment où son confrère écrivait sa pièce, Brieux en achevait une, *l'Engrenage,* sur le même sujet, et il voudrait que je lui donne le pas à lui qui est de la maison. Mais il me faut rester dans notre programme en ouvrant les portes de préférence aux nouveaux. Enfin, ce début au théâtre d'un écrivain comme Barrès est un événement littéraire que je ne peux laisser se produire ailleurs.

16 décembre 1893. — Brieux est allé porter sa pièce au Cercle des Escholiers qui va la monter, donc tout est pour le mieux.

1894

5 *janvier* 1894. — *L'Assomption d'Hannele* que nous venons de donner, avait soulevé une très grande curiosité. J'ai accumulé là, avec un soin extrême, tout ce que je pouvais réaliser comme mise en scène. La pièce n'a pas produit la sensation profonde des *Tisserands,* mais elle gardera ses fanatiques et cela a été un très beau et très artiste spectacle, qui, bien entendu, m'a coûté les yeux de la tête; au point où j'en suis, autant faire encore une ou deux belles choses avant de sombrer.

15 *janvier* 1894. — Nous répétons Barrès. Sa comédie est un violent pamphlet contre le régime actuel, qui me met assez mal à l'aise, car visiblement cela se raccorde à des menées politiques que je réprouve fort. Au point de vue purement théâtral, il y a au troisième acte de belles scènes et, au second, un tableau de la salle du Laocoon à la Chambre qui sera curieux. Malheureusement encore, des frais énormes, et cela ne contribuera pas à me tirer d'affaire.

23 *février* 1894. — Répétition générale de *la Journée parlementaire* devant les invités du *Figaro* et les amis de l'auteur, un événement tout à fait parisien. Le côté politique enlève à la manifestation dramatique tout son intérêt. Le dernier acte a fait un certain effet parce que Barrès y a traduit en grand artiste les angoisses de son héros, un député compromis par des tripotages, dont l'effondrement moral est d'un très beau pathétique.

24 *février* 1894. — *La Journée parlementaire* pour les spectateurs du Théâtre-Libre a été jouée dans la curiosité et sans tapage ; il est évident que le bruit autour de la maison est énorme et que jamais nous n'avons eu un semblable mouvement de public. Mais, au point de vue pratique, Chastanet vient de dresser un bilan désastreux ; jamais nous ne parviendrons à finir la saison.

27 *février au* 19 *mars* 1894. — Encore une tournée à travers la France pour gagner un peu d'argent, mais *le Missionnaire* de Luguet que nous allons répéter n'est que le cinquième spectacle de la saison et il en restera trois après ! Nous sommes à bout, des dettes criardes commencent à nous amener de vrais embêtements. Il faut prendre un parti.

20 *avril* 1894. — Matériellement, je ne peux plus continuer ; cette bataille de plusieurs années a détendu mon énergie, et je sens que je n'ai plus le ressort indispensable. Le manque d'argent m'étrangle, j'ai employé toutes mes ressources et tous les expédients à ma portée. Enfin, je n'entrevois même pas l'utilité de nouveaux tours de force, car la production dramatique des jeunes s'épuise ; la génération qui attendait a donné son effort ; ceux qui ont réussi, les plus habiles, sont casés. Ce serait désormais se battre dans le vide.

24 avril 1894. — Pour *le Missionnaire*, Toulouse-Lautrec a dessiné un admirable programme en couleurs que les collectionneurs se disputeront un jour. Au reste, la série que j'ai réussi à continuer pendant plusieurs années sera unique. Tous les artistes de ce temps y auront contribué : Forain, Willette, Raffaelli, Henri Rivière, Vuillard, Steinlein, Auriol, Signac, Luce, Charpentier le sculpteur, et bien d'autres. J'ai même eu le plaisir de fournir à un nouveau venu, H.-G. Ibels, avec huit programmes que je lui ai réservés l'an dernier, l'occasion de s'affirmer d'une façon originale.

25 avril 1894. — *Le Missionnaire,* que nous venons de donner, est d'une forme vraiment inattendue. C'est une histoire en cinq tableaux, entremêlée des commentaires d'un lecteur placé à l'avant-scène, feuilletant un livre dont il tourne les pages. Après des fragments lus à haute voix, il continue, tandis que sur la scène certains épisodes se déroulent. Cela, qui est neuf, met le public en joie. J'ai pris le rôle difficile du lecteur, et toute la soirée, je reste livré aux plaisanteries de la salle. Même, à un moment, dans le bruit, il m'arrive une poignée de sous par la figure ; c'est extrêmement symbolique. Ce geste brutal me décide, à la minute même, à abandonner le Théâtre-Libre. Les malheureux qui sont là ne savent pas, et si j'avais osé interrompre la représentation et leur révéler tout à coup le dessous des choses, il est probable qu'ils auraient été honteux.

6 mai 1894. — Fortuné Henry, l'anarchiste qui vient d'être guillotiné, a fait à son avocat le récit de sa soirée du 12 février.

Son intention première était, paraît-il, d'entrer au Théâtre-Français, où l'on donnait la première de *la Souris,* et de jeter sa bombe dans l'orchestre, mais, en arrivant, la queue au guichet des petites places lui fit perdre l'espoir de passer. Il descendit donc l'avenue de l'Opéra, sa bombe dans la poche, guettant l'occasion de s'en débarrasser. En traversant les boulevards, il aurait longé la façade du café Américain, vers sept heures et demie, et, à travers les vitres, au moment de lancer son projectile, il me reconnut, dînant avec des camarades qui étaient Mendès et Gailhard. En souvenir d'une visite au Théâtre-Libre qui joua la *Mademoiselle Pomme,* d'Alexis, avec ses amis, il évita l'explosion à cet endroit. C'est ainsi que, tournant la rue Halévy, il gagna la gare Saint-Lazare, et jeta enfin sa bombe au café de l'hôtel Terminus, plein de gens à ce moment de l'apéritif.

22 *mai* 1894. — *Les Romanesques,* d'Edmond Rostand, sont un très grand succès à la Comédie-Française ; du reste, c'est une bien jolie chose.

15 *juin* 1894. — Depuis quelques mois, Larochelle, le fils de l'ancien directeur-acteur, féru de théâtre, était venu me faire ses offres de services. Je n'étais pas décidé à une association que je voyais inutile, mais l'idée m'est venue, puisque le Théâtre-Libre l'intéresse, de lui offrir de reprendre ma succession. Je ne lui demande pas d'argent ; en échange des trois spectacles restant dus à mes abonnés sur la saison, et qu'il s'engagerait à leur donner, je lui assurerais mon concours personnel comme acteur, en lui imposant simplement deux pièces déjà reçues, *l'Argent,* d'Emile Fabre, et *la Fumée puis la Flamme,* de Caraguel. Je lui abandonne gratuitement mon magasin de la Villette, tout ce qu'il contient de décors, accessoires et costumes, un matériel considérable. Il prendra à sa charge le local de la rue Blanche, et je garde à la mienne tout le passif. Cette combinaison, signée aussitôt, n'est pas trop mal accueillie dans le public et dans la presse où l'on comprend enfin quelle lutte j'ai soutenue. Beaucoup même sont fort étonnés, et croyaient que j'avais fait fortune.

1er *juillet* 1894. — Ces dispositions réglées, il s'agissait de régler mon passif ; je ne puis naturellement y arriver que par mon travail personnel, ce qui ne sera guère commode, car si ma réputation d'acteur était certaine au Théâtre-Libre, dans les milieux du théâtre courant, je n'ai guère de sympathies. J'ai trop combattu les gens en place, les directeurs, enfin tout le monde du métier, pour espérer que l'on m'engagera. Un impresario vient me soumettre le projet d'un voyage européen de six ou huit mois, où je recueillerais le fruit de tant d'efforts. Il me garantit un chiffre modeste, mais assez sérieux, qui, en faisant vivre mes camarades, car eux aussi ont besoin de se retourner, me permettrait de faire face à des échéances échelonnées et de me libérer envers les créanciers du Théâtre-Libre. Je me suis facilement entendu avec mes compagnons, Gémier, Luce, Colas, Barny, Arquillière et tous ceux qui furent toujours si dévoués. Nous partirons à l'automne pour six mois. On commencera par la Belgique, la Hollande, l'Italie, l'Allemagne, l'Autriche et la Russie; nous pourrons donner deux cents représentations et rentrer à Paris, sortis complètement d'affaire.

10 *juillet* 1894. — J'ai réuni tous les créanciers du Théâtre-Libre, pris des engagements échelonnés, signé des effets à des dates correspondant avec les paiements garantis par notre manager; tout est en ordre et je respire. Dans notre itinéraire, il y a des villes comme Berlin où nous devons rester près d'un mois, et où nous réussirons sûrement.

Dans la gêne de cette terrible fin de saison, je n'ai littéralement pas de quoi aller passer à Camaret les quelques semaines de repos indispensables, toutes les ressources que je pouvais escompter ayant été épuisées d'abord par le Théâtre-Libre. Je songe à ce Vlasto, avec lequel

Mme de Loynes m'avait si aimablement mis en contact, et, prenant mon courage à deux mains, je vais au Comptoir d'Escompte lui exposer mon embarras. Ce charmant homme m'écoute en souriant, et, après ma confession entortillée, il sonne et fait apporter cinq billets de mille francs, me disant que cela est tout simple, que l'argent est une marchandise comme une autre, et qu'il ne fait que son métier en m'escomptant un billet que son employé me fait signer. La délicatesse est rare, car je sens bien que le financier fait porter cela sur son compte et qu'il m'oblige personnellement. Et il ajoute avec bonne grâce qu'au fond il m'envie, que je suis heureux pour bien peu de chose, et qu'il est bien plus malheureux que moi, car les vacances lui sont interdites par sa besogne.

21 *juillet* 1894. — *La Femme de Tabarin,* que nous avons créée, entre au répertoire de la Comédie-Française, avec Sylvain dans le rôle de Tabarin. J'ai le gros chagrin de voir que, sur la nouvelle brochure, Mendès, probablement pour ne pas désobliger ses nouveaux interprètes, a supprimé la jolie dédicace qu'il avait mise sur la première édition.

28 *août* 1894. — Tous ces temps-ci ont été employés à remettre au point les pièces que nous allons jouer ; la troupe se montre joyeuse et confiante ; nous devons débuter par Bruxelles, le 3 septembre. L'impresario a, paraît-il, des contrats dans presque toutes les villes d'Europe, et il me dit que tout s'annonce bien. Chastanet,

mon administrateur, qui, jusqu'au bout, aura été le dévouement même, fera en mon absence le nécessaire pour notre petite liquidation. Il est convenu qu'à chaque échéance, je lui ferai passer les sommes nécessaires sur mes gains personnels. C'est l'heureuse fin d'une aventure que je n'osais même pas entrevoir il y a quelques mois.

6 *septembre* 1894. — Nous devions prendre ce soir le train pour Bruxelles, à huit heures cinquante, pour débuter demain au Parc, où nous sommes affichés. Nous nous retrouvons tous dispos à la gare du Nord. A l'instant où notre manager achève de prendre nos billets, un inconnu s'approche de moi et me dit : « Monsieur, je viens de saisir vos bagages, et je ne vous les rendrai que contre paiement de la somme due par votre impresario à l'un de mes clients. » Je me tourne vers notre cornac, et lui dis : « Eh bien, mon vieux, payez et partons », mais il s'y refuse, discutant avec l'huissier qui se montre intraitable. J'ai beau dire qu'il faut assurer la représentation de demain à Bruxelles, qu'un pareil début est vraiment inquiétant, le manager persiste et nous donne rendez-vous pour le lendemain matin. Visiblement, il n'a pas de fonds d'avance, et il nous emmène à travers l'Europe comptant sur le hasard. L'huissier, devinant le désastre, me dit : « Tâchez de vous débrouiller, voici mon adresse; je vous recevrai cette nuit et vous pourrez partir tout de même demain matin. Ce n'est peut-être qu'un incident et tout peut s'arranger encore. » Mes camarades, inquiets autant que moi, se sont égrenés pour revenir

le lendemain à l'heure dite. Je reste avec Arquillière, entrevoyant l'écroulement d'une combinaison si laborieusement mise sur pied.

7 septembre 1894. — Je ne suis même pas rentré chez moi : inutile d'inquiéter les miens. Avec Arquillière, nous avons rôdé toute la nuit. J'ai bien compris que, comme la plupart des impresarios, le nôtre n'avait devant lui que l'argent du voyage et les quelques avances qu'il avait pu nous faire ; il comptait sur les premières recettes pour aller plus loin. Comme je ne pense pas que dans la nuit il puisse trouver les 3.000 ou 4.000 francs utiles, je cherche où je pourrais bien avoir cette somme ; l'heure est tardive, et, à cette époque, tout le monde est à la campagne. Je me souviens, tout à coup, avoir reçu ces jours derniers la visite d'un directeur de théâtre de Berlin où, précisément, nous allons bientôt jouer ; nous courons jusqu'à son hôtel avenue de l'Opéra ; il ne rentre que vers deux heures du matin, et sur le trottoir je lui conte mon affaire, lui demandant de nous avancer ce qu'il nous faut pour partir, dont il se remboursera très prochainement là-bas sur nos recettes. Ce bon Allemand que j'ai toujours connu cordial, et même obséquieux, paraît un peu inquiet de cette histoire ; il me fait d'ailleurs observer que ce n'est pas à moi de trouver l'argent de la tournée, ce qui est assez raisonnable, mais aussi une fin de non-recevoir. Je comprends et nous nous en allons.

Il est deux heures et demie du matin ; il faut qu'avant huit heures j'aie trouvé de quoi partir, car si l'on apprend à Paris que notre tournée débute ainsi, je vais tout de suite inquiéter les gens avec lesquels j'ai pris des accords; puis, en ne jouant pas à Bruxelles à la date où nous sommes affichés, c'est une carence qui atteindra le Théâtre-Libre et sa troupe. Je cherche toujours, en errant par les rues, et je pense à Gailhard, le directeur de l'Opéra, avec lequel je dîne plusieurs fois par semaine depuis des années, qui s'est toujours montré très cordial, m'offrant même de nous commanditer pour des affaires de théâtre. Je dis à Arquillière : « Nous sommes sauvés. » Gailhard habite à Levallois une jolie maison dans le style arabe, que je connais pour y avoir déjeuné une ou deux fois. Il est trois heures du matin, le problème consiste à le rejoindre assez tôt et à obtenir qu'il m'avance cet argent pour lequel je donnerais une main à couper. Mais il n'est pas possible d'aller réveiller ce brave homme au milieu de la nuit, et nous attendons le petit jour; vers sept heures du matin, ma démarche sera moins saugrenue. A six heures et demie, nous voilà devant la porte, guettant l'éveil du concierge et des domestiques. Enfin, à sept heures, prenant mon courage à deux mains, je fais réveiller Gailhard, qui descend en robe de chambre, se frottant les yeux, tout de suite accueillant. Je lui explique mon histoire, le cœur serré. « Mais, me dit Gailhard, pourquoi voulez-vous que je fasse une avance pour une chose qui regarde votre manager; vous avez un contrat, si vous subissez un dommage quelconque, vous en aurez réparation. »

Nous repartons, l'aile basse, vers la gare du Nord où nous retrouvons tout le monde assez anxieux. Pas d'impresario ; un simple avis de son régisseur nous convoque vers une heure au tribunal des référés auquel on demande de nous faire rendre nos malles. Effondrement. On déambule encore toute la matinée, et nous voici aux référés. Notre homme n'est toujours pas là. Le président, à qui j'explique l'affreuse situation où je suis, est très compatissant, mais ne peut rien cependant. Je cours, comme un fou, chez le manager que je trouve effondré, je lui fais voir l'effroyable aventure où il m'a entraîné, et il me dit que l'on partira sans faute le soir.

8 *septembre* 1894. — Nous voilà à Bruxelles où tout s'est bien passé ; je reprends un peu d'espoir, les recettes ont été bonnes et nous allons filer sur l'Allemagne.

ÉPILOGUE

Depuis six semaines, nous rôdons de ville en ville, avec des recettes tantôt excellentes, tantôt mauvaises, comme il arrive dans toutes les tournées. L'impresario nous paie assez régulièrement. Tous les soirs, je distribue leurs cachets à mes camarades, j'expédie le surplus à Chastanet. Nous avons fait face à nos premières échéances, car l'Allemagne a été bonne ; à Dresde, Leipzig, Cologne, Hambourg, surtout à Berlin, où nous avons donné plus de vingt représentations. Je sens bien pourtant que notre conducteur ne gagne pas d'argent et qu'il est inquiet. La vérité est qu'au sortir de l'Allemagne où l'affaire du Théâtre-Libre était sûre, il ne sait guère où nous mener. Nous avons moisi une huitaine de jours à Aix-la-Chapelle. Il nous traîne jusqu'en Italie, par Milan, Turin, et nous voici à Rome, où après une première soirée fort brillante, mais où nous eûmes la maladresse de donner *Blanchette,* une pièce paysanne et sans intérêt pour la société élégante qui garnissait du haut en bas la salle du Théâtre Valle, nous avons été à peu près boycottés à cause de la violence de notre répertoire. Soucieux depuis plusieurs jours, notre manager ne me règle plus nos cachets journaliers ; j'ai distribué à mes camarades le peu d'argent qui me restait.

Ce soir, pendant le quatrième acte des *Fossiles,* où nous sommes tous en scène, au baisser du rideau, on me remet un mot de notre impresario, qui m'annonce que j'ai violé à plusieurs reprises le contrat qui nous liait, qu'il décline toutes responsabilités et qu'il part sans nous. A son retour à Paris, il demandera aux tribunaux de régler notre litige. C'est le désastre définitif. Me voilà en plan à Rome avec quinze ou seize personnes ; je n'ai aucune ressource à attendre de Paris où mes billets circulent à cette heure. Tous mes camarades, d'un dévouement et d'un désintéressement admirables, prennent la chose le mieux possible, en dépit des soucis qui les accablent eux aussi. Le questeur de Rome, informé dans la soirée, compatit à notre déconvenue, mais il ne peut rien, et le lendemain, à l'ambassade de France, le consul me met à l'abri, par ses constatations, des revendications possibles de notre impresario.

Ici s'achève l'odyssée du Théâtre-Libre ; parti sept ans auparavant de ma mansarde de la rue de Dunkerque, avec quarante sous dans la poche, pour aller répéter notre premier spectacle chez ce petit marchand de vin de la rue des Abbesses, je me retrouve à Rome, avec à peu près la même somme dans mon gousset, entouré d'une quinzaine de camarades déconfits autant que moi, avec cent mille francs de dettes qui m'attendent à Paris, sans savoir ce que nous ferons le lendemain.

FIN

W

Z

PARIS. — IMP. MICHELS FILS, 6, 8 ET 10, RUE D'ALEXANDRIE.